中国禅宗典籍丛刊

禅林僧宝传

[宋]惠　洪　著
吕有祥　点校

中州古籍出版社

2013年度国家古籍整理出版专项经费资助项目

总 序

在中国传统文化中，儒学、佛教和道教鼎足而立，是三个最主要的组成部分。它们在相互排斥的同时又相互吸收，共同丰富和发展了中华民族的文化。

佛教本是从印度传来的外来宗教，然而它在中国这块辽阔丰饶的具有悠久历史文化的国土上传播，经过漫长岁月，已经与中国传统文化和宗教习俗密切结合，演变成中国的民族的主要的宗教。隋唐时期具有民族特色的佛教宗派的创立，标志着佛教中国化历程的基本结束，此后进入中国佛教的持续发展时期。在这些佛教宗派中，天台宗、华严宗和禅宗是最富有民族特色的宗派。在它们的蕴涵深刻哲学思辨内容的教义理论中，有说色空、色心和体用相即的宇宙存在论，有论善恶、净染的心性论，有讲出世不离世间的修行解脱论，有用以沟通色空、色心和体用的"不二"的方法论……这些在中国历史文化，特别是在哲学思想领域都产生过极为深远的影响。研究中国历史文化，研究中国哲学思想都离不开对佛教的考察和研究，这早已成为人们的共识。

禅宗虽奉北魏时期来华的印度僧菩提达摩为初祖，但从历史真实情况考察，实际创立者应是被后世禅宗奉为四祖、五祖的道信（580—651）和弘忍（601—675）。在弘忍去世之后，他的门下形成以神秀（约606—706）及其弟子普寂（651—739）为代表的北宗，以惠能（638—713）及其弟子神会（668或686—760）、行思（671—740）、怀让（677—744）为代表的南宗。在"安史之乱"（755—763）后，北宗逐渐衰微以至湮灭无闻，而南宗迅速传遍大江南北，日益昌盛，并在唐末五代形成禅门五宗——临济宗、沩仰宗、曹洞宗、云门宗、法眼宗。进入宋代，临济宗又分成杨岐、黄龙二派。两宋是禅宗发展史上的鼎盛时期，它一跃而成为中国佛教宗派中的主流派，在当时的社会各个阶层和文化思想领域都有很大的影响。此后，中国儒、释、道三教日益会通融合，佛教内部各宗也互相融通，禅宗与净土念佛信仰的结合最为密切，以至形成"念佛禅"。

禅宗虽标榜"以心传心，不立文字"，但从实际情况来看，它的文字著述最多，形式也多种多样，其中以禅法语录最多。记录惠能言行的语录有《六祖坛经》，记录神会言行的语录有《菩提达摩南宗定是非论》等，此后怀让、马祖、怀海、希运以及禅门五宗的创始人义玄、灵祐和慧寂、良价和本寂、文偃、文益，后世各宗著名禅师几乎都有语录行世。语录有别集，有合集；在语录集子中既有禅师在开堂、上堂、小参、普说等各种场合的说法记录，也有师徒间的答问；有对前人公案的评说——拈古，有评述这些公案的偈颂——颂古，有代前人回答质询的代语，有在前人答语之外另作答语的别语，还有书信、法语、序跋、碑铭、题赞、札记、遗表等。在语录中，有贴近当时民众的通俗白话，有含意清丽玄远的诗偈；在语录外，有卷帙浩繁的史传，包括以语录为主的灯史、以记事为主的传记、按编年记述的通史。此外，还有论议、杂著、清规等。这些数量庞大的禅宗文献，无疑是我国宝贵的文化遗产。

我国在20世纪70年代末实行改革开放政策以后，随着社会科学界对宗教研究的深入展开，在对佛教文献的研究和整理、出版方面也取得很大的成绩，为从事佛教研究的人员和社会上广大读者提供了不少经过校订注释的有价值的佛教参考资料。然而在大量佛教文献面前，为研究者和读者使用方便，有必要按类别选择其中最重要的文献进行研究和整理，分阶段地作校勘、标点和注释出版。

现在奉献在诸位面前的《中国禅宗典籍丛刊》是一套中国禅宗系列的文献选编，其中收了中国禅宗的部分重要史书、语录和清规等文献，皆请学者依据较好的版本作了校勘、分段和标点，并且一律改用现在通用的简化字。虽然所收文献的数量不是很大，但在目前公开出版的禅宗著述较少的情况下，这一套丛书的出版一定会给从事佛教禅宗研究和中国哲学、文史研究的学者和广大读者以不少方便。我们深知此项工作并非轻而易举，希望边工作边改进，谨望读者今后经常给我们提出建议，不吝赐教，以便把这一工作做得更好。

杨曾文

1998年2月9日

序

佛教传入中国经历长达五六百年之后,至隋唐时期形成带有鲜明民族特色的八大宗派,标志着佛教民族化历程的基本结束,原作为外来宗教的佛教演变为中华民族的宗教之一。相较而言,在这八大宗派中最富有民族特色的有天台宗、华严宗和禅宗,而其中的禅宗在以后适应社会的发展中成为中国佛教的主流派,影响极为深远。近代最早倡导人生佛教或人间佛教的太虚大师(1889—1947)说过:"盖中国自晚唐、五代以来之佛教,可谓完全是禅宗之佛教;禅风之所播,不惟遍及佛教之各宗,且儒家宋、明理学,道家之性命双修,亦无不受禅宗之酝酿而成者。故禅宗者,中国唐、宋以来道德文化之根源也。"① 此后又说"中国佛教特质在禅""中国佛法之骨髓,在于禅"。②

因此,要了解和研究中国佛教乃至中国思想文化,对禅宗进行深入考察和研究是不可或缺的环节。要考察和研究禅宗,必须

---

① 1923年《黄梅在佛教史上之地位及此后地方人士之责任》,载《太虚大师全书》第十八编《讲演》。
② 《中国佛学》第二章、第三章,载《太虚大师全书》第一编《佛法总学·源流》。

依据必要的历史文献。然而禅宗文献汗牛充栋，应当选择什么史书著作呢？例如要了解或研究唐宋禅宗，最重要的史书当然要举出禅宗"五灯"，即宋代道原《景德传灯录》、李遵勖《天圣广灯录》、惟白《建中靖国续灯录》、悟明《联灯会要》、正受《嘉泰普灯录》，还有普济据"五灯"删繁就简所编的《五灯会元》。此外近年通过日本从韩国引进的中国早已失传的五代静、筠二僧所编《祖堂集》，除此之外尚有多种。这些所谓的"灯史"皆属于记言体史书，以记述历代禅师的语录为主，对事迹记述皆很少。在传记体佛教史书中，北宋赞宁编撰的《宋高僧传》载录唐五代很多著名禅师的传记，以记事为主，记述禅语极少。至于惠洪编撰《禅林僧宝传》，却有意补以往记言体"灯史"很少记述事迹的缺欠，既记述禅僧事迹，又选载其具有代表性的语录，是考察和研究唐代特别是宋代禅宗的极为重要的史书。

提起惠洪，不能不为他历遭坎坷、备受挫折的人生路途而感叹。惠洪是宋代僧众中少有的奇才，能文善诗，在游历各地饱经风霜的过程中从未停过笔，因此能够留下体裁多样数量众多的作品。在这其中，最有史学价值的要数《禅林僧宝传》了。

宋代惠洪（1071—1128），真名应为德洪，字觉范，自称寂音，俗姓喻，筠州新昌县人，嗣法于临济宗黄龙下二世真净克文（1025—1102）。宋徽宗大观元年（1107），惠洪住持临川的北景德禅寺，自称其居为"明白庵"。

在张商英（1043—1121）被贬峡州之时，他应邀前往相见谈禅，受到赏识。张商英把他与自己嗣法的兜率从悦禅师相比，称他们是当时的僧融、僧肇（后秦译经僧鸠摩罗什弟子）。后来惠洪因被告冒用他人度牒，被捕入狱一年并被迫还俗。大观四年（1110）张商英出任宰相，惠洪得以再次剃度为僧，改名德洪。政和元年（1111）因张商英遭贬官受到牵连，被削除僧籍，发配到海南岛崖州。被赦后又曾两度受诬告入狱，大约在宣和元年（1119）到湘西（衡山）南台禅寺，专心研读经论并撰写禅宗史书，在以往旧稿70多篇的基础上编撰成《禅林僧宝传》三十卷。

惠洪的主要著作除《禅林僧宝传》外，尚有《林间录》二卷、《冷斋夜话》十卷、《石门文字禅》三十卷等。

《禅林僧宝传》是传记体禅宗史书。收载禅宗名僧81人，以宋代禅僧最多，也有少数唐末五代的禅僧。惠洪利用不少禅僧的行录、行状、碑文铭等资料，也利用他以往参访各地搜集的资料、《林间录》中部分资料。

《禅林僧宝传》出世后立即受到丛林重视，据《石门文字禅》卷二十六所载，从宣和元年书成至宣和五年（1119—1123），就有佛鉴净因、谊叟、长汀珣上人、东瓯宗上人、临川圆上人、福唐太淳、福唐季芳、临川端上人、九嶷道隆、福唐季休、南海惠英等人抄录出十一部，皆请惠洪题记，然后流传到各地。

虽然此书有一些缺欠，传后"赞曰"评论不可能得到一切人的赞同，因而在出世后遭到来自不同方面的批评。公平而论，任何史书都难免有错，并且由于作者所持见解不可能与别人皆同，因此一部书遭到批评应当说是正常的。

《禅林僧宝传》是在旧有灯录之外别撰记载著名禅师"前言往行"的新型禅宗史书，由于记载了很多活跃于晚唐至北宋著名禅僧的传记及他们与士大夫之间密切交往的事迹，为后世了解当时社会文化也提供了珍贵的资料。从本书的编录可以大体推测北宋时期禅宗各派传播发展的形势：最有影响的是云门宗、临济宗，在北宋中期临济宗形成黄龙、杨岐二派后，开始以黄龙派最有影响，至于杨岐派的兴盛是在进入南宋以后。

《禅林僧宝传》出世后很受欢迎，历代都有刊本。明末被编入《嘉兴藏》，清代编入《四库全书》，并且流传海外。上世纪90年代江苏广陵古籍出版社据清末常熟刻经处刻本影印出版，至今仍被学者使用。迄今没有一部用简体字、按内容分段、用通用标点断句的校刊本，不能不说是佛教史学界的一个缺憾。武汉大学哲学系吕有祥教授最近完成《禅林僧宝传》的点校，可以弥补这个空白了。

吕有祥教授，1974年从武汉大学哲学系毕业后留校任教，从1979年至1980年曾到由任继愈教授担任所长的中国社会科学院世界宗教研究所进修中国哲学与佛教学；1987年获武汉大学哲学硕士学位；此后曾到日本考察和研修，多年从事中国哲学、佛学教学和研究，成果丰硕。在古籍校点和注释方面，是《古尊宿语录》《大慧书》的主要点校者，并且承担国家重大项目《中华大典》中佛教哲学、佛教义理部分的编纂及《中华续藏经》的校点工作。

吕教授在将《禅林僧宝传》书稿交出版社之后，希望我能为此书写篇序。吕教授此书是几年前应我之约而校点的。早在两三年前，我已经看过他的点校初稿，现在通览他的定稿之后，感到此书点校得相当不错，不仅分段合理，标点清楚，而且改正了原书的不少讹误之处，出版后将为了解和研究中国禅宗特别是宋代禅宗提供很大方便。

笔者因为对惠洪及其《禅林僧宝传》作过研究，本想在序中对惠洪经历及此书作比较详细的介绍，但在看了吕教授的前言《惠洪的生平与著述》之后，感到他已将惠洪生平，著述《禅林僧宝传》的编纂、内容与特色等讲得十分清楚，用不着笔者再一一赘述了，故仅作略述并介绍吕教授略历及校点缘由。

仅以此序祝贺吕教授校点《禅林僧宝传》完成并即将出版问世。

杨曾文

2013年9月21日于北京华威西里自宅

前言： 惠洪及其《禅林僧宝传》

一、惠洪的生平与著述

惠洪（1071—1128）有写作慧洪的，又名德洪。北宋末期著名禅僧，文字禅的极力倡导者与践行者。宋筠州新昌县（今江西宜丰县）人，俗姓喻（一说姓彭），字觉范。宋代临济宗黄龙派真净克文（1025—1102）法嗣，自号寂音、明白、甘露灭、无垢称等，宋徽宗准奏赐"宝觉圆明"名号。

惠洪幼小学习儒家经典，聪慧出众，"竹居读书供日课"，"读《孝经》如转磨"，十三岁即善诗赋，"环坐同赋诗，出语已能惊怯懦，风雷绕纸成千篇，弃遗不惜如零唾。神思义表文融明，清绝如珠不受涴"（《石门文字禅》卷一，《赠蔡儒效》）。十四岁时，因"父母并月而殁"，于是出家，投入附近三峰山靓禅师门下为童子，"日记数千言，览群书殆尽，靓器之"（宋·正受《嘉泰普灯录·筠州清凉寂音慧洪禅师》）。从此开始了学佛生涯。

十九岁时，到京城天王寺通过试经，剃度受戒为僧，假冒旧籍僧人惠洪之名，取得了僧籍。此后惠洪依宣秘大师深公，讲《成唯识论》，在京城佛教讲坛崭露头角，并且"以诗鸣京华缙绅间"(《僧宝正续传》卷二)。四年后,辞宣秘大师南归,在庐山归宗寺归依临济宗黄龙派真净克文禅师,跟随真净克文前后七年,参究禅法而得悟。《嘉泰普灯录》卷第七《筠州清凉寂音慧洪禅师》载:"净迁石门,师随至。净患其深闻之弊,每举玄沙未彻之语,发其疑。凡有所对,净曰:'你又说道理耶?'一日顿脱所疑,述偈示同学曰:'灵云一见不再见,红白枝枝不着华,叵耐钓鱼船上客,却来平地摝鱼虾。'净见,为助喜,命掌记室。"惠洪由是"名振丛林"。(《卍新纂续藏经》第79册,第333页)

二十九岁时,惠洪开始云游诸方,辗转于江苏、浙江、湖南、江西、安徽等地,遍访禅寺,瞻礼碑塔,广交名僧,诗文酬答,卓然于禅林。交往密切者,如潜庵清源、佛寿惟清、希祖超然、大慧宗杲等,皆当时享誉禅林的著名禅师。在云游期间,还结交了张商英、陈瓘、朱彦、曾孝序、黄庭坚等众多官宦文人,与之酬酢唱和,关系深厚。

三十九岁时(大观三年,1109),有僧告他冒用他人度牒,同时告他有议讪罪,入狱一年,并被迫还俗。后经大丞相张商英特奏,才再次得度为僧,又经节度使郭天信奏请,宋徽宗赐紫衣及"宝觉圆明"名号。不久,张商英、郭天信在与蔡京的权力斗争中遭贬谪,惠洪受牵连,于政和元年(1111)十月被削除僧籍,发配到海南岛三年,政和三年五月被赦免。时隔一年又被捕送到太原监狱受审,至第二年夏出狱。政和八年,又被道士诬告他是以邪教密谋造反的张怀素的同党,而被捕入南昌狱百余日。

建炎元年(1127)惠洪再次恢复僧籍,时年已五十七岁,第二年二月逝世于同安(今安徽潜山县)。

惠洪将自己坎坷遭遇的原因归之于"余世缘深重，夙习羁縻，好论古今治乱是非成败，交游多讥诃之。……复滚滚多言，然竟坐此得罪，出九死而仅生。恨识不知微，道不胜习。"（《石门文字禅》卷二十，《明白庵铭并序》）

宋·祖琇在《僧宝正续传·明白洪禅师》里则对于惠洪的才学品行及坎坷遭遇的原因，作了这样的评论：

> 师之才章，盖天禀然。幼览书籍，一过目，毕世不忘，落笔万言，了无停思。其造端用意，大抵规模东坡，而借润山谷。至于出入禅教，议论精博，其才实高，圜悟禅师以为笔端具大辩才，不可及也。与士大夫游，议论衮衮，虽稠人广座，至必奋席。……
>
> 丞相张无尽称觉范盖天下之英物，圣宋之异人。然古之高僧，以才学名世，殆与觉范并驱者多矣，必以清标懿范相资而后美也。觉范少归释氏，长而博极群书。观其发挥经论，光辅丛林，孜孜焉手不停缀，而言满天下。及陷于难，着逢掖，出九死而仅生，垂二十年，重削发，无一辞叛佛而改图，此其为贤者也。然工呵古人而拙于用己，不能全身远害、峻戒节以自高，数陷无辜之罪，抑其恃才暴耀太过而自取之邪？尝自谓"识不知微，道不胜习"者，不独为洪实录，亦以见其自欺焉。惜哉！

惠洪一生虽屡遭坎坷，但始终以佛学为志，以文章为娱，著述不辍，写出了大量的佛学著作和诗词文论，给后人留下了宝贵的资料和诸多启发。《僧宝正续传·明白洪禅师》载惠洪的著述有："《林间录》二卷、《僧宝传》三十卷、《高僧传》十二卷、《智证传》十卷、《志林》十卷、《冷斋夜话》十卷、《天厨禁脔》

一卷、《石门文字禅》三十卷、《语录偈颂》一编、《法华合论》七卷、《楞严尊顶义》十卷、《圆觉皆证义》二卷、《金刚法源论》一卷、《起信论解义》二卷，并行于世。"此外见于他书记载的还有《易注》三卷、《甘露集》三十卷（见《嘉泰普灯录》卷七）、《物外集》三卷（见《直斋书录解题》卷二十）。

在惠洪的诸多著述中，《禅林僧宝传》则是最受重视、流传广泛的重要佛学著作。

二、《禅林僧宝传》编撰的缘由

《禅林僧宝传》简称《僧宝传》，传记体禅宗史书，收载唐末五代及北宋著名禅僧八十一人传记。惠洪在为他人传抄《僧宝传》的题词中，多处叙述了他编撰《僧宝传》的缘由。

在《石门文字禅》卷二十六《题珣上人〈僧宝传〉》中，惠洪说：

> 予初游吴，读赞宁《宋僧史》，怪不作云门传。有耆年曰，尝闻吴中老师自言尚及见宁，以云门非讲学，故删去之。又游曹山，拜澄源塔，得断碣曰耽章号本寂禅师，获五藏位图，尽具洞山旨诀。又游洞山，得《澄心堂录》书谷山崇禅师语，较《传灯》皆破碎不真。于是喟然而念云门不得立传，曹山名亦失真，崇之道不减，岩头丛林无知名，况下者乎？自是始有撰叙之意。

禅宗五家，云门是其一，而赞宁的《宋高僧传·习禅篇》却没有收录云门一系禅师的传记。又，惠洪根据游历曹山和洞山时看到的碑铭和语录，发现以往的禅僧传记皆不知曹山本寂的真名是耽章，关于曹山本寂的史料以及谷山行崇、岩头全奯等禅师的资料残缺不全。惠洪为了补缺正真,产生了撰述禅僧传记的念头。

《石门文字禅》卷二十六《题佛鉴〈僧宝传〉》又说道:

> 禅者精于道,身世两忘,未尝从事于翰墨,故唐宋僧史,皆出于讲师之笔。道宣精于律而文词非其所长,作禅者传如户婚按检。赞宁博于学,然其识暗,以永明为兴福,岩头为施身,又聚众碣之文为传,故其书非一体。予甚悼惜之。顷尝经行诸方,见博大秀杰之衲,能袒肩以荷大法者,必编次而藏之,盖有志于为史。

这是说,唐宋以来,由于禅僧只注重心悟,不重语言文字,不著书立说,因此唐宋僧史皆出于"讲师"之笔,故而存在这样那样的遗憾。如道宣虽精于律,但文词非其所长,其所作《续高僧传》中的禅僧传"如户婚按检",文杂烦重,不够简明;赞宁虽然博学,但也有见识不明处,又因所作《宋高僧传》是聚集碑文编撰的,故全书文体风格不统一。惠洪对此深感痛惜,于是在游历中留心搜集高僧资料,立志编一部僧史。

此外,惠洪编撰《僧宝传》也是他极力倡导和践行文字禅的表现。他在《石门文字禅》卷二十六《题隆道人〈僧宝传〉》中说:

> 禅宗学者自元丰(1078—1085)以来,师法大坏,诸方以拨去文字为禅,以口耳受授为妙。……于是佛祖之微言,宗师之规范,扫地而尽也。予未尝不中夜而起,喟然而流涕。……因编五宗之训言、诸老之行事,为之传。必书其悟法之由,必载其临终之异,以讥口耳授受之徒,谓之《禅林僧宝传》。

"文字禅"一词，初见于黄庭坚《题松下渊明》"远公香火社，遗民文字禅"（《黄山谷集》卷三）。惠洪在其著述中多次使用"文字禅"一词，并将其诗文集定名为《石门文字禅》。何为"文字禅"，学者有不同解释，要言之，指重视佛教经论、禅师语录诗文在修禅中的地位和作用，强调借文字参究禅理体悟佛道，借文字表达禅理传授禅法。晚唐以降，禅宗"一花开五叶"，各有一套独特的参禅传禅的方法，争奇斗艳。但就对待文字而言有两种态度，一是不立文字，不读经不看教不著述，以机锋棒喝怪异言行为禅；一是注重文字，研习经教祖师法语，从事文字著述，以此作为修禅传禅的重要内容①。惠洪属于后者，他认为"大法非拘于语言，而借言以显发"（《石门文字禅》卷第二十五，《题云居弘觉禅师语录》），"非离文字语言，非即文字语言，可以求道也"。（《石门文字禅》卷二十六，《题圆上人〈僧宝传〉》）。他对"拨去文字为禅，以口耳受授为妙"的风气极为反感和痛心，指出这种风气致使晚辈后学置"佛祖之微言，宗师之规范"于不顾，"贱目睹而尊信传说"，不求多知真悟，以服纨绮，饭精妙，处华屋为荣耀，以高傲自大，自以为悟，互相欺诳为得意。因此，"编五宗之训言、诸老之行事，为之传"，将禅宗五家尊宿的言语行事，以文字形式如实完整地呈现出来，"以讥

---

① 典型者如唐末五代主张禅净兼修的法眼宗三祖永明延寿禅师引怀感《释净土群疑论》云："若言名字无用，不能诠诸法体，亦应唤火水来，故知筌蹄不空，鱼兔斯得。"（《万善同归集》）并著《宗镜录》一百卷百余万言，广引经论法语，以明宗理。宋初临济宗禅师汾阳善昭和稍后的云门宗禅师雪窦重显，相继辑古德法语公案一百则而颂之，以明禅宗旨趣。与惠洪基本同时的圆悟克勤禅师对雪窦重显的《颂古百则》加以垂示、着语和评唱，成《碧岩录》，极以文字诠释禅理之能事。此外，宋代法眼宗禅僧道原撰《景德传灯录》三十卷，谒谷隐蕴聪禅师而大悟的李遵勖编《天圣广灯录》三十卷，云门宗禅僧惟白编《建中靖国续灯录》三十卷，意在集历代禅师入道之机缘语句，启迪后人参禅悟禅。

口耳授受之徒"，使晚辈后学能"见至道之大全、古人之大体"。

关于《禅林僧宝传》的编集成书过程，惠洪在《石门文字禅》里多处提及①。按惠洪所说，自从初游吴时，即有撰叙之意，凡经诸方，"见博大秀杰之衲，能袒肩以荷大法者，必编次而藏之"，陆续搜集到百余人传记资料，但发配到海南岛后，"意绪衰落，魂魄遗失，其存者无几"。宣和改元（1119）夏，于湘西之谷山，发其藏畜，得七十余辈，整理成书，是为初稿。其后又加以增补，"统八十有一人②，分为三十卷，书成于湘西之南台"，是为定稿。根据惠洪所说，《禅林僧宝传》从发心搜集禅僧传记数据到最后编定成书，历时三十余年，最后成书的时间惠洪没有明确交代，大概在宣和四年（1122）左右。

三、《禅林僧宝传》的内容与特色

《禅林僧宝传》所收八十一人传记，始于唐末曹山本寂禅师（840—901），迄于北宋末黄龙惟清禅师（？—1117），少数是唐末五代禅僧，大多是北宋禅僧。其中青原一系四十六人（五家分宗前十一人、曹洞宗十一人、云门宗十九人、法眼宗五人），南岳一系三十三人（沩仰宗一人、临济宗三十二人），法系不明者二人，详见列表③。

---

① 见于《石门文字禅》《题珣上人〈僧宝传〉》《题佛鉴〈僧宝传〉》《题端上人〈僧宝传〉》《僧宝传序》。
② 明初无愠述《山庵杂录》云："觉范《僧宝传》，始名《百禅师传》。大惠初见读之，为剔出一十九人而焚之。厥后觉范致书与黄檗知和尚云，宗杲窃见吾《百禅师传》，辄焚去者一十九人，不知何意。觉范虽一时不悦，彼十九人终不以预录。多见人议僧宝传止于八十一人，欲准九九之数，乃燕人举烛之说也。"
③ 据杨曾文《宋元禅宗史》统计。《宋元禅宗史》，中国社会科学出版社，2006年，第339—340页。

禅系	卷次、法名（世系）	
五家分宗前青原—石头系（11人）	卷四玄沙师备（青原六世）、卷四罗汉桂琛（青原七世）、卷五石霜庆诸（青原五世）、卷五龙湖普闻（青原六世）、卷五九峰道虔（青原六世）、卷五禾山无殷（青原七世）、卷六洛浦元安（青原六世）、卷八圆通缘德（青原十世）、卷十林阳志端（青原八世）、卷十九峰道诠（青原十世）、卷十四谷山行崇（青原八世）	
沩仰宗（1人）	卷八南塔光涌（南岳六世）	
临济宗（32人）	黄龙、杨岐分派前（17人）	卷三风穴延沼（南岳八世）、卷三首山省念（南岳九世）、卷三太子善昭（南岳十世）、卷十四神鼎洪諲（南岳十世）、卷十五衡岳谷泉（南岳十一世）、卷十五法华全举（南岳十一世）、卷十六广慧元琏（南岳十世）、卷十六翠岩守芝（南岳十一世）、卷十七浮山法远（南岳十一世）、卷十九西余净端（南岳下十一世）、卷二十华严道隆（南岳下十一世）、卷二十一慈明楚圆（南岳十一世）、卷二十二云峰文悦（南岳十二世）、卷二十五真如慕哲（南岳十三世）、卷二十六净因道臻（南岳十二世）、卷二十七蒋山赞元（南岳十二世）、卷二十七达观昙颖（南岳十二世）
	黄龙派（13人）	卷二十二黄龙慧南（南岳十二世）、卷二十三宝觉祖心（南岳十三世）、卷二十三真净克文（南岳十三世）、卷二十四仰山行伟（南岳十三世）、卷二十四照觉常总（南岳十三世）、卷二十五云居元祐（南岳十三世）、卷二十五隆庆庆闲（南岳十三世）、卷二十五云盖守智（南岳十三世）、卷二十九报本慧元（南岳十三世）、卷二十九禾山德普（南岳十三世）、卷三十宝峰洪英（南岳十三世）、卷三十保宁圆玑（南岳十三世）、卷三十佛寿惟清（南岳十四世）
	杨岐派（2人）	卷二十八杨岐方会（南岳十二世）、卷二十八白云守端（南岳十三世）

续表

禅系	卷次、法名（世系）
曹洞宗 (11人)	卷一曹山本寂（青原六世）、卷六宏觉道膺（青原六世）、卷七九峰通玄（青原七世）、卷九龙牙居遁（青原六世）、卷九云居道简（青原七世）、卷十重云智晖（青原七世）、卷十瑞龙幼璋（青原七世）、卷十龟洋慧忠（青原八世）、卷十三大阳警延（青原十世）、卷十七投子义青（青原十一世）、卷十七天宁道楷（青原十二世）
云门宗 (19人)	卷二云门文偃（青原七世）、卷八洞山守初（青原七世）、卷八南安岩严（青原十世）、卷十双峰竟钦（青原八世）、卷十一洞山晓聪（青原十世）、卷十一雪窦重显（青原十世）、卷十一天衣义怀（青原十一世）、卷十二荐福承古（青原八世）、卷十三福昌惟善（南岳十二世）、卷十四圆照宗本（青原十一世）、卷十八大觉怀琏（青原十一世）、卷十八兴化绍铣（青原十一世）、卷二十六圆通居讷（青原十一世）、卷二十六圆通法秀（青原十一世）、卷二十六延恩法安（青原十二世）、卷二十七明教契嵩（青原十一世）、卷二十八法昌倚遇（青原十一世）、卷二十九大通善本（青原十二世）、卷二十九佛印了元（青原十一世）
法眼宗 (5人)	卷四清凉文益（青原八世）、卷七天台德韶（青原十世）、卷七云居道齐（青原十世）、卷七瑞鹿本先（青原十一世）、卷九永明延寿（青原十世）
法系不明 (2人)	卷十九余杭政黄牛（？）、卷二十言法华（？）

这八十一人传记，有的采自《僧传》《灯录》，有的采自"别传遗编"，有的采自惠洪游历时亲见亲闻的碑文、铭文和当时的"耆年宿衲之论"。

八十一人中，有七十人的言行在《宋高僧传》《景德传灯录》《天圣广灯录》《建中靖国续灯录》里或多或少有所记载。卷一至卷十的大多数禅僧见于《景德传灯录》，少数见于《宋高僧传》和《天圣广灯录》。卷十一至卷三十的禅僧主要见于《建中靖国续灯录》，个别略见于《景德传灯录》《天圣广灯录》。但《禅林僧宝传》所载内容与《僧传》和《灯录》所载内容有同有异而且异多于同，应是惠洪根据《僧传》《灯录》和自己的见闻，综合编辑而成。另十一人的言行未见于《僧传》和《灯录》，应该是惠洪在云游中独自搜集所得。这十一人是：龙湖普闻、九峰通玄、南塔光涌、福昌惟善、神鼎洪諲、法华全举、天宁道楷、余杭惟政、言法华、延恩法安、禾山德普。①

《禅林僧宝传》的编撰体例，有其不同于以往《僧传》和《灯录》的特色。

首先是"记言"与"记事"兼顾。以往的《高僧传》着重记述高僧的行事而兼有记言，《灯录》主要记述禅僧机缘语句而略于记述禅僧的行事。《禅林僧宝传》则以"记言"为主，不同于《高僧传》以记事为主；同时《禅林僧宝传》兼顾"记事"，不同于《灯录》略于记事。惠洪特别不满达观昙颖禅师所作《五家传》，他说："嘉祐中，达观昙颖禅师尝为《五家传》，略其世系入道之缘、临终明验之效，但载其机缘语句而已。夫听言之道以事观，既载其语言，则当兼记其行事，因博采别传遗编，参以耆年宿衲之论增补之。"明朝戴良《重刊禅林僧宝传序》对此作

---

① 杨曾文《宋元禅宗史》指出："例如，卷十一《天衣义怀传》当主要来自米芾《天衣怀禅师碑》（《宝晋英光集》卷七）；卷二十三《黄龙宝觉祖心传》、卷二十六《延恩法安传》，很明显是取自黄庭坚所写的《黄龙心禅师塔铭》《法安大师塔铭》（载《黄庭坚全集·正集》卷三十二）。"

了高度肯定,"古者左史记言,右史记事,而言为《尚书》,事为《春秋》。迁盖因之以作《史记》,而言与事具焉。觉范是书,既编五宗之训言,复着诸老之行事,而于世系入道之由,临终明验之际,无不谨书而备录。盖听言以事观,既书其所言,固当兼录其行事,觉范可谓得迁之矩度矣"。然而,通观《禅林僧宝传》,所谓"既载其语言,则当兼记其行事",是就总体而言的,并非每个传记都是如此。盖由于史料阙如所致,个别传记或记言而未记事(如谷山行崇禅师),或记事而无记言(如兴化铣禅师)。

其次是"依仿史传,各为赞辞"。司马迁《史记》在人物传记后作一简要评语,后代史书仿之,名曰"赞""论""评",而"赞"辞或为韵文,或为散文。南朝慧皎作《高僧传》,在一科之后作"论"与"赞"[①]。"论"为散文,阐述一科之主旨和源流;"赞"为韵文,称赞一科之意义。道宣的《续高僧传》亦在一科之后作"论",但无"赞"。赞宁的《宋高僧传》则是在传主后作一简论(只对部分传主作论,而非全部)。惠洪依仿史书及《宋高僧传》,对传主作简评,名曰"赞"。惠洪认为"依仿史传,各为赞辞",能"使学者临传致赞语,见古人妙处"。《禅林僧宝传》的赞语不拘一格,绝大部分是一人一赞,少数则多人合赞,或二人合赞,或三人合赞,或四人合赞,多至六人合赞。其赞语为散文,偶尔夹杂诗偈,以抒发心中感慨,如卷十四,在谷山崇禅师传后赞曰:"洞山清禀禅师作《澄心堂录》,录崇语句。细味之,骨气不减岩头,恨不能多见。崇宁之初,冲虎至谷山,

---

① 前八科有论有赞,后两科有论无赞。

塔冢莫辨，事迹零落，不可考究。坐而太息，作偈曰：'行尽湘西十里松，到门却立数诸峰。崇公事迹无寻处，庭下春泥见虎踪。'"以往的"赞词"是直言评论，惠洪的赞词偶夹以抒情诗词，因而后人有对此诟病者，如宋胡仔说，《僧宝传》作赞，"又杂一诗句，此岂史法示褒贬之意乎"（《苕溪渔隐丛话》后集卷三十七）。

再次，在人物编排顺序上，以往《灯录》按禅门法脉相续之次第编列，《禅林僧宝传》则大体以时序为主，兼顾同派禅僧相对集中。如前十卷所录是唐末五代及北宋前期的禅僧，中十卷所录主要是北宋中期的禅僧，后十卷所录主要是北宋后期的禅僧。而在每个时代，同一宗派的禅师相对集中编列在一起。如：卷三的临济宗禅僧（未分派前）；卷四、卷五的石头系禅僧（未分宗前）；卷十一至十三、卷二十六的云门宗禅僧；卷二十三至二十五、卷二十九至三十的黄龙派禅僧。

此外，《禅林僧宝传》把虽属不同宗派但具有某种共同特点的禅僧编列在一起。然而，由于采用多种编排方式，往往顾此失彼，宗派的法嗣次第被打乱了，也没有严格按照时序来排列，整个编排顺序显得有些混乱而不够严谨。

四、《禅林僧宝传》的流传与影响

惠洪通过自己几十年的辛勤搜集，汇编了唐末五代与北宋时期部分重要禅师的传记，尤其是"自嘉祐至政和之初，云门、临济两宗"的传记，弥补了已有《僧传》《灯录》的欠缺，成为人们了解唐末五代及北宋时期禅宗人物思想言行的珍贵资料。其记言与记事兼顾、注重禅僧"悟法之由"和"临终之异"、"依仿史传，立以赞辞"自成一体的传记风格，使人们耳目一新。因此，《禅林僧宝传》编出之初，就受到青睐，被竞相传抄。据《石门文字禅》卷二十六所载，宣和元年至宣和四年，就有佛鉴、谊叟、珣上人、宗上人、圆上人、淳上人、其上人、范上人、端上人、隆道人、休上人、英大师等十二人抄录，并请惠洪作题记。

《禅林僧宝传》于宣和六年（1124）初次刊行，之后广泛流传，及至南宋淳熙年间（1174—1189），者庵惠彬著《丛林公论》称，当时《禅林僧宝传》已"流行犹燧火，户户有之"。此后又多次重刊。南宋宝庆三年（1227），释广遇重刻于杭州。元至顺元年（1330）善立重刻。明洪武六年（1373），定禅师重刊于大慈寺。明末被选入《嘉兴藏》，清代又收入《四库全书》。光绪六年（1880）刘叔涵于常熟刻经处刊刻单行本流传于世。《禅林僧宝传》大概于宋元之际传入日本，在镰仓、室町、江户时期多次刊刻流通，明治时代收入《卍续藏经》。

《禅林僧宝传》不仅以单行本和藏经本流传于世，而且其中某些传记内容也被后世《灯录》所采用。宋朝悟明集《联灯会要》（1183）、正受编《嘉泰普灯录》（1204）、普济集《五灯会元》（1252），明朝圆极居顶辑《续传灯录》、明河撰《补续高僧传》，或直接或间接地采择了《禅林僧宝传》的一些史料。①《禅林僧宝传》的书名和体例也被模仿，如宋朝祖琇《僧宝正续传》、清朝自融《南宋元明禅林僧宝传》。

《禅林僧宝传》虽然历代受到重视而广泛流传，但也遭到诸多批评。陈垣在《中国佛教史籍概论》列举祖琇等人的批评说："祖琇《僧宝正续传》末，附代古塔主《舆洪觉范书》，有曰：'尝闻足下有撰次僧史之志，某喜为之折屐。及足下成书，获阅之，方一过目，烂然华丽，及再三伸卷，考核事实，则知足下树志浅矣。夫文所以纪实也，苟忽事实，而高下其心，唯骋歆艳之文，此杨子所谓从而绣其击罄帨，君子所不取也。'淳熙末，耆庵惠彬撰《丛林公论》，亦数攻击此书，以为'传多浮夸，赞多臆说'。《渔隐丛话》后集三七亦云：'《僧宝传》，洪觉范所撰，但欲驰骋其文，往往多失事实。至于作赞，又杂以诗句，此岂史法示褒贬之意乎。'当时缁素对《僧宝传》之批评如此，其书之内容可知。"

《禅林僧宝传》确有失误之处。如陈垣在同书中指出："《僧宝传》二十一《石霜圆传》，有康定戊寅纪事。戊寅非康定，当作宝元。以本朝人记本朝年号，石霜又为洪之曾祖，竟至误其卒年，《会元》十二且讥其失于考证。"新近学者也指出了类似的错

---

① 例如：卷十四《神鼎洪諲禅师》、卷十五《法华全举禅师》，相继被《联灯会要》《五灯会元》《续传灯录》采用。卷十七《天宁楷禅师》相继被《联灯会要》《嘉泰普灯录》《五灯会元》采用。卷十一的《洞山晓聪禅师》相继被《五灯会元》《补续高僧传》《续传灯录》采用。卷五《邵武龙湖闻禅师》、卷二十一《慈明禅师》为《五灯会元》采用。卷二十二《黄龙南禅师》、卷二十六《净因臻禅师》《延恩安禅师》、卷二十九《禾山普禅师》，被《续传灯录》采用。卷十九《余杭政禅师》、卷二十《言法华》被《补续高僧传》采用。等等。

误。如杨曾文指出："卷八（《自严传》）将诏请自严之师云豁入京的真宗写成太宗，卒年'大中祥符乙卯'误作'淳化乙卯'。"[1] 陈自力指出："卷十八《兴化铣禅师》有云'元丰三年辛酉九月二十一日'。按，元丰三年为庚辰岁，元丰四年为辛酉岁。惠洪所记有误。"[2]

《禅林僧宝传》虽有失误之处，但说"传多浮夸，赞多臆说"，"多失事实"，则需要更多的证据，否则未免言过其实。

---

[1] 杨曾文：《宋元禅宗史》，中国社会科学出版社，2006年，第341页。
[2] 陈自力：《释惠洪研究》，中华书局，2005年，第231页。

觉范自序[①]

曹溪之道，至南岳石头、江西马祖，而分为两宗。云门、曹洞、法眼皆宗于石头，临济、沩仰皆宗于马祖，天下丛林号为五家宗派。嘉祐中，达观昙颖禅师尝为《五家传》，略其世系入道之缘，临终明验之效，但载其机缘语句而已。夫听言之道以事观，既载其语言，则当兼记其行事，因博采别传遗编，参以耆年宿衲之论增补之。又自嘉祐至政和之初，云门、临济两宗之裔，卓然冠映诸方者，特为之传，依仿史传，各为赞辞。统八十有一人，分为三十卷，书成于湘西之南台。

宣和五年正月八日，伏遇判府安抚大学降贵令辰，缮写呈献，仰祝台算。许旌阳白日仙去，天诏书曰："赦汝不事先祖之罪，佳汝施药咒水之功。"夫施药咒水，期于活人者也，活人而能致飞仙，况寿考乎！余观安抚大学，其牧民临政，皆得佛法之至要。和而为生，威而为杀，生杀皆以活人为本。尝生浏阳囚徒十有二人于死中，佛法之见于和者也。戮一贺文，而亿万生齿安

[①] 底本与对校本未刊此序，据觉范《石门文字禅》第二十三卷《僧宝传序》增。

堵，佛法之见于威者也。其妙用活人之功，较之旌阳，殆相万矣。惟其得法之渊源，实出于圆照本禅师，而不可诬也。故余特以禅书为献。伏冀燕闲之暇，少赐披览，岂胜幸甚！

《禅林僧宝传》引①

觉范谓余曰:"自达磨之来,六传至大鉴。鉴之后析为二宗,其一为石头,云门、曹洞、法眼宗之。其一为马祖,临济、沩仰宗之。是为五家宗派。嘉祐中,达观昙颖禅师尝为之传,载其机缘语句,而略其始终行事之迹。德洪以谓:影由形生,响逐声起,既载其言,则入道之缘、临终之效,有不可唐捐者。遂尽掇遗编别记,苴以诸方宿衲之传。又自嘉祐至政和,取云门、临济两家之裔,崭然绝出者合八十有一人,各为传而系之以赞,分为三十卷,书成于湘西之南台,目之曰《禅林僧宝传》。幸为我作文,以弁其首。"

余索其书而观之,其识达,其学诣,其言恢而正,其事简而完,其辞精微而华畅,其旨广大空寂,窅然而深矣!其才则宗门之迁、固也。使八十一人者布在方册,芒寒色正,烨如五纬之丽天,人皆仰之,或由此书也。夫觉范初阅汾阳昭语,脱然有省,

---
① 《四库全书》本未刊此序。

而印可于云庵真净。尝涉患难濒九死，口绝怨言，面无不足之色。其发为文章者，盖其绪余土苴云。

宣和六年三月甲子，长沙侯延庆引。

重刻《禅林僧宝传》序

摩竭掩室，毗耶杜口，以真实际离文字故。自曹溪滴水，派别五家，建立纲宗，开示方便，法源一浚，波流益洪，同归萨婆若海。然欲识佛性义，当观时节因缘。从古明大法人，莫非瑰玮杰特之材，不受世间绳束，是以披缁祝发，周游参请，必至于发明己事而后已。盖有或因言而悟入，或目击而道存，一刹那间，转凡成圣，时节因缘，各自不同。苟非具载本末，则后学无所考证。此《僧宝传》之所由作也。

是书之传有年矣，白璧缫藉，见出①爱慕。旧藏在庐阜，后失于回禄。钱塘风篁山②之僧广遇，虑其湮没，即旧本校雠锓梓，以与诸方共之，十余年而书始成，其用心亦勤矣。魏亭赵元藻，一见遇于湖山之上，慧炬相烛，袖其书以归，嘱予为一转语。予与遇未觌面，今披是书，知其志③趣，千里同风。且见遇与觉范，

---

① "出"，《卍续藏经》作"之"。
② 《四库全书》本"山"下有"岭"字。
③ "志"，常熟本作"旨"。

与八十一人者把臂并行。若有因书省发，得意忘言，即同入此道场，则灵山一会，俨然未散，不为分外。

宝庆丁亥中春上浣，临川张宏敬书。

重刊《禅林僧宝传》序①

《禅林僧宝传》者，宋宣和初，新昌觉范禅师之所撰次也。觉范尝读唐、宋《高僧传》，以道宣精于律而文非所长，赞宁博于学而识几于暗，其于为书，往往如户昏按捡，不可以属读，乃慨然有志于论述。凡经行诸方，见夫博大秀杰之衲，能袒肩以荷大法者，必手录而藏之。后居湘西之谷山，遂尽发所藏，依仿司马迁史传，各为赞辞，合八十有一人，分为三十卷，而题以今名，亦既锓梓以传，积有岁月。二十年来，南北兵兴，在在焚毁，是书之存，十不一二。南宗禅师定公，时住大慈名刹，慨念末学晚辈，不见至道之大全、古人之大体，因取其书，重刊而广布之，且以序文属予，俾书始末，传之永久。

古者左史记言，右史记事，而言为《尚书》，事为《春秋》。迁盖因之以作《史记》，而言与事具焉。觉范是书，既编五宗之训言，复着诸老之行事，而于世系入道之由，临终明验之际，无不谨书而备录。盖听言以事观，既书其所言，固当兼录其行事，

---

① 《嘉兴藏》本、《四库全书》本、常熟本未刊此序，据《卍续藏经》补。

觉范可谓得迁之矩度矣。而或者则曰："迁盖世间之言，而觉范则出世间者也。出世间之道，以心而传心，彼言语文字，非道之至也。于此而不能以无滞，则自心光明，且因之而壅蔽，其于道乎何有？"是大不然。为佛氏之学者，固非即言语文字以为道，而亦非离言语文字以入道。

观夫从上西竺东震诸师，固有兼通三藏，力弘心宗者矣，若马鸣、龙树、永嘉、圭峰是也。学者苟不致力于斯，而徒以拨去言语文字为禅，冥心默照为妙，则先佛之微言，宗师之规范，或几乎熄矣。觉范为是惧而撰此书，南宗亦为是惧而刊布之，欲使天下禅林咸法前辈之宗纲。而所言所履，与传八十一人者同归于一道，则是书之流传，岂曰小补之哉？《传》曰："虽无老成人，尚有典刑。"又曰："君子多识前言往行，以蓄其德。"后之览者勉之哉！

洪武六年腊月八日，九灵山人戴良序。

校点凡例

一、本书以明《嘉兴藏》本为底本,以日本五山本(1557,修补本)、《四库全书》本、日本《卍新纂续藏经》本和清光绪六年(1880)常熟刻经处单刻本为对校本。

二、校本与底本有出入处均作校勘记。底本的衍、脱及误刻字亦作校记说明之。

三、文内的小字为夹注,保持原样,不作变动。例如:"渠本不是我非我,我本不是渠非渠。"

四、书名或篇章名均加书名号。例如:《尚书》《般若经》《宝镜三昧》《五位显诀》等。

五、底本无禅师嗣法世系,此次校点时依《四库全书》本标出者编入目录作为参考,未标出者阙如。

六、原文段落较长,为方便阅读,此次校点时按上下文意作了适当分段。

目 录

卷第一
　　抚州曹山本寂禅师　青原六世 ……………………………… 1
卷第二
　　韶州云门大慈云弘明禅师　青原七世 ………………………… 8
卷第三
　　汝州风穴沼禅师　南岳八世 ………………………………… 14
　　汝州首山念禅师　南岳九世 ………………………………… 17
　　汾州太子昭禅师　南岳十世 ………………………………… 20
卷第四
　　福州玄沙备禅师　青原六世 ………………………………… 23
　　漳州罗汉琛禅师　青原七世 ………………………………… 27
　　金陵清凉益禅师　青原八世 ………………………………… 29
卷第五
　　潭州石霜诸禅师　青原五世 ………………………………… 32
　　邵武龙湖闻禅师　青原六世 ………………………………… 34
　　筠州九峰虔禅师　青原六世 ………………………………… 36
　　吉州禾山殷禅师　青原七世 ………………………………… 37

卷第六

云居宏觉膺禅师　青原六世 …………………………… 39

澧州洛浦安禅师　青原六世 …………………………… 43

卷第七

天台韶国师　青原十世 ………………………………… 46

筠州九峰玄禅师　青原七世 …………………………… 49

南康云居齐禅师　青原十世 …………………………… 51

瑞鹿先禅师　青原十一世 ……………………………… 53

卷第八

圆通缘德禅师　青原十世 ……………………………… 55

南塔光涌禅师　南岳六世 ……………………………… 56

洞山守初禅师　青原七世 ……………………………… 57

南安岩严尊者　青原十世 ……………………………… 59

卷第九

龙牙居遁禅师　青原六世 ……………………………… 62

永明智觉禅师　青原十世 ……………………………… 63

云居简禅师　青原七世 ………………………………… 68

卷第十

重云晖禅师　青原七世 ………………………………… 70

瑞龙璋禅师　青原七世 ………………………………… 71

林阳端禅师　青原八世 ………………………………… 72

双峰钦禅师　青原八世 ………………………………… 74

九峰诠禅师　青原十世 ………………………………… 75

龟洋忠禅师　青原八世 ………………………………… 76

卷第十一

  洞山聪禅师　青原十世 ……………………………… 78

  雪窦显禅师　青原十世 ……………………………… 80

  天衣怀禅师　青原十一世 …………………………… 83

卷第十二

  荐福古禅师　青原八世 ……………………………… 85

卷第十三

  福昌善禅师　南岳十二世 …………………………… 92

  大阳延禅师　青原十世 ……………………………… 94

卷第十四

  神鼎䛦禅师　南岳十世 ……………………………… 97

  谷山崇禅师　青原八世 ……………………………… 101

  慧林圆照本禅师　青原十一世 ……………………… 102

卷第十五

  衡岳泉禅师　南岳十一世 …………………………… 106

  法华举禅师　南岳十一世 …………………………… 108

卷第十六

  广慧琏禅师　南岳十世 ……………………………… 112

  翠岩芝禅师　南岳十一世 …………………………… 114

卷第十七

  浮山远禅师　南岳十一世 …………………………… 118

  投子青禅师　青原十一世 …………………………… 120

  天宁楷禅师　青原十二世 …………………………… 122

卷第十八
　　大觉琏禅师　青原十一世 …… 125
　　兴化铣禅师　青原十一世 …… 127

卷第十九
　　余杭政禅师 …… 129
　　西余端禅师 …… 131

卷第二十
　　言法华 …… 134
　　华严隆禅师 …… 135

卷第二十一
　　慈明禅师　南岳十一世 …… 140

卷第二十二
　　黄龙南禅师　南岳十二世 …… 147
　　云峰悦禅师　南岳十二世 …… 151

卷第二十三
　　黄龙宝觉心禅师　南岳十三世 …… 154
　　泐潭真净文禅师　南岳十三世 …… 158

卷第二十四
　　仰山伟禅师　南岳十三世 …… 161
　　东林照觉总禅师　南岳十三世 …… 164

卷第二十五
　　大沩真如哲禅师　南岳十三世 …… 166
　　云居祐禅师　南岳十三世 …… 168
　　隆庆闲禅师　南岳十三世 …… 169

云盖智禅师　南岳十三世 …………………… 172

卷第二十六

　　圆通讷禅师　青原十一世 …………………… 174

　　净因臻禅师　南岳十二世 …………………… 176

　　法云圆通秀禅师　青原十一世 ……………… 177

　　延恩安禅师　青原十二世 …………………… 180

卷第二十七

　　明教嵩禅师　青原十一世 …………………… 182

　　蒋山元禅师　南岳十二世 …………………… 184

　　金山达观颖禅师　南岳十二世 ……………… 186

卷第二十八

　　法昌遇禅师　青原十一世 …………………… 189

　　杨岐会禅师　南岳十二世 …………………… 193

　　白云端禅师　南岳十三世 …………………… 195

卷第二十九

　　大通本禅师　青原十二世 …………………… 197

　　报本元禅师　南岳十三世 …………………… 199

　　禾山普禅师　南岳十三世 …………………… 201

　　云居佛印元禅师　青原十一世 ……………… 203

卷第三十

　　宝峰英禅师　南岳十三世 …………………… 208

　　保宁玑禅师　南岳十三世 …………………… 210

　　黄龙佛寿清禅师　南岳十四世 ……………… 212

补禅林僧宝传

五祖演禅师　南岳十四世 215
云岩新禅师　南岳十四世 217
南岳石头志庵主　南岳十四世 219
《嘉兴藏》附记 221
五山本附记 221

临济宗旨 223
附录一 231
附录二 250
后　记 261

卷第一

抚州曹山本寂禅师　青原六世

禅师讳耽章，泉州莆田黄氏子。幼而奇逸，为书生不甘处俗。年十九弃家，入福州灵石①山，六年乃剃发受具。

咸通初，至高安谒悟本禅师价公，依止十余年。价以为类己，堪任大法，于是名冠丛林。将辞去，价曰："三更当来，授汝曲折。"时矮师叔者知之，蒲伏绳床下，价不知也。中夜授章先云岩所付《宝镜三昧》《五位显诀》《三种渗漏》毕，再拜趋出。矮师叔引颈呼曰："洞山禅入我手矣。"价大惊曰："盗法倒屙无及矣。"后皆如所言。

《宝镜三昧》，其词曰："如是之法，佛祖密付。汝今得之，其②善保护。银碗盛雪，明月藏鹭。类之弗齐，混则知处。意不在言，来机亦赴。动成窠臼，差落顾伫。背触俱非，如大火聚。

---

① "灵石"，《宋高僧传》作"云名"。
② "其"，《卍续藏经》校记：一作"宜"。

但形文彩，即属染污。夜半正明，天晓不露。为物作则，用拔诸苦。虽非有为，不是无语。如临宝镜，形影相睹。汝不是渠，渠正是汝。如世婴儿，五相完具。不去不来，不起不住。婆婆和和，有句无句。终必①得物，语未正故。重离六爻，偏正回互。叠而为三，变尽成五。如茎草味，如金刚杵。正中妙挟，敲唱双举。通宗通涂，挟带挟路。错然则吉，不可犯忤。天真而妙，不属迷悟。因缘时节，寂然昭著。细入无间，大绝方所。毫忽之差，不应律吕。今有顿渐，缘立宗趣。宗趣分矣，即是规矩。宗通趣极，真常流注。外寂中摇，系驹伏鼠。先圣悲之，为法檀度。随其颠倒，以缁为素。颠倒想灭，肯心自许。要合古辙，请观前古。佛道垂成，十劫观树。如虎之缺，如马之馵。以有下劣，宝几珍御。以有惊异，黧奴白牯。羿以巧力，射中百步。箭锋相直，巧力何预？木人方歌，石儿②起舞。非情识到，宁容思虑？臣奉于君，子顺于父。不顺非孝，不奉非辅。潜行密用，如愚若鲁。但能相续，名主中主。"

《五位君臣偈》，其词曰："正中偏，三更初夜月明前，莫怪相逢不相识，隐隐犹怀昔日嫌。偏中正，失晓老婆逢古镜，分明觌面更无真③，休更迷头犹认影。正中来，无中有路出尘埃，但能不触当今讳，也胜前朝断舌才。偏中至，两刃交锋要回避，好手还同火里莲，宛然自有冲天气。兼中到，不落有无谁敢和，人人尽欲出常流，折合终归炭里坐。"

---

① "必"，《卍续藏经》校记：一作"不"。
② "儿"，《卍续藏经》校记：一作"女"。
③ "真"，五山本作"他"。

《三种渗漏》，其词曰："一见渗漏，谓机不离位，堕在毒海。二情渗漏，谓智常向背，见处偏枯。三语渗漏，谓体妙失宗，机昧终始。"学者浊智流转不出此三种。

《纲要偈》三首，其一名敲倡俱行，偈曰："金针双锁备，挟路隐全该。宝印当空妙，重重锦缝开。"其二名金锁玄路，偈曰："交互明中暗，功齐转觉难。力穷寻进退，金锁网鞔鞔。"其三名理事不涉，偈曰："理事俱不涉，回照绝幽微。背风无巧拙，电火烁难追。"

黎明，章出山，造曹溪，礼祖塔。自螺川还，止临川，有佳山水，因定居焉。以志慕六祖，乃名山为曹。

示众曰："僧家在此等衣线下，理须会通向上事，莫作等闲。若也承当处分明，即转他诸圣向自己背后，方得自由。若也转不得，直饶学得十成，却须向他背后叉手，说什么大话。若转得自己，则一切粗重境来，皆作得主宰，假如泥里倒地，亦作得主宰。如有僧问药山曰：'三乘教中，还有祖意也无？'答曰：'有。'曰：'既有，达磨又来作么？'答曰：'只为有，所以来。'岂非作得主宰，转得归自己乎！如经曰：'大通智胜佛，十劫坐道场，佛法不现前，不得成佛道。'言劫者，滞也，谓之十成，亦曰断渗漏也，只是十道头绝矣。不忘大果，故云守住耽着，名为取次承当，不分贵贱。我常见丛林好论一般两般，还能成立得事么？此等但是说向去事路布。汝不见南泉曰：'饶汝十成，犹较王老师一线道。'也大难！事到此，直须子细，始得明白自在。不论天堂、地狱、饿鬼、畜生，但是一切处不移易。元是旧时人，只是不行旧时路。若有忻心，还成滞着。若脱得，拣什么？

古德云:'只恐不得轮回。'汝道作么生?只如今人,说个净洁处,爱说向去事,此病最难治。若是世间粗重事,却是轻,净洁病为重。只如佛味祖味,尽为滞着。先师曰:'拟心是犯戒,若也得味是破斋。'且唤什么作味?只是佛味祖味。才有忻心,便是犯戒。若也如今说破斋破戒,即今三羯磨时,早破了也。若是粗重贪瞋痴,虽难断,却是轻。若也无为无事净洁,此乃重,无以加也。祖师出世,亦只为这个,亦不独为汝。今时莫作等闲,驀奴白牯修行却快,不是有禅有道。如汝种种驰求,觅佛、觅祖,乃至菩提涅槃,几时休歇成办乎?皆是生灭心。所以不如驀奴白牯兀兀无知,不知佛、不知祖,乃至菩提涅槃,及以善恶因果,但饥来吃草,渴来饮水。若能恁么,不愁不成办。不见道:计较不成,是以知有,乃能披毛戴角,牵犁拽耒,得此便宜,始较些子!不见弥勒、阿閦及诸妙喜等世界,被他向上人唤作无惭愧懈怠菩萨?亦曰变易生死,尚恐是小懈怠,在本分事合作么生?大须子细始得。人人有一坐具地,佛出世侵①他不得。恁么体会修行,莫趁快利。欲知此事,饶今成佛成祖去,也只这是;便堕三涂地狱六道去,也只这是。虽然没用处,要且离他不得,须与他作主宰始得。若作得主宰,即是不变易;若作主宰不得,便是变易也。不见永嘉云:'莽莽荡荡招殃祸。'问:'如何是莽莽荡荡招殃祸?'曰:'只这个总是。'问曰:'如何免得?'曰:'知有即得,用免作么?'但是菩提涅槃、烦恼无明等,总是不要免,乃至世间粗重之事,但知有便得,不要免,免即同变易去

---

① "侵",《卍续藏经》作"慢"。

也。乃至成佛成祖、菩提涅槃，此等殃祸为不小。因什么如此？只为变易。若不变易，直须触处自由始得。"

香严闲禅师会中，有僧问："如何是道？"闲曰："枯木里龙吟。"又问："如何是道中人？"闲曰："骷髅①里眼睛。"其僧不领，辞。

至石霜，问诸禅师曰："如何是枯木里龙吟？"诸曰："犹带喜在。"又问："如何是骷髅里眼睛？"诸曰："犹带识在。"又不领，乃问章曰："如何是枯木里龙吟？"章曰："血脉不断。"又问："如何是骷髅里眼睛？"章曰："干不尽。"又问："有得闻者否？"章曰："尽大地未有一人不闻。"又问："未审是何章句？"章曰："不知是何章句，闻者皆丧。"乃作偈曰："枯木龙吟真见道，骷髅无识眼初明。喜识尽时消息尽，当人那辨浊中清。"

有僧以纸为衣，号为纸衣道者，自洞山来。章问："如何是纸衣下事？"僧曰："一裘才挂体，万事悉皆如。"又问："如何是纸衣下用？"其僧前而拱立曰："诺。"即脱去。章笑曰："汝但解怎么去，不解怎么来。"僧忽开眼曰："一灵真性，不假胞胎时如何？"章曰："未是妙。"僧："如何是妙？"章曰："不借借。"其僧退坐于堂中而化。章作偈曰："觉性圆明无相身，莫将知见妄疏亲。念异便于玄体昧，心差不与道为邻。情分万法沉前境，识鉴多端丧本真。若向句中全晓会，了然无事昔时人。"

僧问《五位君臣旨诀》，章曰："正位即空界，本来无物。偏位即色界，有万形像。偏中至者，舍事入理。正中来者，背理就

---

① "骷髅"，《卍续藏经》作"髑髅"，下同。

事。兼带者，冥应众缘，不随诸有，非染非净、非正非偏，故曰虚玄大道，无着真宗。从上先德，推此一位，最妙最玄。要当审详辨明。君为正位，臣是偏位，臣向君是偏中正，君视臣是正中偏，君臣道合是兼带语。"

问："如何是君？"曰："妙德尊寰宇，高明朗太虚。"问："如何是臣？"曰："灵机宏圣道，真智利群生。"问："如何是臣向君？"曰："不堕诸异趣，凝情望圣容。"问："如何是君视臣？"曰："妙容虽不动，光烛不无偏。"问："如何是君臣道合？"曰："混然无内外，和融上下平。"

又曰："以君臣偏正言者，不欲犯中故。臣称君，不敢斥言是也。此吾法之宗要。"作偈曰："学者先须识自宗，莫将真际杂顽空。妙明体尽知伤触，力在逢缘不借中。出语直教烧不着，潜行须与古人同。无身有事超歧路，无事无身落始终。"

又曰："凡情圣见是金锁玄路，直须回互。夫取正命食者，须具三种堕：一者披毛戴角，二者不断声色，三者不受食。"有稠布衲者问曰："披毛戴角是什么堕？"章曰："是类堕。"问："不断声色是什么堕？"曰："是随堕。"问："不受食是什么堕？"曰："是尊贵堕。夫冥合初心而知有，是类堕；知有而不碍六尘，是随堕。《维摩》曰：'外道六师是汝之师，彼师所堕，汝亦随堕，乃可取食。'食者正命食也。食者亦是就六根门头，见觉闻知，只不被他染污，将为堕，且不是同也。"

章读杜顺、傅大士所作《法身偈》，曰："我意不欲与么道，门弟子请别作之。"既作偈，又注释之。其词曰："渠本不是我非我，我本不是渠非渠。渠无我即死仰汝取活①，我无渠即余不别有。渠如我是佛要且不是佛，我如渠即驴二俱不立。不食空王俸若遇御饭，直须吐却，何假雁传书不通信。我说横身唱为信唱，君看背上毛不与你相似。乍如谣白雪将谓是白雪，犹恐是巴歌。"

南州帅南平钟王，雅闻章有道，尽礼致之，不赴。但书偈付使者曰："摧残枯木倚寒林，几度逢春不变心。樵客见之犹不采，郢人何事苦搜寻。"

天复辛酉夏夜，问知事："今日是几何日月？"对曰："六月十五。"章曰："曹山平生行脚，到处只管九十日为一夏，明日辰时吾行脚去。"及时焚香，宴坐而化，阅世六十有二，坐三十有七夏。门弟子葬全身于山之西阿，塔曰福圆。

赞曰：《宝镜三昧》，其词要妙，云岩以授②洞山，疑药山所作也。先德惧属流布，多珍秘之，但《五位偈》《三种渗漏》之语，见于禅书。大观二年冬，显谟阁待制朱彦世英，赴官钱塘，过信州白华岩，得于老僧。明年持其先公服，予③往慰之，出以授予曰："子当为发扬之。"因疏其沟封，以付同学，使法中龙象神而明之，尽微细法执，兴洞上之宗，亦世英护法之志也。

---

① "活"，常熟本作"舌"。
② "授"，《卍续藏经》作"受"。
③ "予"，《四库全书》本、常熟本作"余"，下同。

卷第二

韶州云门大慈云弘明禅师　青原七世

　　禅师名文偃,姑苏嘉兴人也。少依兜率院得度。性豪爽,骨面丰颊,精锐绝伦,目纤长,瞳子如点漆,眉秀近睫,视物凝远。博通大小乘,弃之游方。

　　初至睦州,闻有老宿饱参,古寺掩门,织蒲屦养母。往谒之,方扣门,老宿揕之曰:"道!道!"偃惊不暇答,乃推出曰:"秦时鍍轹钻。"随掩其扉,损偃右足。老宿名道踪,嗣黄檗断际禅师,住高安米山寺,以母老东归,丛林号陈尊宿。偃得旨辞去,谒雪峰存,存方堆椇坐,为众说法,偃犯众出,熟视曰:"项上三百斤铁枷,何不脱却?"存曰:"因甚到与么?"偃以手自拭其目趋去,存心异之。明日升座曰:"南山有鳖鼻蛇,诸人出入好看。"偃以拄杖撺出,又自惊栗,自是辈流改观。

　　又访乾峰,峰示众曰:"法身有三种病、二种光,须是一一透得。更有照用同时,向上一窍。"偃乃出众曰:"庵内人为什么不见庵外事?"于是乾峰大笑。曰:"犹是学人疑处在。"乾峰曰:

"子是什么心行?"曰:"也要和尚相委。"乾峰曰:"直须恁么,始得稳坐。"偃应:"喏喏。"

又访曹山章公,问:"如何是沙门行?"章:"吃常住苗稼者。"曰:"便与么去时如何?"章:"汝还畜得么?"曰:"学人畜得。"章曰:"汝作么畜?"曰:"着衣吃饭,有什么难?"章曰:"何不道披毛戴角?"偃即礼谢。

又访疏山仁,仁问:"得力处道将一句来!"曰:"请高声问。"仁即高声问,偃笑曰:"今早吃粥么?"仁曰:"吃粥。"曰:"乱叫唤作么?"仁公骇之。

又过九江,有陈尚书饭偃而问曰:"儒书即不问,三乘十二分教自有讲师。如何是衲僧行脚事?"曰:"曾问几人来?"曰:"即今问上座。"偃曰:"即今且置,作么生是教意?"曰:"黄卷赤轴。"偃曰:"此是文字语言,作么生是教意?"曰:"口欲谈而辞丧,心欲缘而虑忘。"偃曰:"口欲谈而辞丧,为对有言;心欲缘而虑忘,为对妄想。作么生是教意?"尚书无以酬之。偃曰:"闻公常看《法华经》是否?"曰:"不敢。"曰:"经曰:'治生产业,皆与实相不相违背。'且道非非想天,有几人退位?"又无以酬之。偃呵讥之而去。

造曹溪礼塔,访灵树敏公,为第一座。先是敏不请第一座,有劝请者,敏曰:"吾首座已出家久之。"又请,敏曰:"吾首座已行脚,悟道久之。"又请,敏曰:"吾首座已度岭矣,姑待之。"少日偃至,敏迎笑曰:"奉迟甚久,何来暮耶?"即命之,偃不辞而就职。俄广王刘王将兴兵,就敏决可否,敏前知之,手封笺子,语侍者曰:"王来,出以似之。"于是怡然坐而殁。王果至,闻敏已化，大惊问："何时有疾，而遽亡如是耶？"侍者乃出奁子，如敏所诫呈之。王发奁得简曰："人天眼目，堂中上座。"刘王命州牧何承范，请偃继其法席，又迎至府开法。俄迁止云门光泰寺，天下学者望风而至。

示众曰："江西即说君臣父子，湖南即说他不与么。我此间即不如此。"良久曰："汝还见壁么？"又曰："从上来且是个什么事？如今抑不得已，且向诸人道：尽大地有什么物与汝为缘为对？若有针锋许与汝为隔为碍，与我拈将来！唤什么作佛？唤什么作祖？唤什么作山河大地、日月星辰？将什么为四大五蕴？我与么道，唤作三家村里老婆说话，忽然遇着本色行脚汉，闻与么道，把脚拽向阶下，有什么罪过！虽然如是，据个什么道理便与么？莫趁口快向这里乱道，须是个汉始得。忽然被老汉脚跟下寻着，没去处，打脚折，有什么罪过！即与么，如今还有问宗乘中话者么？待老汉答一转了，东行西行。"又曰："尽乾坤一时将来，着汝眼睫上。汝诸人闻恁么道，不敢望汝出来，性燥把老僧打一掴，且缓缓子细看，是有是无？是个什么道理？直饶汝向这里明得，若遇衲僧门下，好槌脚折。"

又曰："三乘十二分教横说竖说，天下老和尚纵横十字说，与我拈针锋许说底道理来看，与么道，早是作死马医。虽然如此，且有几个到此境界？不敢望汝言中有响，句里藏锋，瞬目千差，风恬浪静。"

又曰："我事不获已，向汝道直下无事，早是相埋没也。更欲踏步向前寻言逐句，求觅解会，千差万别，广设问难，赢得一场口滑，去道转远，有什么歇时？此个事若言语上，三乘十二分教岂是无言？因什么道教外别传？若从学解机智得，只如十地圣人说法如云如雨，犹被佛呵，谓见性如隔罗縠。以此故知，一切有心，天地悬殊。虽然如是，若是得底人，道火何曾烧口？终日说事，何曾挂着牙齿？何曾道着一字？终日着衣吃饭，何曾触一粒米、挂一缕丝？然犹是门庭之说，须是实得与么始得。若约衲僧门下，句里呈机，徒劳伫思。直饶一句下承当得，犹是瞌睡汉。"

偃以足跛，尝把拄杖行，见众方普请，举拄杖曰："看看！北郁单越人见汝般柴不易，在中庭里相扑供养汝，更为汝念《般若经》曰：'一切智智清净，无二无二分，无别无断故。'"众环拥之，久不散。乃曰："汝诸人无端走来这里觅什么？老僧只管吃饭屙屎，别解作什么？汝诸方行脚，参禅问道，我且问汝诸方参得底事作么生？试举看！"于是不得已，自诵三平偈曰："即此见闻非见闻。"回视僧曰："唤什么作见闻？"又曰："无余声色可呈君。"谓僧曰："有什么口头声色？"又曰："个中若了全无事。"谓僧曰："有什么事？"又曰："体用无①妨分不分。"乃曰："语是体，体是语。"举拄杖曰："拄杖是体，灯笼是用，是分不分？不见道：'一切智智清净？'"

又至僧堂中，僧争起迎，偃立而语曰："石头道'回互不回互'。"僧便问："作么生是不回互？"偃以手指曰："这个是板头。"又问："作么生是回互？"曰："汝唤什么作板头？永嘉云：'如我身空法亦空，千品万类悉皆同。'汝立不见立，行不见行，

---

① "无"，《卍续藏经》校记：或作"何"。

四大五蕴不可得,何处见有山河大地来?是汝每日把钵盂噇饭,唤什么作饭?何处更有粒米来?"僧问:"生法师曰:'敲空作响,击木无声。'如何?"偃以拄杖空中敲曰:"阿耶!阿耶!"又击板头曰:"作声么?"僧曰:"作声。"曰:"这俗汉!"又击板头曰:"唤什么作声!"

偃以乾祐元年七月十五日赴广主诏,至府留止供养,九月甲子乃还山,谓众曰:"我离山得六十七日,且问汝:'六十七日事作么生?'"众莫能对,偃曰:"何不道和尚京中吃面多?"闻击斋鼓曰:"鼓声咬破我七条。"乃指僧曰:"抱取猫儿来!"良久曰:"且道鼓因甚置得?"众无对者。乃曰:"因皮置得。我寻常道:一切声是佛声,一切色是佛色,尽大地是个法身,枉作个佛法知见。如今拄杖但唤作拄杖,见屋但唤作屋。"又曰:"诸法不异者,不可续凫截鹤,夷岳盈壑,然后为无异者哉!但长者长法身,短者短法身,是法住法位、世间相常住。"举拄杖曰:"拄杖子不是常住。"忽起立,以拄杖击①绳床曰:"适来许多葛藤,贬向什么处去也?灵利底见,不灵利底着我热谩。"

偃契悟广大,其游戏三昧乃如此,而作为偈句,尤不能测。如其纲宗偈曰:"康氏圆形滞不明,魔深虚丧击寒冰。凤羽展时超碧汉,晋锋八博拟何凭。"又曰:"是机是对对机迷,辟机尘远远尘栖。久日日中谁有挂,因底底事隔尘迷。"又曰:"丧时光,藤林荒。徒人意,滞肌尪。"又曰:"咄咄咄,力□②希。禅子讶,中眉垂。"又曰:"上不见天,下不见地,塞却咽喉,何处出气。

---

① "击",《卍续藏经》作"系"。
② "□","五山本"作㲉,《卍续藏经》作"囡"。

笑我者多,哂我者少。"每顾见僧即曰:"鉴咦。"而录之者曰:"顾鉴咦。"德山密禅师删去"顾"字,但曰:"鉴咦。"丛林目以为抽顾颂。北塔祚禅师作偈曰:"云门顾鉴笑嘻嘻,拟议遭渠顾鉴咦。任是张良多智巧,到头于是也难施。"

偃以南汉乾和七年四月十日坐化而示,即大汉乾祐二年也,以全体葬之。本朝太祖乾德元年,雄武军节度推官阮绍庄,梦偃以拂子招曰:"寄语秀华宫使特进李托,我在塔久,可开塔乎?"托时奉使韶州,监修营诸寺院,因得绍庄之语,奏闻。奉圣旨,同韶州牧梁延鄂至云门山,启塔,见偃颜貌如昔,髭发犹生。具表以闻,有旨,李托迎至京师,供养月余,送还山,仍改为大觉禅寺,谥大慈云匡真弘明大师。

赞曰:予①读云门语句,惊其辩慧,涡旋波险,如河汉之无极也。想见其人,奇伟杰茂,如慈恩大达辈。及见其像,颓然伛坐胡床,广颡平顶,类宣律师。奇智盛德,果不可以相貌得耶。公之全机大用,如月临众水,波波顿见,而月不分。如春行万国,处处同至,而春无迹。盖其妙处,不可得而名状。所可知而言者,春容月影耳。呜呼!岂所谓命世亚圣大人者乎!

---

① "予",《卍续藏经》作"余"。

卷第三

汝州风穴沼禅师　南岳八世

师讳延沼，以伪唐乾宁三年十二月生于余杭刘氏。少魁磊，有英气，于书无所不观，然无经世意。父兄强之仕，一至京师，即东归，从开元寺智恭律师剃发受具，游讲肆，玩《法华玄义》，修止观定慧。宿师争下之，弃去，游名山。谒越州镜清怤禅师，机语不契。北游襄沔间，寓止华严。

时僧守廓者，自南院颙公所来，华严升座曰："若是临济德山、高亭大愚、乌窠船子下儿孙，不用如何若何，便请单刀直入。"廓出众便喝，华严亦喝，廓又喝，华严亦喝。廓礼拜起，指以顾众曰："这老汉一场败缺。"喝一喝，归众。风穴心奇之，因结为友，遂默悟三玄旨要，叹曰："临济用处如是耶？"

廓使更见南院，问曰："入门须辨主，端的请师分。"南院左拊其膝，风穴便喝，南院右拊其膝，风穴亦喝。南院曰："左边一拍且止，右边一拍作么生？"风穴曰："瞎。"南院反取拄杖，风穴笑曰："盲枷瞎棒，倒夺打和尚去。"南院倚拄杖曰："今日被黄面浙子钝置。"风穴曰："大似持钵不得，诈言不饥。"南院曰："子到此间乎？"曰："是何言欤？"南院曰："好问汝。"曰："亦不可放过。"便礼拜。南院喜赐之坐，问："所与游者何人？"对曰："襄州与廓侍者同夏。"南院曰："亲见作家。"风穴于是俯就弟子之列，从容承禀，日闻智证。

南院曰："汝乘愿力，来荷大法，非偶然也。"问："汝闻临济将终时语不？"曰："闻之。"曰："临济曰：'谁知吾正法眼藏，向这瞎驴边灭却。'渠平生如师子，见即杀人，及其将死，何故屈膝妥尾如此？"对曰："密付将终，全主即灭。"又问："三圣如何亦无语乎？"对曰："亲承入室之真子，不同门外之游人。"南院颔之。又问："汝道四种料简语料简何法？"对曰："凡语不滞凡情，即堕圣解。学者大病，先圣哀之。为施方便，如楔出楔。"曰："如何是夺人不夺境？"曰："新出红炉金弹子，簛破阇梨铁面门。"又问："如何是夺境不夺人？"曰："刍草乍分头脑裂，乱云初绽影犹存。"又问："如何是人境俱夺？"曰："蹋足进前须急急，促鞭当鞅莫迟迟。"又问："如何是人境俱不夺？"曰："常忆江南三月里，鹧鸪啼处百花香。"又问曰："临济有三句。当日有问：'如何是第一句？'临济曰：'三要印开朱点窄，未容拟议主宾存。'"风穴随声便喝。又曰："'如何是第二句？'临济曰：'妙解岂容无着问，沤和争赴截流机。'"风穴曰："未问已前错。"又问曰："'如何是第三句？'临济曰：'但看棚头弄傀儡，抽牵全藉里头人。'"风穴曰："明破即不堪。"于是南院以为可以支临济。幸不辜负兴化先师，所以付托之意。风穴依止六年辞去。

后唐长兴二年至汝水，见草屋数椽依山，如逃亡人家。问田父："此何所？"田父曰："古风穴寺，世以律居。僧物故，又岁饥，众弃之而去，余佛像鼓钟耳。"风穴曰："我居之可乎？"田父曰："可。"风穴入留止，日乞村落，夜燃松脂，单丁者七年。檀信为新之，成丛林。伪晋天福二年，州牧闻其风，尽礼致之。上元日开法，嗣南院。

伪汉乾祐二年，牧移守郢州，风穴又避寇，往依之，牧馆于郡斋。寇平，汝州有宋太师者，施第为宝坊，号新寺，迎风穴居焉。法席冠天下，学者自远而至。

升座曰："先师曰：'欲得亲切，莫将问来问。'会么？问在答处，答在问处。虽然如是，有时问不在答处，答不在问处。汝若拟议，老僧在汝脚跟底。大①凡参学眼目，直须临机。大用现前，勿自拘于小节。设使言前荐得，犹为滞壳迷封。句下精通，未免触途狂见。应是向来依他作解，明昧两岐，与汝一切扫却。直教个个如师子儿，咤呀地，对众证据，哮吼一声，壁立千仞，谁敢正眼觑着，觑着即瞎却渠眼。"又曰："若立一尘，家国兴盛，野老颦蹙。不立一尘，家国丧亡，野老安贴。于此明得，阇梨无分，全是老僧。于此不明，老僧即是阇梨。阇梨与老僧，亦能悟却天下人，亦能瞎却天下人。欲识阇梨么？"拊其左膝曰："这里是。欲识老僧么？"拊其右膝曰："这里是。"于时莫有善其机者。

伪周广顺元年，赐寺名广慧。二十有二年，以宋开宝六年癸

---

① "大"，《卍续藏经》作"太"。

西八月旦日，登座说偈曰："道在乘时须济物，远方来慕自腾腾。他年有叟情相似，日日香烟夜夜灯。"至十五日，跏趺而化。前一日手书别檀越。阅世七十有八，坐五十有九夏。有得法上首，住汝州首山念禅师。

汝州首山念禅师　南岳九世

禅师讳省念，生狄氏，莱州人也。幼弃家，得度于南禅寺。为人简重，有精识。专修头陀行，诵《法华经》。丛林畏敬之，目以为念法华。至风穴，随众作止，无所参扣。然终疑教外有别传之法，不言也。风穴每念大仰有谶："临济一宗，至风而止。"惧当之，熟视座下，堪任法道，无如念者。

一日升座曰："世尊以青莲目顾迦叶，正当是时，且道个什么？若言不说而说，又成埋没先圣。"语未卒，念便下去。侍者进曰："念法华无所言而去，何也？"风穴曰："渠会也。"

明日念与真上座俱诣方丈，风穴问真曰："如何是世尊不说说？"对曰："鹁鸪树头鸣。"风穴曰："汝作许多痴福何用？"乃顾念曰："何如？"对曰："动容扬古路，不堕悄然机。"风穴谓真曰："何不看渠语？"又一日升座，顾视大众，念便下去，风穴即归方丈。自是声名重诸方。

首山在汝城之外荒远处,而念居之,将终身焉。登其门者,皆丛林精练衲子,念必勘验之,留者才二十余辈,然天下称法席之冠,必指首山。

尝问僧:"不从人荐得底事,试道看!"僧便喝。曰:"好好相借问,恶发作么?"僧又喝。念曰:"今日放过即不可。"僧拟议,念喝之。又问僧:"近离何处?"曰:"襄州。"曰:"夏在何处?"曰:"洞山。"念曰:"还我洞山鼻孔来。"僧曰:"不会。"念曰:"却是老僧罪过。"又问僧:"近离何处?"对曰:"广慧。"曰:"穿云不渡水,渡水不穿云。离此二途,速道!"曰:"昨夜宿长桥。"念曰:"与么则合吃首山棒也。"曰:"尚未参堂。"曰:"两重公案。"僧曰:"恰是。"念曰:"耶耶。"又问僧:"近离何处?"对曰:"襄州。"曰:"有事相借问得么?"对曰:"便请。"念曰:"鹞子过新罗。"僧入室,念便喝。其僧礼拜,便打之。僧曰:"如何是不生不灭法?"曰:"新罗人吃冷淘。"

夜有僧入室。念曰:"谁?"僧不对。曰:"识得汝也。"僧笑。念曰:"更莫是别人么?"因作偈曰:"轻轻踏地恐人知,语笑分明更莫疑。知者只今猛提取,莫待天明失却鸡。"

尝谓众曰:"佛法无多子,只是汝辈自信不及,若能自信,千圣出头来,无奈汝何。何故如此?为向汝面前无开口处。只为汝自信不及,向外驰求,所以到这里。假如便是释迦佛,也与汝三十棒。然虽如是,初机后学,凭个什么道理?且问汝辈,还得与么也未?"良久曰:"若得与么,方名无事。"又曰:"诸上座不得胡喝乱喝。寻常向汝道:宾即始终宾,主即始终主,宾无二宾,主无二主,若有二宾二主,即是两个瞎汉。"又曰:"我若立,汝须坐;我若坐,汝须立。坐即共汝坐,立即共汝立。虽然如是,到这里着眼始得。若也定动中间,即千里万里。何故如此?如隔窗见马骑相似。既然如此,直须子细,不得掠虚好。他时后日,赚着汝。有事近前,无事珍重。"

因举"临济曰:'今日更不用如何若何,便须单刀直入。还有出来,对众证据者么?'时有僧出礼拜,起便喝。临济亦喝,僧又喝。临济亦喝,僧礼拜。临济曰:'须是这僧即得。若是别人,三十棒,一棒校不得。'为这僧会宾主句,他一喝不作一喝用。且道前一喝是、后一喝是?那个是宾、那个是主?所以老僧寻常向汝道:'这里一喝不作一喝用。'有时以喝作问行,有时作探竿影草,有时作踞地师子,有时作金刚王宝剑。若作问行来时,须急着眼始得。若作探竿影草时,你诸人合作么生?若作踞地师子时,野干须屎尿出始得。若作金刚王宝剑用时,天王也须脑裂。只与么横喝竖喝,总唤作好道理商量。却既知如此,也须亲近上流,博问先知,自己亲证始得。莫与么掠虚,过却平生。他时后日,因果历然。"

僧问:"学人乍入丛林,乞师指示。"曰:"阇梨在老僧会多少时?"对曰:"已经冬夏。"曰:"莫错举似人。"乃曰:"若论此事,实不挂一元字脚。"便下座。

尝作《纲宗偈》曰:"咄哉拙郎君汾阳注曰:素洁条然,巧妙无人识运机非面目。打破凤林关荡尽玲珑性,着靴水上立尘泥自异。咄哉巧女儿汾阳曰:妙智埋圆融,掷梭不解织无间功不立。看他斗鸡人旁观审腾距,争功不自伤,水牛也不识全力能负,不露头角。"

念道被天下,移宝安山广教院,众不过四十辈。老于宝应。

淳化三年十二月初四日，留僧过岁，作偈曰："吾今年迈六十七，老病相依且过日。今年记取明年事，明年记着今年日。"至明年十二月初四日，升座辞众曰："诸子谩波波，过却几恒河。观音指弥勒，文殊不奈何。"良久曰："白银世界金色身，情与无情共一真。明暗尽时都不照，日轮午后示全身。"午后泊然而化。阇维得五色舍利，塔于首山，嫡嗣昭禅师。

汾州太子昭禅师　南岳十世

禅师讳善昭，生俞氏，太原人也。器识沉邃，少缘饰，有大智。于一切文字，不由师训，自然通晓。年十四，父母相继而亡，孤苦厌世相，剃发受具，杖策游方。所至少留，不喜观览。或讥其不韵。昭叹之曰："是何言之陋哉！从上先德行脚，正以圣心未通，驱驰决择耳，不缘山水也。"

昭历诸方，见老宿者七十有一人，皆妙得其家风。尤喜论曹洞，石门彻禅师者，盖其派之魁奇者。昭作《五位偈》示之，曰："五位参寻切要知，纤毫才动即差违。金刚透匣谁能晓，唯有那咤第一机。举目便令三界静，振铃还使九天归。正中妙挟通回互，拟议锋铓失却威。"彻拊手称善。然昭终疑临济儿孙别有奇处。

最后至首山,问:"百丈卷簟意旨如何?"曰:"龙袖拂开全体现。"昭曰:"师意如何?"曰:"象王行处绝狐踪。"于是大悟,言下拜起而曰:"万古碧潭空界月,再三捞摝始应知。"有问者曰:"见何道理,便尔自肯?"曰:"正是我放身命处。"服勤甚久,辞去,游湘衡间。长沙太守张公茂宗,以四名刹请昭,择之而居,昭笑。一夕遁去,北抵襄沔,寓止白马。太守刘公昌言:"闻之造谒,以见晚为叹。"时洞山、谷①隐皆虚席,众议归昭,太守请择之。昭以手耶揄曰:"我长行粥饭僧,传佛心宗,非细职也。"前后八请,坚卧不答。

淳化四年,首山殁。西河道俗千余人,协心削牍,遣沙门契聪,迎请住持汾州太平寺太子院。昭闭关高枕,聪排闼而入,让之曰:"佛法大事,静退小节。风穴惧应谶,忧宗旨坠灭。幸而有先师,先师已弃世。汝有力荷担如来大法者,何可时而欲安眠哉!"昭矍起握聪手曰:"非公不闻此语,趋办严,吾行矣。"既至,宴坐一榻,足不越阃者三十年。天下道俗慕仰,不敢名,同曰汾州。并汾地苦寒,昭罢夜参。有异比丘,振锡而至,谓昭曰:"会中有大士六人,奈何不说法?"言讫升空而去。昭密记以偈曰:"胡僧金锡光,请法到汾阳。六人成大器,劝请为敷扬。"时楚圆守芝号上首,丛林知名。

龙德府尹李侯,与昭有旧。虚承天寺致之,使三反不赴。使者受罚,复至曰:"必欲得师俱往,不然有死而已。"昭笑曰:"老病业已不出院,借往当先后之,何必俱耶!"使者曰:"师诺,

---

① "谷",卍续藏经》作"公"。

则先后唯所择。"昭令馔设,且俶装曰:"吾先行矣。"停箸而化。阅世七十有八,坐六十五夏。

赞曰:风穴倦游,见草屋单丁,止住者七年。首山精严,不出山者二十年。汾州俨临人天,不越阃者三十年。是皆哲人事业之见于微细者也。然犹卓绝如此,况其大者乎!吾何足以知之?然观其死生之际,如贾胡传吏,留即留、去即去。呜呼!是其所以起临济也。

卷第四

福州玄沙备禅师　青原六世

禅师名师备，福州闽县谢氏子。少渔于南台江上。及壮，忽弃舟，从芙蓉山灵训禅师断发。诣南昌开元道玄律师所，受具足戒。芒鞋布衲，食才接气，宴坐终日，众异之。兄视雪峰而师承之。雪峰呼为头陀，每见之曰："再来人也，何遍不参去？"对曰："达磨不来东土，二祖不往西天。"雪峰然之。

备结屋玄沙，众相寻而至，遂成丛林。说法与契经冥合。诸方有未明要义，皆从决之。

备曰："佛道闲旷，无有涂程。无门为解脱之门，无见作道人之见。不在三际，岂有升沉！建立乖真，不属造作。动即涉尘劳之境，静则沉昏醉之乡。动静双泯，即落空亡。动静双收，即漫汗佛性。必须对其尘境，如枯木寒灰。但临时应用，不失其宜。如镜照像，不乱光辉；如鸟飞空，不杂空色。所以十方无影像，三界绝行踪。不堕往来机，不住中间相。钟中无鼓响，鼓中无钟声。钟鼓不交参，句句无前后。如壮士展臂，不借他力。如师子游行，岂求伴侣。九霄绝翳，何用穿通？一段光明，未曾昏昧。到这里，体寂寂、常皎皎，赤赫焰、无边表，圆觉空中不动摇，吞烁乾坤迥然照。出世者，元无出入。盖名相无体，道本如如，法尔天真，不因修证，只要虚闲。不昧作用，不涉尘泥。若纤毫不尽，即落魔界。且句前句后，是学人难处。所以云：'一句当机，八万法门，生死路绝。'直似秋潭月影，静夜钟声，随扣击以无亏，触波澜而不散，犹是生死岸头事。道人行处，如火销冰，箭既离弦，无反回势。所以牢笼不肯住，呼唤不回头。古圣不安排，至今无处所。步步登玄，不属邪正。识不能识，智不能知。动便失宗，觉即迷旨。二乘胆战，十地魂惊。语路处绝，心行处灭。直得释迦掩室于摩竭，净名杜口于毗耶。须菩提唱无说而显道，释梵绝视听而雨花。与么现行无疑，此外更疑何事。勿栖泊处，离去来今。限约不得，寻思路绝。不因庄严，本来清净。动用语笑，随处明了，更无少欠。时人不悟，妄自涉尘，处处染着，头头系绊。纵悟则尘境纷纷，名相不实。更拟凝心敛念，摄事归空。随有念起，旋旋破除。细想才生，即便遏捺。如此见解，即是落空亡底外道、魂不散底死人。冥冥寞寞，无觉无知。塞耳偷铃，徒自欺诳。我这里则不然也。更不限门旁户，分明句句现前。不属商量，不涉文字。权名出家儿，毕竟无踪迹。真如凡圣、地狱天堂，皆是疗狂子之方，都无实事。虚空尚无改变，大道岂有升沉。悟则纵横不离本际。到这里，凡圣也无立处。若向句中作意，则没溺汝。学人若向外驰求，又属魔王眷属。如如不动，没可安排。恰似焰炉，不藏蚊蚋。本来平坦，何用划除？动转施为，是真解脱。纤毫不受，措意便差。借使千圣出头来,也安排他一字不得。"

又曰:"仁者,如今事不获已,教我抑下多少威光。苦口相劝,百千方便道,如此如彼,共相知闻,尽成颠倒知见。将此喉咽唇吻,只成得个野狐精业谩汝,我还肯么。只如今有过无过,唯我自知,汝又争得会。若是恁么人出头来,甘伏呵责。夫为人师匠,大不容易,须是善知识始得。我如今恁么道,方便助汝,犹尚不能觑得,可中浑举宗乘,是汝向什么处措手,还会么?四十九年是方便。只如灵山会上,有百千众,唯有迦叶一人亲闻,余皆不闻。汝道闻底事作么生?不可道如来无说说、迦叶不闻闻,便当得否?不可是汝修因成果、福智庄严底事,知么?且道:'吾有正法眼藏,付嘱大迦叶。'我道犹如话月。曹溪竖拂,还同指月。所以道,大唐国内宗乘,未有一人举唱。设有一人举唱,尽大地人失却性命。无孔铁锤相似,一时亡锋结舌去。汝诸人赖我不惜身命,共汝颠倒知见,随汝狂意,方有申问处。我若不共汝与么知闻去,汝向什么处得见我?会么?大难!大难!"

备疾大法难举,罕遇上根,学者依语生解,随照失宗,乃示纲宗三句曰:

> 第一句,且自承当,现成具足。尽十方世界,更无他故,只是仁者,更教谁见谁闻?都来是汝心王所为,全成不动智,只欠自承当,唤①作开方便门。使汝信有一分真常流注。亘古亘今,未有不是、未有不非者。然此句只成平等法。何以故?但是以言遣言、以理逐理。平常性相,接物利

---

① "唤",《卍续藏经》作"涣"。

生耳。且于宗旨，犹是明前不明后，号为一味平实、分证法身之量。未有出格之句，死在句下，未有自由分。若知出格量，不被心魔所使，入到手中，便转换落落地。言通大道，不堕平怀之见。是谓第一句纲宗也。

第二句，回因就果，不着平常一如之理，方便唤作转位投机。生杀自在，纵夺随宜。出生入死，广利一切。迥脱色欲爱见之境，方便唤作顿超三界之佛性。此名二理双明、二义齐照，不被二边之所动，妙用现前。是谓第二句纲宗也。

第三句，知有大智，性相之本。通其过量之见，明阴洞阳，廓周沙界，一真体性。大用现前，应化无方。全用全不用，全生全不生。方便唤作慈定之门。是谓第三句纲宗也。

因见亡僧，谓众曰："亡僧面前，正是触目菩提，万里神光顶后相。"学者多溟涬其语。

梁开平二年戊辰十二月二十七日，示疾而化，阅世七十有四，坐四十四夏。

备状短小，然精神可掬，与闽帅王审知为内外护。审知尽礼，延至安国禅院，众盈七百，石头之宗，至是遂中兴之。有得法上首罗汉琛禅师。

漳①州罗汉琛禅师　青原七世

禅师名桂琛，生李氏，常山人也。幼卓越，绝酒胾。见万寿寺无相律师，即前作礼。无相拊其首曰："若从我乎！"乃欣然依随之，父母不逆也。年二十余，即剃发为大僧。无相使习毗尼。一日为众升堂，宣戒本布萨已，乃曰："持犯但律身而已，非真解脱也。依文作解，岂发圣乎！"一众愕然。琛顾笑，为无相作礼，辞去，无相不强。

初谒雪峰存公，不大发明。又事玄沙，遂臻其奥。与慧球者齐名，号二大士。琛能秘重大法，痛自韬晦。然丛林指目，以为雪峰法道之所寄也。漳州牧王公请住城西石山。十余年，迁止罗汉。破垣败箦，人不堪其忧，非忘身为法者不至。

僧问："如何是罗汉一句？"曰："我若向汝道，却成两句。"又问："以字不成，八字不是，是甚字？"琛曰："汝不识此字耶？"曰："不识。"琛曰："看取其下注脚。"琛尝垂头，頽然坐折木床。见僧来，即举拂子曰："会么？"对曰："谢和尚指示学人。"琛曰："见我竖起拂子，便道指示学人。汝每日见山见水，

---

① "漳"，常熟本作"潭"。

可不指示汝耶？"又见僧来，举拂子。其僧礼拜称赞，琛曰："见我竖起拂子，便礼拜赞叹。那里扫地，竖起扫帚，为甚不赞叹？"

有僧来报："保福迁化也。"琛曰："保福迁化，地藏入塔。"琛时住地藏，乃石山也。于时①学者莫测其旨。琛悯之，为作明道偈，其词曰："至道渊旷，勿以言宣。言宣非指，孰云有是。触处皆渠，岂喻真虚。真虚设辨，如镜中现。有无虽彰，在处无伤。无伤无在，何拘何碍？不假功成，将何法尔？法尔不尔，俱为唇齿②。若以斯陈，埋没宗旨。宗非意陈，无以见闻。见闻不脱，如水中月。于此不明，翻成剩法。一法有形，翳汝眼睛。眼睛不明，世界峥嵘。我宗奇特，当阳显赫。佛及众生，皆承恩力。不在低头，思量难得。拶破面门，盖覆乾坤。快须荐取，脱却根尘。其如不晓，谩说而今。"

后唐天成三年戊子秋，琛复至闽城旧止，遍游近城诸刹。乃还示微疾，沐浴安坐而化，阅世六十有二，坐四十二夏。阇维收舍利建塔。有得法上首清凉益禅师。

---

① "时"，《卍续藏经》校记：一作"是"。
② "齿"，《卍续藏经》校记：一作"舌"。

金陵清凉益禅师法眼　青原八世

禅师讳文益，余杭鲁氏子。七龄秀发，依新定全伟律师落发，诣越州开元希觉律师受具足戒。及觉公盛化四明，益往习毗尼，工文章，觉大奇之。俄辞去。

初谒长庆棱道者，无所契悟。与善修洪进，自漳州抵湖外。将发而雨，溪壮不可济，顾城隅有古寺，解包休于门下。雨不止，入堂。有老僧坐地炉，见益而曰："此行何之？"曰："行脚去。"又问："如何是行脚事？"对曰："不知。"曰："不知最亲。"益疑之。三人者附火，举肇公语，至"天地与我同根"处，老僧又曰："山河大地与自己是同是别？"益曰："同。"琛竖两指，熟视曰："两个。"即起去。益大惊，周行廊庑，读字额曰"石山地藏。"顾语修辈曰："此老琛禅师也。"意欲留止。语未卒，琛又至。雨已止，业已成行。琛送之，问曰："上座寻常说三界唯心。"乃指庭下石曰："此石在心内、在心外？"益曰："在心内。"琛笑曰："行脚人着甚来由，安块石在心头耶？"益无以对之，乃俱求决择。

寻皆出世，益住临川崇寿。僧子方者问曰："公久亲长庆，乃嗣地藏，何意哉？"益曰："以不解长庆说'万象之中独露身'

故。"子方举拂子示之。益曰:"拨万象,不拨万象?"子方曰:"不拨万象。"益曰:"独露身咴。"子方曰:"拨万象。"益云:"万象之中咴。"子方于是悟旨,叹曰:"我几枉度此生。"

益谓门弟子曰:"赵州曰:'莫费力也。'大好言语!何不仍旧去?世间法尚有门,佛法岂无门?自是不仍旧。故诸佛诸祖只于仍旧中得。如初夜钟,不见有丝毫异,得么恰好,闻时无一声子闹。何以故?为及时节。无心曰死,且不是死。止于一切,只为不仍旧。忽然非次闻时,诸人尽惊愕道:'钟子怪鸣也。'且如今日道孟夏渐热,则不可。方隔一日,能校多少?向五月一日道,便成赚。须知校丝发不得。于方便中向上座道不是时,盖为赚,所以不仍旧。宝公曰:'暂时自肯不追寻,历劫何曾异今日。'还会么?今日只是尘劫,但着衣吃饭、行住坐卧、晨参暮请,一切仍旧,便为无事人也。"

又曰:"见道为本,明道为功,便能得大智慧力。若未得如此,三界可爱底事,直教去尽,才有纤毫,还应未可。只如汝辈睡时,不瞑便喜,此是三界昏乱,习熟境界。不惺惺,便昏乱。盖缘汝辈杂乱所致。古人谓之夹幻金。即是真,其如矿何!若觑得彻骨彻髓,是汝辈力。脱未能如是,观察他什么楼台殿阁?诸圣未必长把却汝手,汝未必依而行之,古今如此也。"

又曰:"出家儿但随时及节便得。寒即寒、热即热。欲识佛性义,当观时节因缘。古今方便不少。石头初看《肇论》,至'会万物为己者,其唯圣人乎?'则曰:'圣人无己,靡所不己。'乃作《参同契》,首言'竺土大仙心',无过此语也,中间亦只寻常说话。夫欲会万物为自己去,盖尽大地无一法可见。"已而又嘱曰:"光阴莫虚度。所以告汝辈,但随时及节,便得。若也移时失候,即虚度光阴。于非色中作色解,于非色作色解,即是移时失候。且道色作非色解,还当得否?若与么会,便是没交涉。正是痴狂两头走,有什么用处?但守分过时好。"

尝指竹问僧曰:"还见么?"曰:"见。"益曰:"竹来眼里,眼到竹边。"曰:"总不与么。"益笑曰:"死急作么?"有偈曰:"三界唯心,万法唯识。唯识唯心,眼声耳色。色不到耳,声何触眼。眼色耳声,万法成办。万法匪缘,岂观如幻。大地山河,谁坚谁变。"

周显德五年戊午七月十七日示疾。李国主驾至,慰问甚勤。闰月①,剃发沐浴,辞众讫,跏趺而化,颜貌久而如生。阅世七十有四,坐五十有四夏。公卿李建勋已下,素服奉全身。于江宁丹阳乡建塔。谥大法眼禅师。

赞曰:玄沙论三句,初无金银铜轮之语,不然,殆与教乘何异哉?琛公精深广大,唯以直下便见,拟成剩法为要,非三句所能管摄也。益以仍旧自处,以绝渗漏句为物,颇事边幅,而永明乃其孙,岂所谓深山大泽,龙蛇所由生者耶!

---

① "闰月",《四库全书》本、《卍续藏经》,"月"下有"望"字。

卷第五

潭州石霜诸禅师　青原五世

禅师名庆诸,庐陵新淦陈氏子也。生而神俊,标致,闲暇。年十三,独游南昌,爱西山,往游览忘返。沙门绍銮与语,奇之,谓人曰:"此儿自奋如此,他日未易量也。"容纳之。诸事之,十年如一日,乃剃发,诣嵩岳受具。时洛下毗尼之学盛,诸睨视讲习①,良久而去。有劝之者,诸不答。闻湘中有南宗法道,往造大沩。时祐禅师席下万指,诸愿籍名役作,勤劳杵臼间甚②久。祐见之簸处曰:"檀信物不可抛撒。"曰:"不敢。"祐俯拾得一粒曰:"此非抛撒者耶?"诸拟对之,祐曰:"勿轻此一粒,百千粒从此粒生。"曰:"即如是,此粒从何生乎?"祐为大笑。明日升座曰:"大众,米里有虫。"然诸疑终不决。

至道吾智禅师所依止。问曰:"和尚百年后,有人问极则事,

---

① "习",《四库全书》本、五山本、《卍续藏经》作"席"。
② "甚",常熟本作"最"。

如何向伊道?"智唤沙弥,沙弥至。智曰:"添净瓶水着。"却问诸曰:"汝适何所问?"诸理前语,智即起去,诸于是悟其旨。时方为二夏僧,去隐于浏阳之陶家坊,人无知者。

有僧自洞山来,诸问:"价公比有何言句?"曰:"洞山曰:'初秋夏末,直须向万里无寸草处去。'然对之者多不契。"诸曰:"何不道出门便是草?"洞山旋闻其语,惊曰:"浏阳乃有古佛耶。"自是僧多往依之。乃住成法席,号霜华山。山去道吾密迩。智公将化,以诸为正传,弃其众从诸。诸迎居正寝,智行必掖,坐必侍。智殁时,众已辐凑如云。

谓众曰:"一代时教,整理时人手脚。凡有其由,皆落在今时。直至法身非身,名为极致。而我辈沙门,全无肯路,若分即差,不分即坐着泥水。但由心意,妄说见闻。"僧问:"如何是西来意?"曰:"空中一片石。"僧礼拜。曰:"会么?"曰:"不会。"诸曰:"赖汝不会。汝若会,打破汝头。"诸坐室中,僧窗外问:"咫尺之间,为什么不见师颜?"诸曰:"我道遍界不曾藏。"僧至雪峰,举似存禅师而曰:"石霜意旨如何?"存公曰:"什么处不是石霜?"后传此语至诸,诸笑曰:"老汉有什么死急?"

诸不出霜华二十年。学者刻意师慕,至堂中,有不卧,屹然枯株者,天下谓之枯木众。唐僖宗闻其名,遣使赍赐紫伽梨,诸不受。光启四年戊申二月二十日己亥,安坐而化,阅世八十有二,坐五十有九夏。葬全身于寺之西北隅。谥普会,塔曰无相。

有得法上首两人：龙湖闻禅师、九峰乾①禅师。

邵武龙湖闻禅师　青原六世

　　禅师名普闻，唐僖宗太子。生而吉祥，眉目风骨，清真如画。不茹荤。僖宗钟爱之。然以其无经世意，百计陶写之，终不回。闻霜华之风，梦寐想见。

　　中和元年，天下大乱，僖宗幸蜀，亲王宗室皆逃亡，不相保守。闻断发逸游，人无知者。造石霜，诸与语叹异曰："汝乘愿力而来，乃生帝王家。脱身从我，火中芙蓉也。"闻夜入室，恳曰："祖师别传事，肯以相付乎？"诸曰："勿谤祖师。"曰："天下宗旨盛大，岂妄为之耶？"诸曰："是实事。"曰："师意如何？"诸曰："待案山点头，即向汝说破。"闻俯而惟曰："大奇！"汗下再拜，即日辞去。

　　至邵武城外，见山郁然深秀，问父老："彼有居者否？"曰："有一苦行隐其中。"闻拨草望烟起处独进。苦行见至，欣然让其庐曰："上人当兴此。"长揖而去，不知所之。闻饭木实饮谷而住十余年。一日有老人来拜谒，闻曰："丈夫家何许，至此何求？"

---

① "乾"，《四库全书》本、常熟本作"虔"。

老人曰："我家此山，有求于师。然我非人，龙也。以疲堕，行雨不职，上天有罚，当死，赖道力可脱。"闻曰："汝得罪上帝，我何能致力？虽然，汝当易形来。"俄失老人所在，视座榻旁，有小蛇尺许，延缘入袖中屈蟠。暮夜风雷挟坐榻，电砰雨射，山岳为摇振。而闻危坐不倾。达旦晴霁，垂袖，蛇堕地而去。

顷有老人至，泣泪曰："自非大士之力，为血腥秽此山矣。念何以报厚德。"即穴岩下为泉，曰："他日众多，无水何以成丛林。此泉所以延师也。"泉今为湖，在半山，号龙湖。邦人闻其事，富者施财，贫者施力，翕然而成楼观。游僧至如归。

湖之侧有神，极灵祸福。此邦民俗畏敬之，四时以牲飨祭。闻杖策至庙，与之约曰："能食素，持不杀戒，乃可为邻。不然，道不同，不相为谋。何山不可居乎？"是夕邦之父老梦神告语曰："闻禅师为我受戒，我不复血食，祭我当如比丘饭足矣。"自是神显异迹，护持此山。

闻将化，令击钟集众，跏趺而坐，说偈："我逃世难来出家，宗师指示个歇处。住山聚众三十年，对人不欲轻分付。今日分明说似君，我敛目时齐听取。"于是敛目安坐，寂然良久，撼之，已化矣。塔于本山，谥圆觉禅师。

史不书名，但书僖宗二子：建王宸、益王升。然亦失其母氏位及薨年月。传不书闻受业受具所。读偈曰："我逃世难来出家。"疑石霜亦其落发师欤？

筠州九峰虔禅师　青原六世

禅师名道虔,刘氏,福州侯官人也。容姿开豁明济,气压丛林。至霜华,诸禅师见之,谓人曰:"此道人从上宗门爪牙也。"诸殁时,虔作侍者,众请堂中第一座,嗣诸住持。方议次,虔犯众曰:"未可,须明先师意旨乃可耳。"众曰:"先师何意?"虔曰:"只如道'古庙香炉,一条白练①',如何会?"第一座曰:"是明一色边事。"虔曰:"果不会先师意。"于是第一座者起,炷香誓曰:"我若会先师意,香烟灭则我脱去,不然烟灭不能脱。"言卒而脱去。虔拊其背曰:"坐脱立亡,不无首座。会先师意即未也。"庐于普会塔之旁。三年而去,经行于末山之下,住崇福寺。

僧问:"无间中人,行什么行?"曰:"畜生行。"曰:"畜生复行什么行?"曰:"无间行。"曰:"此犹是长生路上人。"曰:"汝须知有不共命者。"曰:"不共什么命?"曰:"长生气不常。"复曰:"大众还得命么?欲知命,流泉是命,湛寂是身。千波竞起,是文殊境界。一亘晴空,是普贤床榻。其次借一句子是指

---

① "练",《卍续藏经》作"炼"。

月，于中事是话月。从上宗门中事，如节度使符信。且如诸先德，未建许多名目，指陈已前，诸人约什么体格商量？这里不假三寸，试话会看！不假耳根试采听看！不假两眼试辨白看！所以道：'声前抛不出，句后不藏形。'尽乾坤都来，是汝当人个自体，向什么处安眼耳鼻舌？莫向意根下图度作解。尽未来际，亦未有休歇分。所以古人道：'拟将心意学玄宗，大似西行却向东。'"

先是马大师殁于豫章开元寺，门弟子怀海智藏辈，葬舍利于海昏石门。海亦庐塔十余年，乃沿冯川上车轮峰，逢司马头陀劝海留止，因不复还石门。虔自九峰往游焉，遂成法席，为泐潭第一世，继海遗踪也。吴顺义初，告众安坐而化，塔于寺之西。号圆寂，谥大觉禅师。得法上首殷禅师。

吉州禾山殷禅师　青原七世

禅师名无殷，生吴氏，福州人也。七龄，雪峰存禅师见之，爱其纯粹，化其亲，令出家。年二十，乃剃落受具。辞游方，至九峰。虔公问："汝远来何所见？当由何路出生死？"对曰："重昏廓辟，盲者自盲。"虔笑，以手挥之曰："佛法不如是。"殷不怿，请曰："岂无方便？"曰："汝问我。"殷理前语问之。曰：

"奴见婢殷勤。"殷于是依止十余年。虔移居石门，亦从之。

及虔殁，去游庐陵，至永新，见东南山奇胜，乃寻水而往，有故寺基，盖文德中，异僧达奚道场，遂定居，学者云集。唐后主闻其名，诏至金陵，问佛法大意。久之有旨，延居杨州祥光寺。恳辞归西山。诏住翠岩，又住上蓝寺。赐号澄源禅师。建隆元年庚申二月，示有微疾。三月二日令侍者开方丈，集大众曰："后来学者，未识禾山，即今识取。"于是泊然而化。阅世七十，坐夏五十。谥法性禅师，塔曰妙相。

赞曰：石霜言："遍界不曾藏。"而其子闻公临化曰："今日分明说似君，我敛目时齐听取。"九峰言："尽乾坤是汝当人自体，何处安眼耳鼻舌！"而其子殷公临化曰："后来学者未识禾山，即今识取。"予观其父子兄弟，语言行履，如形着影出，声呼谷应。而近世禅者尚伫思，可悲怜也。

卷第六

云居宏觉膺禅师　青原六世

　　禅师名道膺，幽州玉田人也，生于王氏。儿稚中，骨气深稳，言少理多。十岁出家于范阳延寿寺。又十五年，乃成大僧。其师使习毗尼，非其好，弃之。游方至翠微，会有僧自豫章来，夜语及洞上法席，于是一钵南来，造新丰，谒悟本价禅师。价问："汝名什么？"对曰："道膺。"价曰："何不向上更道？"对曰："向上即不名道膺。"价喜，以谓类其初见云岩时只对，容以为入室。

　　膺深入留云峰之后，结庵而居。月一来谒价，价呵其未忘情，于道为杂。乃焚其庵，去海昏登欧阜。欧阜，庐山西北崦，冠世绝境也。就树缚屋而居，号云居。衲子亦追求，而集散处山间树下，久成苦架。说法其下曰："佛法有什么多事？行得即是。但知心是佛，莫愁佛不解语。欲得如是事，还须如是人。若是如是人，愁个什么？若云如是事即难，自古先德淳素任真，元来无巧设。"

有人问:"如何是道?"或时答:"甎砖木头作么?皆重元来他根本,脚下实有力,即是不思议人,握土成金。若无如是事,饶汝说得簇花簇锦相似,直道我放光动地,世间更无过也。尽说了合杀头,人总不信受。元来自家脚下虚无力。汝等譬如猎狗,但寻得有踪迹底。若遇羚羊挂角时,非但不见踪迹,气息也不识。"僧便问:"羚羊挂角时如何?"答曰:"六六三十六。"曰:"会么?"僧曰:"不会。"曰:"不见道无踪迹。"

又问:"世尊有密语,迦叶不覆藏。如何是世尊密语?"膺呼问者名曰:"会么?"曰:"不会。"曰:"汝若不会,世尊有密语。汝若会,迦叶不覆藏。"乃曰:"僧家发言吐气,须有来由,莫当等闲。这里是什么所在?争受容易?凡问个事,也须识好恶。若不识尊卑良贱,不知触犯,信口乱道,也无利益。并^{音旁}家行脚,到处觅相似语,所以寻常向兄弟道:'莫怪不相似',恐怕同学多去。第一莫将来,将来不相似言语,也须看他前头八十老人出场屋。不是小儿戏,不是因循底事。一言参差,即千里万里,难为收摄。盖为学处容易不着力。敲骨打髓,须有来由。言语如钳如夹、如钩如锁,须教相续不断始得。头头上具,物物上明,岂不是得妙底事。一种学,大须子细研穷,直须谛当,的的无差。到这里有什么踸跁处?有什么拟议处?向去底人,须常惨悚戢翼始得。若是知有底人,自解护惜,终不取次。十度发言,九度休去。为什么如此?恐怕无利益。体得底人,心若腊①月扇,口边直得醭出。不是强为,任运如此。欲得与么事,须是与么

---

① "腊",《卍续藏经》作"猎"。

人。既是与么人,不愁恁么事。恁么事即难得。"

又曰:"汝等直饶学得佛边事,早是错用心了也。不见古人讲得天花落、石点头,尚不干自己事。自余是什么闲?如今拟将有限身心向无限中用,有什么交涉?如将方木逗圆孔中,多少聱讹。若无与么事,饶汝说得簇花簇锦,也无用处,未离情识在。若一切事须向这里及尽,始得无过,方得出身。若有一毫发去不尽,即被尘累,岂况更多?差之毫厘,过犯山岳。不见古人道:'学处不玄,尽是流俗。'闺合中物,舍不得,俱为渗漏。直须向这里及取去,及去及来,并尽一切事,始得无过。如人头头上了、物物上通,只唤作了事人,终不唤作尊贵。将知尊贵一路自别,便是世间极重极贵物,不得将来向尊贵边。须知不可思议,不当好心。所以古人道:'犹如双镜,光光相对。'光明相照,更无亏盈,岂不是一般!犹唤作影像边事。如日出时,光照世间,明朗是一半,那一半唤作什么?如今人未认得光影,门头户底粗浅底事,将作屋里事又争得?"

又曰:"得者不轻微,明者不贱用。识者不咨嗟,解者无厌恶。从天降下即贫穷,从地涌出即富贵。门里出身则易,身里出门则难。动则埋身千尺,不动则当处生苗。一言迥脱,独拔当时,语言不要多,多则无用处。"

僧问:"如何是从天降下即贫穷?"曰:"不贵得。"又问:"如何是从地涌出即富贵?"曰:"无中或有。"又曰:"了无所有,得无所图。言无所是,行无所依,心无所托,及尽,始得无过。在众如无众,无众如在众。在身如无身,处世如无世,岂不是无烧其德、超于万类、脱一切羁锁!千人万人得,尚道不当自己。如今若得，共起初一般。古人曰：'体得那边事，却来这边行李。'那边有什么事？这边又作么生行李？所以道，有也莫将来、无也莫将去。现在底是谁家事？"又曰："欲体此事，直似一息不来底人，方与那个人相应。若体得这个人意，方有少许说话分，方有少许行李分。暂时不在，如同死人，岂况如今，论年论月不在！如人长在，愁什么家事不办？欲知久远事，只在如今。如今若得，久远亦得。如人千乡万里归家，行到即是。是即一切总是，不是即一切总不是。直得顶上光焰生，亦不是。能为一切，一切不为道。终日贪前头事，失却背后事。若见背后事，失却前头事。如人不前后，有什么事？"

僧问："有人衣锦绣入来，见和尚后，为甚寸丝不挂？"曰："直得琉璃殿上行，扑倒也须粉碎。"乃曰："若有一毫许去及不尽，即被尘累，岂况更多！不见寻常道：'升天底事，须对众掉却。十成底事，须对众去却。掷地作金声，不须回头顾着。'自余有什么用处？不见二祖当时诗书博览，三藏圣教如观掌中，因什么更求达磨安心？将知此门中事不是等闲。所以道：'智人不向言中取，得人岂向说中求！'不是异于常徒，息一切万累，道暂时不在涂路，便有来由。非但恶眷属，善眷属也觅不得。甚处去？通身去、归家去、省觐去，始脱得诸有门去。去得牢笼，脱险难，异常徒。"

又曰："如掌中观物决定，决定方可随缘。若一如此，千万亦然。千万之中，难为一二，一二不可得。不见道：'显照底人即易得，显己底人即难得。'不道全无，即是希有。若未得如此，不受强为。强为即生恼，生恼即退道，退道则罪来加身。即见不得，说什么大话！汝既出家，如囚免狱，少欲知足，莫贪世荣，忍饥忍渴，志存无为。得在佛法中，十生九死，也莫相抛出。出生入死，莫违佛法。斩钉截铁，莫负如来。事宜无多，各自了取。有事近前，无事莫立。"

膺住持三十年，道遍天下，众至千五百人。南昌锺王师尊之，愿以为世世师。唐天复元年秋示微疾，十二月二十八日为大众开最后方便，叙出世始卒之意，众皆怆然。越明年正月三日，问侍者："今日是几?"对云："初三。"师云："三十年后，但云只这是。"乃端然告寂。

澧州洛浦安禅师　青原六世

禅师名元安，生淡①氏，凤翔南游人也。幼依怀恩寺祐律师剃发受具。既长，通经论。初造翠微，无所契悟。北至临济，临济称其俊爽可教。安自负，辞去。至夹山，庵于冢巅。夹山讶之，以书抵安，诫使者曰："此僧得书不发，明日当来，发之不来也。"安得书果置之不答。使者具以告夹山，夹山曰："旦暮必至矣。"俄报安至。夹山望见呵曰："鸡栖凤巢，非其同类，出

---

① "淡"，《卍续藏经》校记：一作"谈"。

去!"安乃问曰:"自远趋风,请师一接。"夹山曰:"目前无阇梨,此间无老僧。"安曰:"错。"夹山曰:"住住!且莫草草匆匆。云月是同,溪山各异。截断天下人舌头则不无,阇梨争教无舌人解语乎?"安茫然不知答。夹山以杖击之。夹山殁,众以安次补住持。

久,移居洛浦,谓众曰:"末后一句始到牢关,把断要津不通凡圣。欲知上流之士,不将佛祖言教贴在额上,如龟负图,自取丧身之祸。指南一路,智者知疏。学道先须识得自己宗旨,方可临机,不失其宜。只如锋铓未兆已前,都无是个非个。瞥尔暂起见闻,便有张三李四。胡来汉去,四姓杂居。不亲而亲,是非互起。致使玄关固闭,识锁难开。疑网罗笼,智刀劣剪。若不当阳晓示,迷子何以知归?欲得大用现前,但可顿忘诸见。诸见若尽,昏雾不生。智照洞然,更无他物。以今学人触目有滞,盖为因他数量作解,被他数量该括方寸,不能移易。所以听不出声,见不超色。假饶并当门头,净洁自己,未能通明,还同不了。若也单明自己,法眼未明,此人只具一只眼。所以是非欣厌贯系,不得脱坼自由,谓之深可悯伤。各自努力!"

唐光化元年戊午秋八月,诫门弟子曰:"出家之法,长物不留,况其他哉!切须在念,时不待人。"至十二月一日,又曰:"吾旦夕行矣。有问问诸人,若对得,分付钵袋子。"曰:"若道这个是,即是头上安头;若道不是,即斩头觅活。"堂中第一座对曰:"青山不举足,日下不挑灯。"安曰:"去!汝扶吾宗不起。"有彦从上座曰:"去此二途,请和尚不问。"安曰:"未在,更道!"彦从曰:"彦从道不尽。"安曰:"我不管汝道不尽。"

曰:"彦从无侍者,只对和尚。"安乃归方丈。中夜唤彦从至曰:"汝今日只对老僧,甚有道理。据汝合体得先师意旨。先师道:'目前无法,意在目前。不是目前法,非耳目所到。'且道那句是宾、那句是主?"彦从茫然不知。安曰:"苦苦。"二更时,众请安代答。安曰:"慈舟不泛沧波上,剑峡徒劳放木鹅。"泊然而化。阅世六十有五、坐四十六夏。

赞曰:洞山价,夹山会,皆药山的骨孙。其锻炼钳锤,可谓妙密。然价之宗至膺,才有同安察后云居简而已。会之宗遂止于洛浦安公。庄子曰:"北溟有鱼,其名曰鲲,化而为鹏九万里,风斯在下。"然听其自化也,使之化,则非能鹏也。膺安似之,其绝也,理之固然。

卷第七

天台韶国师　青原十世

天台国师名德韶，处州龙泉人，生陈氏。母叶，梦白光触体，觉而娠，生而杰异。年十五，有梵僧见之，拊其背曰："汝当出家，尘中无置汝所也。"乃往依龙归寺剃发。十八诣信州开元寺受满分戒。

后唐同光中，谒舒州投子庵主，不契。造龙牙遁禅师，问："雄雄之尊，因什么亲近不得？"遁曰："如火与火。"曰："忽遇①水来，又作么生？"遁曰："汝不会我语。"又问："天不盖，地不载，此理如何？"遁曰："合如是。"韶惘然，固要为说。遁曰："道者汝向后自会去。"

时疏山有矮师叔者，精峭号能啮镞机。韶问："百匝千重是何人境界？"矮曰："左搓芒绳缚鬼子。"曰："不落古今请师说。"矮曰："不说。"曰："为什么不说？"矮曰："个中不辨有

---

① "遇"，常熟本作"语"。

无。"韶曰:"师今善说。"矮骇之。久而辞去,所至少留。见知识五十四人,括磨搜剥,穷极隐秘,不知端倪,心志俱疲。

至曹山,但随众而已,无所咨参。有僧问法眼禅师曰:"十二时中,如何得顿息万缘去?"法眼曰:"空与汝为缘耶?色与汝为缘耶?言空为缘,则空本无缘;言色为缘,则色心不二。日用果何物为汝缘乎?"韶闻,悚然异之。又有问者曰:"如何是曹源一滴水?"法眼曰:"是曹源一滴水。"于是韶大悟于座下,平生凝滞,涣若冰释,感涕沾衣。法眼曰:"汝当大宏吾宗,行矣!无自滞。"于是游天台,观智𫖮禅师遗踪如故居,眷然有终焉之心。

初寓止白沙时,吴越忠懿王以国子刺台州,雅闻韶名,遣使迎之,申弟子之礼,日夕问道。韶曰:"他日为霸主,无忘佛恩。"汉乾祐元年戊申,王嗣国位,遣使迎至尊,事之以为国师焉。

韶说法简而要,拨去枝叶。曰:"古圣方便,犹如河沙。六祖曰:'非风幡动,仁者心动。'是为无上心印、至妙法门。我辈称祖师门下士何以解之?若言'风幡不动,汝心妄动';若言'不拨风幡,就风幡处通取';若言'风幡动处是什么?'若言'附物明心,不须认物';若言'色即是空';若言'非风幡动'。应须妙会,与祖师意旨了没交涉。既非种种解会,合如何知悉?若真见去,何法门不明?虽百千诸佛方便,一时洞了。"

或问:"如何是古佛心?"答曰:"此问不弱。"又问:"亡僧迁化,向何处去?"曰:"终不向汝道。"曰:"为什么不道?"曰:"恐汝不会。"问:"那吒太子析肉还母,析骨还父,然后化生于莲花之上，为父母说法。未审如何是太子身？"曰："大家见上座问。"故每曰："大凡言句，应须绝渗漏乃可。"僧随问："如何是绝渗漏句？"曰："汝口似鼻孔。"又曰："眼中无色识，色中无眼识，眼识二俱空，何能令见色？是眼则不能自见其己体。若不能自见，云何见余物？古圣方便，皆为说破。若于此明得寂静法，不寂静法也收尽。明得远离法，不远离法亦收尽。未来现在，亦无遗余。名一法界，何有遮障！各自信取。"

僧义寂者谓韶曰："智者之教，年祀浸远，必多散失，唯新罗国有善本。愿藉禅师慈力致之，使再开东土人天眼目。"于是韶以闻忠懿王，遣使航海，传写以还。而韶适与智者同姓，疑其后身也。

开宝四年辛未，华顶西峰忽摧，声震山谷。六月有星陨于峰顶，林木皆白。二十八日集众告别而化。阅世八十有二，坐六十有五夏。

赞曰：闻僧问法眼："如何是曹源一滴水？"而法眼但曰："是曹源一滴水。"韶乃开悟。夫问词答语，无所增损。所谓悟者何？自而发之。及观韶所对问者，如问："古佛心。"对曰："此问不弱。"如问："如何是太子身？"对曰："大家见上座问。"则问答之间，不令意根桩立。盖尝曰："大凡言句，须绝渗漏。"而学者方争趋微妙之域，欲见祖师之心，譬如趋越而首燕也欤。

筠州九峰玄禅师　青原七世

禅师名通玄，生程氏。其先郢州长寿人也。幼依郢之仁王寺沙门惠超。超阴察之，外纯深，中颖悟。超奇之，为落发受具。即游洛中，听毗尼部。弃去，至武陵，谒德山鉴禅师。鉴时已腊高，门风益峻，门下未有遘之者。而鉴独以玄为奇。然玄不大彻透，辞去，至高安，谒价禅师。价与语，喜，抚之曰："掌有神珠，白昼示人，人且按剑，况玄夜乎！子可贵也。"玄曰："但不识珠者耳。倘识之，亦无昼夜。"价称之以为俊士。价殁，庐于塔旁三年，而学者来依从日盛。玄曰："太平时世，饥餐困卧，复有何事！吾本无事，汝与么来相寻，是无事生事。无事生事，道人所忌，何不各自歇去？"

中和初，拜辞其塔。北游，久之南还，寓止豫章。南平锺王执弟子礼，北面而师事之。玄厌城居，思超放山林，王为买末山，建精舍，号隆济，以延之，学者风靡而至。或问："自心他心，得相见否？"玄曰："自己尚不见，他人何可观？"又问："罪福之性，如何了达，得无同异？"玄曰："绤绤不御寒。"又尝问僧："近自何处来？"曰："闽岭。"玄曰："远涉不易。"曰："不难，动步便到。"玄曰："有不动步者么？"僧云①："有。"玄曰："争得到此间？"其僧不能对。玄以杖逐之。

玄谓门弟子曰："佛意祖意，如手展握。先师安立五位，发明云岩宗旨。譬如神医治病，其药只是寻常用者。语忌十成，不欲断绝。机忌触犯，不欲染污。但学者机思不妙，唯寻九转灵丹，云能起死，是大不然。《法华经》有《化城》一品。佛祖密说，熟读分明。'大通智胜佛，寿五百四十万亿那由他劫。其坐道场，破魔军已，垂得阿耨多罗三藐三菩提，而诸佛法不现在前。如是一小劫，乃至十小劫。结跏趺坐，身心不动，而诸佛法犹不在前。'言垂成者，言一小劫。言十小劫者，是染污、是断绝。又曰：'尔时，忉利诸天先为彼佛于菩提树下敷师子座，高一由旬。佛于此座，当得阿耨多罗三藐三菩提。适坐此座时，诸梵天王，雨众天花，面百由旬，香风时来，吹去萎花，更雨新者，如是不绝。满十小劫，供养于佛，常击天鼓，其余诸天作天伎乐②，常雨此华。四王诸天为供养佛，常击天鼓，其余诸天作天伎乐，满十小劫，至于灭度，亦复如是。诸比丘，大通智胜佛过十小劫，诸佛之法乃现在前，成阿耨多罗三藐三菩提。'言过十小劫者，偏正回互之旨也。祖师曰'藉教悟宗'者，夫岂不然哉！"

伪唐乾宁三年二月十七日晨，兴诫其徒曰："无虚度光阴，无虚消信施。既已出家，唯道是履，名大丈夫。"于是寂然在定，至三月二十日乃化。阅世六十有三，坐四十有二夏。

---

① "云"，常熟本作"曰"。
② "常击天鼓，其余诸天作天伎乐"，《法华经》原文及《四库全书》本作"乃至佛灭度"。

赞曰：岩头曰："但识纲宗，本无实法。"玄言"语忌十成，不欲断绝；机忌触犯，不欲染污"者，纲宗也。至引《法华》以证成，明佛祖之密说，泮然无疑。藉教以悟宗，夫岂虚语哉！余至九峰拜其塔，碑已断坏，不可识。有木碑书其略如此耳。今其宗枝，皆不及玄所示纲宗，何也？

南康云居齐禅师　青原十世

禅师名道齐，生金氏，南昌人也。幼依百丈明照禅师得度。种性猛利，经行燕坐，以未明己事为忧。持一钵遍历丛林，学心不息。时法灯禅师住南昌上蓝，齐往依之。法灯使知藏司。法灯偶见齐，呼曰："每见举祖师西来意话，藏主如何商略？"齐曰："不东不西。"法灯曰："若与么会，了无交涉。"曰："未审尊意如何？"法灯良久曰："西来有甚意？"便去。齐于是顿悟其旨。

初住高安大愚，有搜玄拈古代别之语盛行诸方，号东禅。尝谓门弟子曰："达磨言：'此方经唯《楞伽》可以印心。'吾读此经，偈曰：'诸法无法体，而说唯是心。不见于自心，而起于分别。'可谓大慈悲父，如实极谈。我辈自不领受，背负恩德，如恒河沙。"

或问曰："然则见自心，遂断分别乎？"齐曰："非然也。譬如调马,马自见其影而不惊。何以故?以自知其影从自身出故。吾以是知,不断分别,亦舍心相也。只今目前如实而观,不见纤毫。祖师曰:'若见现在,过去未来亦应见。若不见过去未来,现在亦不应见。'此语分明,人自迷昧。"

或又问:"龙济曰:'一切钟鼓本无声。'如何信之无声?"齐曰:"祖师曰:'如鼓声无有作者,无有住处。毕竟空故,但诳凡夫耳。'若鼓声是实有,钟声俱击,应不相参。所以玄沙曰:'钟中无鼓响,鼓中无钟声,钟鼓不交参,句句无前后。'若不当体寂灭,如何得句句无前后耶?"

后移住幽谷山双林禅院,又迁住云居,凡二十年。至道三年丁酉九月示疾,八日申时,令击钟集众。维那白众已集,齐笑叙出家本末,揖谢辅弼丛席者曰:"今日老僧以风火相逼,特与诸人相见。且向什么处见?向四大五阴处见耶?六入十二处见耶?是种种处不可见。则只今相问者是谁?若真见得,可谓后学有赖。"良久,曰:"吾化后,当以院事累契环。"乃化。阅世六十有九,坐四十有八夏。

赞曰:余赞大愚东禅碑,碑载齐悟契之缘。法灯曰:"西来有甚意?"以校《传灯》,曰:"他家自有儿孙在"之语误也。昔有僧问赵州:"如何是祖师西来意?"答曰:"庭前柏树子。"又随而诫之曰:"汝若肯我与么道,我则辜负汝;汝若不肯我与么道,我则不辜负汝。"而昧者剿之,使古人之意不完,为害甚矣,故并录之。

瑞鹿先禅师　青原十一世

祖师名本先，生郑氏，温州永嘉人也。儿稚不甘处俗，去依集庆院沙门某。年二十五为沙弥。诣天台国清寺，受满分戒。即造韶国师，服勤十年。住瑞鹿寺，足不历城邑，手不度财帛。不设卧具，不衣茧丝。卯斋终日，宴坐申旦。海诱门弟子逾三十年，其志弥厉。

谓众曰："吾初见天台，言下便荐。然千日之内，四威仪之中，似物碍膺，如雠同处。一日忽然猛省，譬如洗面摸着鼻孔。作偈三首，曰：'非风幡动仁心动，自古相传直至今。今后水云人欲晓，祖师真是好知音。'又曰：'若是见色便见心，人来问着方难答。若求道理说多般，辜负平生三事衲。'又曰：'旷大劫来只如是，如是同天亦同地。同地同天怎么形，怎么形兮无不是。'"乃又曰："《华严》称'佛身充满于法界'，是真个也无？且如佛身既已充满法界、菩萨界、缘觉声闻界、人天修罗界、饿鬼畜生地狱界，应无处蹲。如是理论，太①煞聱讹。寻常说'诸法所生、唯心所现'，且道即今五根所对六境，与汝是同耶是别

---

① "太"，常熟本作"大"。

耶？同则何不作一块，别则如何说唯是一心？大须着精彩，佛法不是等闲。"

大中祥符元年二月，谓门弟子如昼曰："为我造个卵塔，塔成我行矣。"八月望日毕工，远近道俗造山，唯恐其后。是日如平居，至午时，安坐方丈，手结宝印。谓如昼曰："古人曰：'骑虎头，撩虎尾。'中央事作么生？"如昼曰："也只是如昼。"先曰："汝问我。"如昼乃问："骑虎头，撩虎尾，中央事作么生？"先曰："我也弄不出。"于是奄然开一目，微视而寂。阅世六十有七，坐四十有二夏。长吏以其事闻，有诏本州常加检视。如昼乃奉其平生所著《竹林集》十卷、诗辞千余首诣阙，上进诏藏秘阁，如昼特赐紫衣。

赞曰：读《先传》，校《传灯》语句，详略少异耳。夫自心非外有，妄尽而自返。则于生死之际，超然自得如此。然余每怪前圣平日机辩，皆不可犯。至临终之日，皆弭光泯气。洞山曰："吾闲名已谢。"临济曰："谁知吾正法眼藏，向这瞎驴边灭！"今先又曰："我也弄不出。"呜呼，其有旨要乎！

卷第八

圆通缘德禅师　青原十世

禅师名缘德,生杭州临安黄氏。年十七,师事东山老宿勤公剃发受具。神观靖深,中空外夷。以精进为佛事。年二十四,遍游诸方,烂熳丛席。

至襄州清溪,谒进禅师,栖迟不去。久之,江南李氏有国日,德混迹南昌之上蓝寺。楚国宋公齐丘至于经堂,僧众趋迎,德阅经自若。宋公傍立睨之。德不甚顾答。宋公问:"上座看甚经?"德举示之。宋公异焉,力请住舍利、幽谷、双岭诸刹。德无所事,去留所至,颓然默坐而已,而学徒自成规矩。

平生着一衲裙,以绳贯其褶处,夜申其裙以当被。后主闻其名,致至金陵问佛法大意,留禁中。又创寺以居之。昭惠后以其子宣城公薨,施钱建寺于庐山之阴石耳峰之下。开基日,得金像观世音于地中,赐名圆通焉。本朝遣使问罪江南后主,纳土矣,而胡则者据守九江不降。大将军曹翰部曲渡江入寺,禅者惊走,德淡坐如平日。翰至,不起不揖。翰怒呵曰:"长老不闻杀人不眨眼将军乎？"德熟视曰："汝安知有不惧生死和尚耶？"翰大奇，增敬而已，曰："禅者何为而散？"德曰："击鼓自集。"翰遣裨校击之，禅无至者。翰曰："不至，何也？"德曰："公有杀心故尔。"德自起击之，禅者乃集。翰再拜，问决胜之策，德曰："非禅者所知也。"

太平兴国二年十月七日，升堂曰："脱离世缘，乃在今日。"以衲衣并所着木屐，留付山中。使门人累青石为塔，曰："他日塔作红色，吾再至也。"乃化。阅世八十，坐六十有三夏。谥曰道济禅师。

南塔光涌禅师　南岳六世

禅师名光涌，豫章丰城章氏子。母乳之夕，神光照庭，厩马皆惊，因以光涌名之。七岁诵《诗》《礼》，晓大义。十三学经论，辄能讲解。开元寺有尊宿，史忘其名，有异能解，见涌叹曰："法中俊人也。"以《维摩经旨决》授之。时仰山寂禅师住南昌之石亭寺，涌父事之，得度。十九诣襄州寿山寺，戴①律师受满分戒。北游谒临济，临济曰："汝师明眼，乃不事之，远游何

---

① "戴"，《卍续藏经》作"载"。

为?"涌因南归,执勤累岁。

先是石亭见来参者,必问曰:"来作么?"曰:"礼觐和尚。"又问:"还见和尚么?"曰:"见。"又问:"和尚何似驴?"参者无能对,脱对亦不契。忽问涌,涌对曰:"光涌见和尚亦不似佛。"石亭曰:"若不似佛,似个什么?"涌曰:"若更有所似,与驴何别?"石亭大惊,曰:"凡圣两忘,情尽体露。吾以此语验人已二十年,无决了者。噫!子真利根,当自保任。吾不能尽,子异日当自知耳。"指以谓人曰:"此子肉佛,可以化人也。"石亭殁,涌然第三指以报法,又然第二指以报亲。伪唐天祐元年,南昌帅南平王锺传尽礼迎至府。使至不起,于是州牧县尹至不起,道俗顿集亦不起。乃共诉之曰:"师不起,贻郡县之咎。"于是不得已从之。遂嗣石亭法席,学者归之如云。十四年秋还仰山。伪唐升元二年夏,无疾而化。阅世八十有九,坐七十夏。

洞山守初禅师　青原七世

禅师名守初,出于傅氏,凤翔良原人也。儿时闻钟梵声,辄不食,危坐终日。母吕试之,不喂亦不索。年十六跪白求出家,吕许之。依渭州崆峒沙门志谂剃发。诣泾州舍利律师净圆,受具足戒。始游律肆,执卷坐睡。弃去,历咸秦。

自襄汉南，至长沙坐夏。夏休诣云门偃禅师。偃问："近离何处？"对曰："查渡。"又问："夏在何处？"对曰："湖南报慈。"又问："几时离？"对曰："八月二十五。"偃曰："放汝三顿棒。"初罔然，良久又申问曰："适来只对，不见有过。乃蒙赐棒，实所不晓。"偃呵曰："饭袋子。江西湖南便尔商略。"初默悟其旨，曰："他日正当于无人烟处，不畜粒米，饭十方僧。"即日辞去，北抵襄汉伪汉。

乾祐元年，众请住洞山，禅其律居。谓学者曰："语中有语，名为死句；语中无语，名为活句。诸方只具啐啄同时眼，不具啐啄同时用，到此实难得人。但爱不动一尘、不拨一境，见事便道。若此辈东西南北不知其数，要得脱略窠臼，活人眼目，不道都无，但可言少。皆坐不达根原，落在阴界，妄以为安，不知陷在死水，弄个无尾胡孙。腊月三十日，鼓已打破，胡孙走却，手脚忙乱，悔无所及。若是衲僧，冻杀饥杀，终不着渠鹘臭布衫。"

本朝太平兴国六年，尚书石公、襄帅赵公，交章奏初有道行，化于此邦，补助圣化。有旨赐徽号、紫伽梨，旌异之。住山四十年，道遍天下。淳化元年秋七月，无疾跏趺而化。阅世八十有一，坐六十有五夏。

南安岩严尊者　青原十世

禅师讳自严，生郑氏，泉州同安人也。年十一弃家，依建兴卧像寺沙门契缘为童子。十七为大僧，游方至庐陵，谒西峰耆宿云豁。豁者，清凉智明禅师高弟，云门嫡孙也。太宗皇帝尝诏至阙，馆于北御园舍中。习定久之，恳之还山。公依止五年，密契心法。辞去，渡怀仁。江有蛟，每为行人害。公为说偈诫之，而蛟辄去。过黄杨峡，渴欲饮，会溪涸，公以杖擿之而水得。父老来聚观，合爪以为神。公遁去。武平南黄石岩多蛇虎，公止住，而蛇虎可使令。四远闻之大惊，争敬事之。民以雨旸，男女祷者随其欲，应念而获。家画其像，饮食必祭。邻寺僧死，公不知法当告官，便自焚之。吏追捕坐庭中问状，不答，索纸作偈曰："云外野僧死，云夜野僧烧。二法无差互，菩提路不遥。"而字画险劲，如擘窠大篆。吏大怒，以为狂且慢己，去僧伽梨，曝日中。既得释，因以布帽其首，而衣以白服。公恨所说法，听者疑信半，因不语者六年。岩寺当输布，而民岁代输之。公不忍，折简置布束中，祈免。吏张晔、欧阳程者，相顾怒甚，追至问状，不答。以为妖，火所著帽，明鲜。又索纸作偈曰："一切慈忍力，皆吾心所生。王官苦拘束，佛法不流行。"自是时亦语。

去游南康盘古山。先是西竺波利尊者经始谶曰:"却后当有白衣菩萨来兴此山。"公住三年,而成丛林。乃还南安。江南眠槎为行舟碍,公舟过焉,摩挲之曰:"去去!莫与人为害槎。"一夕荡除之。有僧自惠州来曰:"河源有巨舟着沙,万牛挽不可动。愿得以载砖,建塔于南海,为众生福田。"公曰:"此阴府之物,然付汝偈取之。偈曰:'天零灞水生,阴府船王移。莫立沙中久,纳福荫菩提。'"僧即舟倡偈,而舟为动,万众欢呼。至五羊,有巨商从借以载,僧许之,方解缆,俄风作,失舟所在。有沙弥无多闻性,而事公谨愿。公怜之,作偈使诵,久当聪明。偈曰:"大智发于心,于心何处寻。成就一切义,无古亦无今。"于是世间章句,吾伊上口。公示人多以偈,然题"赠以之中"四字于其后,莫有识其旨者。异迹甚著。所属状以闻,诏佳之。宰相王钦若、大参赵安仁已下皆献诗。公未尝视,置承尘上而已。

大中祥符乙卯①正月初六日,集众曰:"吾此日生,今正是时。"遂右胁卧而化,阅世八十有二,坐六十有五夏。谥曰定光圆应禅师。

赞曰:圆通诮曹将军而不屈,问军旅事而不答,此其识能知宗也。南塔初不受南平王之请,及闻移祸及人,因屑就之,此其行高一世也。学者囿于法爱,故初公语分生死,所以发其机。至

---

① "大中祥符乙卯",原作"淳化乙卯"。宋太宗淳化年间无"乙卯"岁。传中提到"宰相王钦若、大参赵安仁",据《宋史·宰辅表》,赵安仁在宋真宗景德三年至大中祥符五年(1006—1012)任参知政事;王钦若居相位是在宋真宗天禧元年至三年(1017—1019)。在这期间只有大中祥符八年(1015)是乙卯年。故改"淳化"为"大中祥符"。赵安仁任参知政事是在自严禅师死之前发生的,而王钦若任宰相则是在他死之后,《宝林传》作者称他为宰相是用后来官位。

于定应，则全提大用，于其化时曰："吾此日生。"于化时而曰生，最后之训也。临祸福死生之际，能如彼四老人，则正宗已坠之纲尚可理也。

卷第九

龙牙居遁禅师　青原六世

禅师名居遁，生于郭氏，抚州南城人也。年十四，依吉州满田寺剃落。又六年，诣嵩岳受具。遁风骨癯甚，视瞻凝，远性夷粹，语论英发。初谒翠微不契，至临济亦不契。乃造洞山悟本价禅师，问："如何是祖师西来意？"价曰："待洞水逆流即告汝道。"遁豁然大悟，研味其旨，悲欣交集。服勤八年，日增智证，价称其能。马氏方据有长沙，兴崇梵坊，闻遁名，请说法于龙牙法济禅寺。

僧问："如何是道？"遁曰："无异人心。"又曰："夫言修道者，此是劝谕之词、接引之语。从上已来，无法与人，只是相承种种方便，为说出意旨，令识自心。究竟无法可得、无道可修，故云菩提道自然。今言法者是轨持之名，道是众生体性。未有世界，早有此性。世界坏时，此性不灭。唤作随流之性，常无变易，作么生可持以与人，又可作意而修得哉？"僧又问："如何是祖师西来意？"遁曰："待石乌龟解语，即向汝道。"进曰："石龟语也。"曰:"向汝道什么?"其僧亦悟。又僧问:"大庾岭提不起时如何?"遁曰:"六祖为什么将得去?"又问:"维摩掌擎世界,未审维摩在什么处立?"遁曰:"汝道维摩掌擎世界?"其对机峻峭无渗漏类如此。

伪梁龙德五年癸未八月示疾。九月十三日夜半,有大星殒于方丈前,诘旦加趺而化。阅世八十有九、坐六十有九夏。

赞曰:予观《龙牙偈》曰:"学道先须有悟由,还如曾斗快龙舟。虽然旧阁闲田地,一度赢来方始休。君若随缘得似风,吹沙走石不劳功。但于事上通无事,见色闻声不用聋。"皆清深精密。如其为人,疑问翠微临济祖意,度禅板蒲团。机语在已见洞山之后。雪窦以瞎龙死水罪之,龙牙闻之必大笑。

永明智觉禅师　青原十世

智觉禅师者,讳延寿,余杭王氏子。自其儿稚,知敬佛乘。及冠,日一食,诵《法华经》,五行俱下,诵六十日而毕。有羊群跪而听。年二十八,为华亭镇将,尝舟而归钱塘,见渔船万尾戢戢,恻然意折,以钱易之,放于江。裂缝掖,投翠岩永明禅师岑公,学出世法。会岑迁止龙册寺,吴越文穆王闻其风悦慕,听其弃家为剃发。自受具,衣不缯纩,食无重味,持头陀行。尝习定天台天柱峰之下,有乌类尺鹩巢衣褶中。

时韶国师眼目世间,北面而师事之。韶曰:"汝与元帅有缘,它日大作佛事,惜吾不及见耳。"初说法于雪窦山,建隆元年,忠懿王移之于灵隐新寺,为第一世。明年又移之于永明寺,为第二世,众至二千人,时号慈氏下生。指法以佛祖之语为铨准,曰:"迦叶波初闻偈曰:'诸法从缘生,诸法从缘灭。我师大沙门,尝作如是说。'此佛祖骨髓也。龙胜曰:'无物从缘生,无物从缘灭。起唯诸缘起,灭唯诸缘灭。'乃知色生时但是空生,色灭时但是空灭。譬如风性本不动,以缘起故动。傥风本性动,则宁有静时哉?密室中若有风,风何不动?若无风遇缘即起,非特风为然,一切法皆然。维摩谓文殊师利曰:'不来相而来,不见相而见。'文殊乃曰:'如是,居士。若来已更不来,若去已更不去。所以者何?来者无所从来,去者无所至。所可见者,更不可见。'此缘起无生之旨也。"

僧问:"长沙偈曰:'学道之人未识真,只为从来认识神。无始时来生死本,痴人唤作本来人。'岂离识性别有真心耶?"智觉曰:"如来世尊于首楞严会上,为阿难拣别详矣,而汝犹故不信。阿难以推穷寻逐者为心,遭佛呵之。推穷寻逐者识也。若以识法随相行则烦恼。名识不名心也。意者忆也,忆想前境,起于妄,并是妄识,不干心事。心非有无,有无不染;心非垢净,垢净不污。乃至迷悟凡圣、行住坐卧,并是妄识,非心也。心本不生,今亦不灭。若知自心如此,于诸佛亦然。故《维摩》曰:'直心是道场。'无虚假故。"

智觉以一代时教流传此土,不见大全,而天台、贤首、慈恩性相三宗，又互相矛盾。乃为重阁，馆三宗知法比丘，更相设难，至波险处，以心宗旨要，折中之。因集方等秘经六十部、西天此土圣贤之语三百家，以佐三宗之义，为一百卷，号《宗镜录》。天下学者传诵焉。

僧问："如和尚所论宗镜，唯立一心之旨，能摄无量法门。此心含一切法耶？生一切法耶？若生者，是自生欤？从他而生欤？共生无因而生欤？"

答曰："此心不纵不横、非他非自。何以知之？若言含一切法，即是横。若言生一切法，即是纵。若言自生，则心岂复生心乎。若言他生，即不得自，矧曰有他乎。若言共生，则自他尚无有，以何为共哉。若言无因而生者，当思有因尚不许言生，况曰无因哉。"

僧曰："审非四性所生，则世尊云何说'意根生意识，心如世画师，无不从心造'？然则岂非自生乎？又说'必不孤起，必藉缘而起。有缘思生，无缘思不生'。则岂非他生乎？又说'所言六触因缘生六受，得一切法'。然则岂非共生乎？又说'十二因缘，非佛天人修罗作，性自尔故'。然则岂非无因而生乎？"

智觉笑曰："诸佛随缘差别，俯应群机，生善破恶，令入第一义谛。是四种悉檀方便之语。如以空拳示小儿耳，岂有实法哉！"

僧曰："然则一切法是心否？"曰："若是即成二。"僧曰："审尔则一切不立俱非耶？"曰："非亦成二。汝岂不闻《首楞严》曰：'我真文殊无是文殊，若有是者，则二文殊。'然我今曰非无文殊，于中实无是非二相。"僧曰："既无二相，宗一可乎？"

曰:"是非既乖大旨,一二还背圆宗。"僧曰:"如何用心,方称此旨?"曰:"境智俱亡,云何说契?"僧曰:"如是则言思道断,心智路绝矣。"曰:"此亦强言,随他意转。虽欲隐形,而未忘迹。"僧曰:"如何得形迹俱忘?"曰:"本无朕迹,云何说忘。"僧曰:"我知之矣。要当如人饮水,冷暖自知。当大悟时节,神而明之。"

曰:"我此门中,亦无迷悟、明与不明之理。撒手似君无一物,徒劳辛苦说千般。此事非上根大器,莫能荷担。先德曰:'尽十方世界,觅一人为伴,无有也。'又曰:'止是一人承绍祖位,终无第二人。'若未亲到,漫疲神思。借曰'玄之又玄、妙之又妙'。但是方便门中,旁赞助入之语。于自己分上亲照之时,反视之,皆为魔说。虚妄浮心,多诸巧见,不能成就圆觉。但以形言迹,文彩生时,皆是执方便门,迷真实道。要须如百尺竿头,放身乃可耳。"

僧曰:"愿乞最后一言。"

曰:"化人问幻士,谷响答泉声。欲达吾宗旨,泥牛水上行。"

又尝谓门弟子曰:"夫佛祖正宗,则真唯识。才有信处,皆可为人。若论修证之门,则诸方皆云功未齐于诸圣,且教中所许初心菩萨,皆可比知。亦许约教而会,先以闻解信入,后以无思契同。若入信门,便登祖位。且约现今世间之事,众世界中第一比知,第二现知,第三约教而知。第一比知者,且如即今有漏之身,夜皆有梦,梦中所见好恶境界,忧喜宛然。觉来床上安眠,何曾是实,并是梦中意识思想所为,则可比知觉时之事,皆如梦中无实。夫过去未来现在三世境界，元是第八阿赖耶识亲相分，唯是本识所变。若现在之境，是明了意识分别。若过去未来之境，是独散意识。思惟梦觉之境虽殊，俱不出于意识，则唯心之旨，比况昭然。第二现知者，即是对事分明，不待立况，且如现见青白等物时，物本自虚，不言我青我白，皆是眼识分与同时意识计度分别为青为白。以意辨为色，以言说为青，皆是意言自妄安置。以六尘钝故，体不自立，名不自呼。一色既然，万法咸尔，皆无自性，悉是意言。故曰：'万法本闲而人自闹。'是以若有心起时，万境皆有。若空心起处，万境皆空。则空不自空，因心故空。有自不有，因心故有。既非空非有，则唯识唯心。若无于心，万法安寄？又如过去之境，何曾是有？随念起处，忽然现前。若想不生，境亦不现。此皆是众生日用，可以现知，不待功成，岂假修得。凡有心者，并可证知。故先德曰：'如大根人，知唯识者，恒观自心，意言为境。此初观时，虽未成圣，分知意言，则是菩萨。'第三约教而知者，《大经》云：'三界唯心，万法唯识。'此是所现本理、能诠正宗也。"

智觉乘大愿力，为震旦法施主，声被异国。高丽遣僧，航海问道。其国王投书，叙门弟子之礼，奉金丝织成伽梨、水精数珠、金澡瓶等，并僧三十六人，亲承印记。相继归本国，各化一方。

以开宝八年乙亥十二月示疾。二十六日辰时，焚香告众，跏趺而化。明年正月六日，塔于大慈山。阅世七十有二，坐四十有二夏。

赞曰：予初读《自行录》。录其行事，日百八件。计其貌状，必枯悴尪劣。及见其像，凛然丰硕，眉目秀拔，气和如春。味其平生，如千江之月。研其说法，如禹之治水、孔子之闻韶、羿之射、王良之御、孙子之用兵、左丘明太史公之文章。呜呼！真乘悲愿而至者也。

云居简禅师　青原七世

禅师名道简，其先范阳人，史失其氏。天姿粹美，闲静寡言。童子剃落，受满分戒。遍游丛席，造云居，谒膺禅师。膺与语连三日，大奇之，而诫令刻苦事众。于是简躬探井臼、司樵爨，遍掌寺务，不妨商略古今，众莫有知者，以腊高为堂中第一座。

先是高安洞山有神灵甚，膺公住三峰时受服役。既来云居，神亦从至，舍于枯树之下而树茂，号安乐树神。属膺将顺寂，主事僧白曰："和尚即不讳，谁可继者？"曰："堂中简。"主事僧意不在简，谓令拣选可当说法者。佥曰："第二座可。然且摄礼先请简，简岂敢当也。"既申请，简无所辞让。即自持道具入方丈，摄众演法自如。主事僧大沮，简知之，一夕遁去，安乐树神者号泣。诘旦，众追至麦庄，悔过迎归，闻空中连呼曰："和尚来也！"

僧问:"如何是和尚家风?"曰:"随处得自在。"问:"维摩岂不是金粟如来?"曰:"是。"曰:"为什么却在释迦会下听法?"曰:"他不争人我。"问:"如何是朱顶王菩萨?"曰:"问这赤头汉作么?"问:"横身盖覆时如何?"曰:"还盖得么?"问:"蛇子为什么吞却蛇?"师曰:"在理何伤?"问:"诸佛道不得处,和尚还道得么?"曰:"汝道什么处诸圣道不得?"问:"路逢猛虎时如何?"曰:"千人万人不逢,偏汝便逢。"问:"独宿孤峰时如何?"曰:"闲着七间僧堂不宿,阿谁教汝孤峰独宿?"问:"古人云:'若欲保任此事,直须向高高山顶立,深深海里行。'意旨如何?"曰:"高峰深海,迥绝孤危,似汝闺合中软暖么?"又问:"丛林多好论尊贵边事如何?"曰:"要汝知大唐天子不书断,会么?"

简契悟精深,履践明验。而对机应物,度越格量,天下宗之。师寿八十余,无疾而化,庐州帅张崇为建塔于本山。

赞曰:大阳明安尝疏药山之语曰:"高高山上标不出,深深海底藏不没。"其儿孙遵承之,以为妙得其旨。及闻云居之言,则如真虎踞地而吼,百兽震恐。乃悟明安所示,盖裴旻之虎也。予为作偈曰:"高高山上立,深深海底行。道人行立处,尘世有谁争。无间功不立,渠侬尊贵生。酬君颠倒欲,枯木一枝荣。"

卷第十

重云晖禅师　青原七世

禅师名智晖，咸秦人，生高氏。童稚时至精舍，辄留止如家。圭峰温禅师见而异之，为剃发。年二十受满足戒，师事高安白水本仁禅师。十年而还洛京，爱中滩佳山水，创屋以居，号温室院。日以施水给药为事，人莫能浅深之。梁开平五年，忽欲还圭峰，山行翛然，深往坐岩石间，如常寝处。顾见磨衲、数珠、铜瓶、棕笠藏石壁间，触之即坏，敛目良久曰："此吾前身道具也。"因就其处建寺，以酬夙心。方剃草，有祥云出众峰间，遂名曰重云，虎豹引去。有龙湫险恶不可犯，晖督役夷塞之以为路。龙亦移他处，但见云雷随之。后唐明宗闻而佳之，赐额曰长兴。

住持余四十年。节度使王彦超微时尝从晖游，欲为沙门。晖熟视曰："汝世缘深，当为我家垣墙。"彦超后果镇永兴，申弟子之礼。

周显德三年夏，诣永兴与彦超别，嘱以护法。彦超泣曰：

"公遂忍弃弟子乎?"晖笑曰:"借千年亦一别耳。"七月二十四日书偈一首曰:"我有一间舍,父母为修盖。住来八十年,近来觉损坏。早拟移别处,事涉有憎爱。待他摧毁时,彼此无妨碍。"乃跏趺而化。阅世八十有四,坐六十有四夏。

初晖居中滩,有病比丘,为众恶弃之。比丘哀曰:"我以夙业白癞,师能为我洗摩。"晖为之无难色。俄有神光异香,方讶之,忽失所在。归视疮痂,亦皆异香也。

瑞龙璋禅师　青原七世

禅师名幼璋,唐相国夏侯孜之犹子也。大中初,伯父司空出镇广陵。璋方七岁,游慧照寺,闻诵《妙法莲华经》,于是跪伯父前,求出家。伯父难之,璋因不饮食,不得已许之。依慧远禅师剃发,又十年受具足戒。年二十五,游方至高安,见白水,又谒署山。二大老皆器许焉。

咸通十三年,见腾腾和尚者于江陵。腾腾嘱曰:"汝往天台,寻静而居,遇安即止。"已而又见憨憨和尚者,憨拊之曰:"汝却后四十年,有巾子山下菩萨,王于江南,于时我法乃昌。"遂去。璋至天台山,于静安乡建福唐院,已符腾腾之言。又住隐龙院。中和四年,浙东饥疫,璋于温、台、明三郡,收瘗遗骸数千,时谓悲增大士。乾宁中，雪峰尝见之，以棕榈拂子授璋而去。天祐三年，钱尚父遣使童建赍衣服香药入山，致请至府。署志德大师馆于功臣院，日夕问道。辞还山，尚父不可，乃建瑞龙寺于城中以延之，禅者云趋而集，又契憨憨之语。

尝谓门弟子曰："老僧顷年，游历江外岭南、荆湖。但有知识丛林，无不参问来。盖为今日与诸人聚会，各要知个去处。然诸方终无异说，只教诸人歇却狂心，休从他觅。但随方任真，亦无真可任；随时受用，亦无时可用。设垂慈苦口，且不可呼昼作夜；更饶善巧，终不能指东为西。脱或能尔，自是神通作怪，非干我事。若是学语之流，不自省己知非，直欲向空里采花、波中取月，还着得心力么？汝今日各自退思，忽然肯去，始知瑞龙老汉事不获已，迂回太甚，还肯么？"

天成二年丁亥四月，璋从尚父乞坟。尚父笑曰："师便尔乎？"遣陆仁璋者择地于西关建塔。塔毕，璋往辞尚父，嘱以护法恤民。还，安坐而化。阅世八十有七，坐七十夏。诏改天台隐龙，为隐迹云。

林阳端禅师　青原八世

禅师名志端，福州俞氏子。受业于南涧寺。年二十四，谒安国弘瑫禅师。有僧问:"万象之中,如何独露身?"瑫举一指,其僧惘然而退。端忽契悟,至夜启瑫曰:"今日见和尚一指,乃知和尚用处。"瑫曰:"汝见何道理?"端亦举一指,瑫笑令去。

寻住林阳,问:"如何是祖师西来意?"曰:"木马走似烟,石人趁不及。"问:"如何是佛法大意?"曰:"竹箸一文一双。"有僧夜至方丈,端以衲蒙首,僧忽搴衲。问:"谁?"僧曰:"某乙。"端曰:"泉州沙糖、舶上槟榔。"僧不解,端瞠目曰:"会么?"曰:"不会。"曰:"汝若会,即廓清五蕴、吞尽十方。"

又谓门弟子曰:"佛法无许多般。但凡圣一真,犹存见隔。见存即凡,情忘即佛。教中谓之称性缘起。则俯仰进止,屈申谦敬,无一法可转变,有生住异灭相,况我祖师门下,合作何理论?"

开宝元年八月作偈曰:"来年二月二,与汝暂相弃。燕灰散长江,勿占檀那地。"道俗皆写记之。越明年正月二十八日,郡人竞入山。二月一日,太守亦至,从官驺史侦伺,信宿如市。二日饭罢,端升座叙行脚本末,辞众。有长老应圆者出众问曰:"云愁雾惨,大众呜咽。未当告别,愿赐一言。"端垂一足。进曰:"法镜不临于此土,宝月又照于何方?"端:"非汝境界。"曰:"恁么,则沤生沤灭还归水,师去师来是本常。"端作嘘声。复与数僧酬答罢,归方丈。至亥时问众曰:"世尊灭度时节是何日?"对曰:"二月十五日。"子时,端曰:"吾今日子前。"于是泊然而化。阅世七十八,坐六十夏。

双峰钦禅师　青原八世

禅师名竟钦,益州人,生郑氏。少为大僧于峨眉溪山黑水寺。出蜀,南抵韶石云门,得心法,即就双峰之下创精舍以居,号兴福。开堂之日,匡真禅师躬临证明。僧问:"宾头卢应供四天下,还遍也无?"钦曰:"如月入水。"又问:"如何是用而不杂?"钦曰:"明月堂前垂玉露,水精殿里撒真珠。"于是匡真以谓类己,加敬焉。

太平兴国二年三月,谓门弟子曰:"吾不久去汝矣,可砌个卵塔。"五月二十三日工毕。钦曰:"后日子时行矣。"及期,适云门爽禅师、温门舜峰诸老夜话。侍者报三更,钦索香焚之,合掌而化。阅世六十有八,坐四十有八夏。

九峰诠禅师　青原十世

禅师名道诠，生刘氏，吉州安福人也。童子便弃家，师事思禅师，思为剃落受具足戒。闻长沙慧轮禅师道价，思一见之。时马氏窃据荆楚，与建康接壤。诠年二十余，结友冒险造焉。会马氏灭刘言，有其地，以王逵代刘言领其事。逵见诠辈，疑以为江表谍者，捕缚欲投江中，诠怡然无怖，逵异之，以问轮曰："此道人视死如见鼻端，何种人乃能尔？"轮曰："彼盖为法忘躯之人，闻老僧虚名，故来决择耳。"逵释之加敬，诠傲然而去，依延寿十年。轮殁，诠还庐山。乾德初，庵于东南牛首峰之下。开宝五年，洪帅林仁肇请住九峰，赐大沙门。

僧问："承闻和尚亲见延寿来，是否？"诠曰："山前麦熟也未？"问："九峰山中还有佛法也无？"诠曰："有。"曰："如何是九峰山中佛法？"诠曰："石头大底大、小底小。"问："如何是学人自己？"诠曰："床窄先卧，粥稀后坐。"问："古人云：'不是风动，不是幡动。'如何？"诠曰："明日路口有市。"

太平兴国元年，南康牧张南金迁以居归宗。雍熙二年十一月二十八日中夜，跏趺辞众而化。阅世五十有六，坐三十夏。

龟洋忠禅师　青原八世

禅师名慧忠,泉州人,生陈氏。幼依龟洋山得度。游方至华州,谒草庵法义道人,留十余年,南还旧山,痛自韬晦。会昌初,诏天下废释氏教。及宣宗即位,诏重兴之,而忠笑曰:"仙去者未必受箓,成佛者未必须僧。"遂过中不食,不宇而禅,迹不出山者三十年。

以三偈自见曰:"雪后始知松柏操,云收方见济淮分。不因世主令还俗,那辨鸡群与鹤群?多年尘土自腾腾,虽着伽梨未是僧。今日归来酬本志,不妨留发候然灯。形容虽变道常存,混俗心源亦不昏。试读善财巡礼偈,当时岂例是沙门。"

谓门弟子曰:"众生不能解脱者,情累耳。悟道易,明道难。"问:"如何得明道去?"忠曰:"但脱情见,其道自明矣。夫明之为言,信也。如禁蛇人信其咒力药力,以蛇缩弄,揣怀袖中无难。未知咒药等力者,怖骇弃去。但谛见自心,情见便破。今千疑万虑,不得用者,是未见自心者也。"忽索香焚罢,安坐而化。全身葬于无了禅师塔之东。

后数年,塔忽自坼裂,连阶丈余,寺僧将发①视之。是夜宴寂中,见无了禅师曰:"不必更发也。"今为沈、陈二真身。无了生沈氏,见马祖云。

赞曰:近世以身徇法,如此数老者鲜矣。予观其言,皆约而明。校其履践,诚而不杂。故能于死生之际,明验昭著。然初不闻俨临万众,四事供养者也。

---

① "僧将发",《卍续藏经》本作"将发僧"。

卷第十一

洞山聪禅师　青原十世

禅师名晓聪，生杜氏，韶州曲江人。少依云门寺得度。头骨峣然，一帔阅寒暑。周游荆楚，饫厌保社，与众作息，无有识之者。在云居时，传僧伽在维扬，于是禅者立问曰："既是泗州僧伽，因什么扬州出现？"聪婆娑从旁来，众戏使对之。聪曰："君子爱财，取之有道。"众目笑之。莲花峰祥庵主闻此语，惊曰："云门儿孙犹在耶。"夜敷坐具，望云居拜之，丛林遂知名。

至洞山，依诠禅师。大中祥符二①年，诠移住栖贤，以聪继席。果嗣文殊应天②真禅师。真见圆明密，云门四世孙也。聪见僧来有所问，辄瞋目视之曰："我击虎术，汝不会去。"

一日自荷柴登山，僧逆之问曰："山上住，为什么山下担柴？"答曰："山上也要柴烧。"

---

① "二"，《四库全书》本作"三"。
② 五山本无"天"字。

云居舜老夫，时年少，聪使乞食鄂渚，有居士问："古镜未磨时如何？"曰："黑如漆。"曰："磨后如何？"曰："照天照地。"居士笑曰："道人不自洞山来耶？"舜默惭，驰归举似聪。聪代前语曰："此去汉阳不远。"代后语曰："黄鹤楼前鹦鹉洲。"舜因悟其旨。

聪示众曰："一大藏教是个之字，祖师西来是右字或作手，作么生是正义？"良久曰："天晴盖却屋，趁闲打却禾。输纳王租了，鼓腹自高歌。"手植万松于东岭，而诵《金刚般若经》。山中人名其岭曰金刚。方植松，而宝禅师至，时亲自五祖来。聪问："上岭一句作么生道？"宝曰："气急杀人。"聪挂锸①呵曰："从何得此随语生解阿师？见问上岭，便言气急，佛法却成流布。"宝请代语。聪曰："何不道：气喘杀人逍遥？"问："岭在此，金刚在什么处？"聪指曰："此一株松是老僧亲栽。"

初比部郎中许公式出守南昌，过莲花峰，闻祥公曰："聪道者在江西，试寻访之，此僧人天眼目也。"许公既至，闻聪住山家风，作诗寄之曰："语言浑不滞，高蹑祖师踪。夜坐连云石，春栽带雨松。镜分金殿烛，山答月楼钟。有问西来意，虚堂对远峰。"

天圣八年六月八日示疾，持不食七日。集道俗曰："法席当令自宝住持。"因与门人叙透法身，说偈曰："参禅学道莫忙忙，问透法身北斗藏。余今老倒尪羸甚，见人无力得商量。唯有锄头知我道，种松时复上金刚。"言卒而化。又七日阇维，得五色舍

---

① "锸"，《卍续藏经》作"钁"。

利,塔于西阿。

赞曰:聪答所问两句耳,而莲华祥公便知是云门儿孙。古人验人,何其明也如此?予留洞山最久,藏中有聪《语要》一卷,载云水僧楚圆请益杨亿大年百问语。皆赴来机,而意在句语之外。圆即慈明也,初受汾阳,祝令更见聪。故慈明参扣余论,尚获见之。呜呼!聪为莲华峰、汾阳所知,则其人品,要当从玄沙棱道者辈中求也。

雪窦显禅师　青原十世

禅师名重显,字隐之,遂州人。太平兴国五年四月八日,生于李氏。幼精锐,读书知要,下笔敏速。然雅志丘壑,父母不能夺。竟依益州普安院沙门仁铣为师,落发受具。出蜀,浮沈荆渚间历年。

尝典客大阳,与客论赵州宗旨。客曰:"法眼禅师昔解后①觉铁觜者于金陵。觉,赵州侍者也,号称明眼。问曰:'赵州柏树子因缘,记得否?'觉曰:'先师无此语,莫谤先师好!'法眼拊手曰:'真自师子窟中来!'觉公言无此语,而法眼肯之,其旨安

① "解后",通"邂逅"。

在?"显曰:"宗门抑扬,那有规辙乎?"时有苦行,名韩大伯者,貌寒寝侍其旁,辄匿笑而去。客退,显数之曰:"我偶客语,尔乃敢慢笑,笑何事?"对曰:"笑知客智眼未正,择法不明。"显曰:"岂有说乎?"对以偈曰:"一兔横身当古路,苍鹰才见便生擒。后来猎犬无灵性,空向枯桩旧处寻。"显阴异之,结以为友。

显盛年工翰墨,作为法句,追慕禅月休公。尝游庐山栖贤,时湜禅师居焉,简严少接纳,显蘦苴不合,作师子峰诗讥之师子峰在栖贤之后,曰:"踞地盘空势未休,爪牙安肯混常流。天教生在千峰上,不得云擎也出头。"

显与齐岳者为侣,同谒五祖戒禅师。显休于山前庄,遣岳先往,机语不契,显亦竟不见。北游至复州。北塔祚禅师者,香林远公嫡子,云门之孙也。祚、远皆蜀人,知见高,学者莫能觇[①]其机。显俊迈,祚爱之,遂留止五年,尽得其道。显与学士曾公会厚善,相值淮上,问显何之,曰:"将游钱塘绝西,兴登天台雁荡。"曾公曰:"灵隐天下胜处,珊禅师吾故人。"以书荐显。显至灵隐三年,陆沈众中。俄曾公奉使浙西,访显于灵隐,无识之者。时堂中僧千余,使吏捡床历,物色求之乃至。曾公问向所附书。显袖纳之曰:"公意勤,然行脚人非督邮也。"一本曰:"然行脚人于世无求,敢希荐达哉!"曾公大笑,珊公以是奇之。

吴江翠峰虚席,举显出世。开法日,顾视大众曰:"若论本分相见,不必高升此座。"乃以手指曰:"诸人随山僧手看,无量佛土一时现前。各各子细观瞻,其或涯际未知,不免拖泥带水。"

[①] "觇",《卍续藏经》作"觏"。

于是登坐。又环顾大众曰："人天普集合，发明何事？岂可互分宾主、驰骋问答，便当宗乘去？广大门风，威德自在。辉腾今古，把定乾坤。千圣只言自知，五乘莫能建立。所以声前悟旨，犹迷顾鉴之端。言下知归，尚昧识情之表。诸人要识真实相为么？但以上无攀仰，下绝己躬。自然常光现前，个个壁立千仞。还辩明得也无？未辩辩取，未明明取。既辩明得，便能截生死流、踞佛祖位，妙圆超悟。正在兹时，堪报不报之恩，以助无为之化。"

后住明州雪窦，宗风大振，天下龙蟠、凤逸衲子，争集座下，号云门中兴。

显尝经行植杖，众衲环之。忽问曰："有问云门：'树凋叶落时如何？'曰：'体露金风。'云门答遮僧耶、为解说耶？"有宗上座曰："待老汉有悟处，即说。"显熟视，惊曰："非韩大伯乎？"曰："老汉瞥地也。"于是令挝鼓众集。显曰："大众，今日雪窦宗上座，乃是昔年大阳韩大伯，具大知见，晦迹韬光。欲得发扬宗风，幸愿特升此座。"宗遂升座。僧问："宝剑未出匣时如何？"曰："神光射斗牛。"又问："出匣后如何？"曰："千兵易得，一将难求。"僧退，宗乃曰："宝剑未出匣，神光射斗牛。千兵虽易得，一将实难求。"便下座，一众大惊。

暮年，悲学者寻流失源，作《为道日损偈》曰："三分光阴二早过，灵台一点不揩磨。贪生逐日区区去，唤不回头争奈何！"余敷扬宗旨，妙语遍丛林。

皇祐四年六月十日，沐浴罢，整衣侧卧而化。阅世七十三，坐五十夏。建塔山中。得法上首天衣义怀禅师。

天衣怀禅师　青原十一世

　　禅师名义怀，生陈氏，温州乐清人也。世以渔为业。母梦星殒于屋，除而光照户，已而娠。及生，尤多吉祥。儿稚坐父船尾，渔得鱼付怀，怀不忍串之，私投江中。父怒笞诟，甘甜之，不以介意。长游京师，依景德寺。天圣中试经得度。怀清癯，行步迟缓，众中望见，如鹤在鸡群。时有言法华者，不测人也，行市井，拊怀背曰："临济德山去。"怀初未喻，问耆宿，耆宿①曰："汝其当宏禅宗乎！行矣，勿滞于此。"

　　怀初谒荆州金銮善禅师，不契。后谒叶县省禅师，又不契。东游至翠峰，翠峰②众盛，怀当营炊，自汲涧折担悟旨。显公印可，以为奇。辞去，久无耗。有僧自淮上来曰："怀出世铁佛矣。"显使诵提倡之语，曰："譬如雁过长空，影沈寒水。雁无遗踪之意，水无留影之心。"显激赏以为类己，先使慰抚之，怀乃敢通门人之礼。然诸方服其精识。自铁佛至天衣，五迁法席，皆荒凉处。怀至，必幻出楼观，四事成就。晚以疾居池州杉山庵，

---

① "耆宿"，《卍续藏经》无。
② "翠峰"，《卍续藏经》无。

门弟子智才住杭州佛日山，迎归，养侍剂药。才如姑苏未还，怀促其归。至门而怀已别众，才问："卵塔已毕，如何是毕竟事？"怀竖拳示之，遂倒卧，推枕而化。阅世七十二，坐四十六夏，葬佛日。崇宁中敕谥振宗大师。

赞曰：予观雪窦、天衣父子提唱之语，其指示心法，广大分晓，如云廓天布。而后之学者失其旨的，争以识情数量、义学品目缁秽之。譬如燧人氏钻火，将以烹饪飨上帝，而秦始皇用之，以烹儒焚书，岂不误哉！然子①闻菩萨宏法，为内外护，皆本愿力故。曾集贤之知雪窦，言法华之识天衣，疑非苟然者耶！

---

① "子"，《卍续藏经》作"余"。

卷第十二

荐福古禅师　青原八世

禅师名承古，西州人，传失其氏。少为书生，博学有声。及壮，以乡选至礼部，议论不合，有司怒裂其冠。从山水中来，客潭州丫山，见敬玄禅师，断发从之游。已而又谒南岳雅禅师。雅，洞山之子，知见甚高，容以入室。后游庐山，登欧峰，爱宏觉塔院闲寂，求居之。清规凛然，过者肃恭，时丛林号古塔主。初说法于芝山，嗣云门。景祐初，范文正公仲淹守饶，四年十月，迎以住荐福。

示众曰："众生久流转者，为不明自己。欲出苦源，但明取自己。自己①者，有空劫时自己，有今时日用自己。空劫自己是根带，今时日用自己是枝叶。"

又曰："一夏将末，空劫已前事，还得相应也未？若未得相

---

① "自己"，《卍续藏经》无。

应,争奈永劫轮回何?有①什么心情学佛法?广求知解,被知解②风吹入生死海。若是知解,诸人过去生中,总曾学来。多知多解,说得慧辩过人、机锋迅疾,只是心不息,与空劫已前事不相应。因兹恶道轮回,动经尘劫不复人身。如今生出头来,得个人身,在袈裟之下。依前广求知解,不能息心,未免六趣轮回。何不歇心去、如痴如迷去、不语五七年去?已后佛也不奈汝何。古德云:'一句语之中,须得具三玄。'故知此三玄法门是佛知见。诸佛以此法门度脱法界众生,皆令成佛。今人却言三玄是临济门风,误矣。"

汾州偈曰:"三玄三要事难分。"古注曰:"此句总颂三玄也,下三句别列三玄也。""得意忘言道易亲。"古注曰:"此玄或作意,中玄也。""一句明明该万象。"古注曰:"此体中玄。""重阳九日菊花新。"古注曰:"此句中玄也。"

僧问:"三玄三要之名,愿为各各标出。"

古曰:"三玄者,一体中玄,二句中玄,三玄中玄。此三玄门是佛祖正见。学道人但随入得一玄,已具正见,入得诸佛阃域。"僧问:"依何圣教参详,悟得体中玄?"古曰:"如肇法师云:'会万物为自己者,其唯圣人乎!'"又曰:"三界唯心,万法唯识。"又曰:"诸法所生,唯心所现。一切世间因果、世界微尘,因心成体。六祖云:'汝等诸人自心是佛,更莫狐疑。外无一法而能建立,皆是自心生万种法。'"又云:"于一毫端现宝王刹,坐微尘里转大法轮。如此等,方是正见。才缺纤毫,即成邪

---

① "何?有",《卍续藏经》作"有何"。
② "被知解",《卍续藏经》无。

见，便有剩法，不了唯心。"

僧又问："如何等语句及时节因缘，是体中玄？"

古曰："佛以手指地曰：'此处宜建梵刹。'天帝释将一茎草插其处曰：'建梵刹竟。'佛乃微笑。水潦被马祖一踏踏倒，起曰：'万象森罗，百千妙义，只向一毫上，便识得根源。'僧问赵州：'如何是学人自己？'州对曰：'山河大地。'此等所谓合头语，直明体中玄。正是泼恶水，自无出身之路。所以云门诫曰：'大凡下语如当门剑，一句之下，须有出身之路，若不如是，死在句下。'又南院云：'诸方只具啐啄同时眼，不具啐啄同时用。'"

僧进曰："有何言句，明出身之路？"

古曰："如杏山问石室：'曾到五台不？'对曰：'曾到。'曰：'见文殊不？'对曰：'见。'又问：'文殊向汝道什么？'对曰：'道和尚父母抛在荒草里。'僧问甘泉：'维摩以手掷三千大千世界于他方，意旨如何？'答曰：'填沟塞壑。'僧曰：'一句道尽时如何？'答曰：'杂碎。'云门问僧：'甚处来？'曰：'南岳来。'又问：'让和尚为甚入洞庭湖里？'僧无对。云门代云：'谢和尚降尊就卑。'此等语虽赴来机，亦自有出身之路。要且未得脱洒洁净，更须知有句中玄。"

僧曰："既悟体中玄，凡有言句，事理俱备，何须句中玄？"

古曰："体中玄，临机须看时节分宾主，又认法身法性，能卷舒万象，纵夺圣凡。被此解见所缠，不得脱洒，所以须明句中玄。若明得，谓之透脱一路，向上关捩，又谓之本分事，只对更不答话。"

僧曰："何等语句是句中玄？"

古曰:"如比丘问佛:'说甚法?'佛云:'说定法。'又问:'明日说甚法?'佛云:'不定法。'曰:'今日为甚定?明日为甚不定?'佛曰:'今日定,明日不定。'僧问思和尚:'如何是佛法大意?'答曰:'庐陵米作么价?'又僧问赵州:'承闻和尚亲见南泉来,是否?'答曰:'镇州出大萝卜头。'又问云门:'如何是超佛越祖之谈?'答曰:'糊饼。''如何是向上关捩?'曰:'东山西岭青。'又问洞山:'如何是佛?'答曰:'麻三斤。'若于此等言句中悟入一句,一切总通。所以体中玄,见解一时净尽。从此已后,总无佛法知见,便能与人去钉楔、脱笼头,更不依倚一物。然但脱得知见见解,犹在于生死不得自在。何以故?为未悟道故。于他分上所有言句,谓之不答话。今世以此为极则,天下大行,祖风歇灭,为有言句在。若要不涉言句,须明玄中玄。"

僧曰:"何等语句时节因缘是玄中玄?"

古曰:"如外道问佛,不问有言,不问无言。世尊良久。外道曰:'世尊大慈大悲①,开我迷云,令我得入。'又僧问马大师:'离四句、绝百非,请师直指西来意。'答曰:'我今日无心情,但问取智藏。'僧问藏,藏曰:'我今日头痛,问取海兄。'又问海,海曰:'我到遮里却不会。'又临济问黄檗:'如何是佛法的的大意?'三问三被打,此等因缘方便门中以为玄极,唯悟者方知。若望上祖初宗,即未可也。"

僧曰:"三玄须得一时圆备,若未见圆备②有何过?"

古曰:"但得体中玄,未了句中玄。此人常有佛法知见,所

---

① "大悲",原文无,据《卍续藏经》补。
② "若未见圆备",《卍续藏经》无。

出言语，一一要合三乘。对答句中，须依时节，具理事，分宾主，方谓之圆。不然，谓之偏枯。此人以不忘知见，故道眼未明，如眼中有金屑，须更悟句中玄乃可也。若但悟句中玄，即透得法身。然返为此知见奴使，并无实行，有憎爱人我，以心外有境，未明体中玄也。云门、临济下儿孙多如此。凡学道人，纵悟得一种玄门，又须明取玄中玄，方能不坐在脱洒路上，始得平稳，脚踏实地。"

僧曰："既云于祖佛言句、棒喝中学，何故有尽善不尽善者？"

古曰："一切言句棒喝，以悟为则。但学者下劣不悟道，但得知见，知见①是学成，非悟也。所以认言句作无事、作点语、作纵语、作夺语、作照作用、作同时不同时语，此皆邪师过谬，非众生咎。学者本意，只欲悟道见性。为其师不达道，只将知见教渠。故曰我眼本正，因师故邪。"

僧曰："师论三玄法门，名既有三，法门亦有三。而语句各各不同，如何又言一句之中须具三玄三要？"

古曰："空空法界，本自无为。随缘应现，无所不为。所以虚空世界、万象森罗、四时阴阳、否泰八节、草木荣枯、人天七趣、圣贤诸佛、五教三乘、外道典籍、世出世间，皆从此出。故云：'无不从此法界流，究竟还归此法界。'经云：'一切诸佛及诸佛阿耨多罗三藐三菩提法，皆从此经出。'《楞严》曰：'于一毫端现宝王刹，坐微尘里转大法轮。'《维摩》曰：'或为日月天梵王世界主，或时作地水，或时作火风。'李长者云：'于法界海之智水，示作鱼龙。处涅槃之大宅，现阴阳而化物。'真觉云：

---

① 《卍续藏经》无"知见"。

'一月普现一切水，一切水月一月摄。'三祖云：'一即一切，一切即一。'故曰：'万法本无，揽真成立。真性无量，理不可分。'故知无边法界之理，全体遍在一法一尘之中。'《华严》曰：'法性遍在一切处，一切众生及国土，三世悉在无有余，亦无形相而可得。'到此境者，一法一尘、一色一声，皆具周遍含容四义。理性无边，事相无边。参而不杂，混而不一，何疑一语之中不具三玄三要耶？"

僧又进曰："古人何故须要一语之中具三玄三要？其意安在哉？"

古曰："盖缘三世诸佛所有言句教法，出自体中玄。三世祖师所有言句并教法，出自句中玄。十方三世佛之与祖所有心法，出自玄中玄。故祖道门中，没量大人，容易领解。且如亲见云门尊宿，具大声价。如德山密、洞山初、智门宽、巴陵鉴，只悟得言教，要且未悟道见性。何以知之？如僧问巴陵提婆宗，答曰：'银碗盛雪。'问吹毛剑，答曰：'珊瑚枝枝撑着月。'问佛教祖意是同别，答曰：'鸡寒上树，鸭寒下水。'云我此三转语，足报云门恩了也，更不为作忌斋。大众，云门道，此事若在言句，一大藏教岂无言句？岂可以三转语便报师恩乎！"

古临终写偈辞众曰："天地本同根，鸟飞空有①迹。雪伴老僧行，须弥撼金锡。乙酉冬至四②，灵光一点赤。珍重会中人，般若波罗蜜。"

赞曰：古说法有三失。其一，判三玄三要为玄沙所立三句；

---

① "有"，《卍续藏经》本作"无"。
② "四"，一作"日"。

其二，罪巴陵三语不识活句；其三，分两种自己，不知圣人立言之难。何谓三玄三要为玄沙所立三句耶？曰：所言一句中具三玄，一玄中具三要。有玄有要者，临济所立之宗也。在百丈、黄檗，但名大机大用；在岩头、雪峰，但名陷虎却物。譬如火聚，触之为烧，背之非火。古谓非是临济门风，则必有据，而言有据，何不明书，以绝学者之疑？不然，则是臆说。肆为臆说，则非天下之达道也。见立三玄，则分以为体中、为句中、为玄中。至言三要则独不分辩乎？方讥呵学者溺于知见，不能悟道。及释一句之中具三要，则反引《金刚》《首楞严》《维摩》等义证成，曰："性理无边，事相无边，参而不杂，混而不一，何疑一语之中不具三玄三要？"

夫叙理叙事，岂非知见乎？且教乘既具此意，则安用复立宗门？古以气盖人，则毁教乘为知见。自宗不通，则又引知见以为证，此一失也。何谓罪巴陵三语不识活句耶？曰巴陵真得云门之旨。夫语中有语，名为死句；语中无语，名为活句。使问提婆宗，答曰："外道是。"问吹毛剑，答曰："利刃是。"问祖教同异，答曰："不同。"则鉴作死语，堕言句中。今观所答三语，谓之语则无理，谓之非语则皆赴来机活句也。古非毁之过矣，二失也。何谓分二种自己，不知圣人立言之难耶？曰："世尊偈曰：陀那微细识，习气如瀑流。真非真恐迷，我常不开演。"以第八识言其为真也耶？则虑迷无自性；言其非真也耶？则虑迷为断灭。故曰："我常不开演。"立言之难也。为阿难指示即妄即真之旨，但曰二种错乱修习：一者，用攀缘心为自性者；二者，识精圆明，能生诸缘，缘所遗者。然犹不欲间隔其辞，虑于一法中生二解。故古创建两种自己，疑误后学，三失也。

卷第十三

福昌善禅师　南岳十二世

禅师名惟善，不知何许人。住荆南福昌寺，嗣明教宽禅师。为人敬严，秘重法道。初住持时，屋庐十余间，残僧数辈。善晨香夕灯，升座说法，如临千众。禅林受用，所宜有者，咸修备之。客至肃然加敬。十余年而衲子方集至百许人。

善见来者，必勘验之。有僧才入方丈，画一[①]圆相呈善。善喝曰："遮野狐精。"其僧便作掷势，以脚拶之三，善曰："蒿箭子。"其僧礼拜，善便打。

又问僧："近离甚么处？"对曰："大别。"曰："在大别多少时？"对曰："三年。"曰："水牯使什么人作对？"曰："不曾触他一粒米。"曰："二时吃个什么？"僧无语，善便打。

又问僧："近离甚么处？"对曰："安州。"曰："什么物与么来也？"对曰："请师辩着。"曰："驴前马后汉。"僧喝之。曰：

[①] "一"，《卍续藏经》本作"有"。

"驴前马后汉又恶发作么?"僧又喝,善便打,僧无语。善喝云:"遮瞎驴,打杀一万个有甚罪过?参堂去!"

有僧自号映达磨,才入方丈,提起坐具曰:"展即遍周法界,不展即宾主不分。展即是,不展即是?"善曰:"汝平地吃交了也。"映曰:"明眼尊宿,果然有在。"善便打。映曰:"夺拄杖打倒和尚,莫言不道。"善曰:"棺木瞠眼汉,且坐吃茶。"茶罢,映前白曰:"适来容易触忤和尚。"善曰:"两重公案,罪不重科。"便喝去之。

又问僧:"近离什么处?"对曰:"承天。"曰:"不涉途程,道将一句来!"僧喝之,善便打。僧以坐具作撼势,善笑曰:"丧车后掉药囊。"

又问俗士:"年多少?"曰:"四十四。"善曰:"添一减一是多少?"其人无对,善便打,乃自代云:"适来犹记得。"

问超山主:"名什么?"对曰:"与和尚同名。"善曰:"回互不回互?"对曰:"不回互。"善便打。

又问僧:"什么处来?"对曰:"远离两浙,近离鼎州。"曰:"夏在什么处?"曰:"德山。"曰:"武陵溪畔,道将一句来!"僧无语,乃自代曰:"水到渠成。"

又问僧:"什么处来?"对曰:"复州。"曰:"什么物与么来?"对曰:"请和尚试辩看!"曰:"礼拜着。"僧曰:"喏。"善曰:"自领出去,三门外与汝二十棒。"

善机锋峻,不可婴,诸方畏服法席,追还云门之风。南禅师尝曰:"我与翠岩悦在福昌时,适病寒,服药出汗。悦从禅侣借被,咸无焉。有纸衾者皆以衰老,亦可数。悦太息曰:'善公本色作家也。"

赞曰：明教在云门，一日闻白槌曰："请师宽充典座。"明教翻筋斗出众，曰："云门禅属我矣。"及住持，尝自外归，首座问曰："游山不易。"明教举拄杖曰："全得渠力。"首座夺之，即随倒卧。首座掠起度与拄杖，明教便打曰："向道全得渠力。"余尝想见其人。今观善公施为，真克家子也。

大阳延禅师　青原十世

禅师名警玄。祥符中，避国讳，易为警延，江夏张氏子也。其先盖金陵人，仲父为沙门，号智通，住持金陵崇孝寺，延往依以为师。年十九为大僧，听《圆觉了义经》，问讲者："何名圆觉？"讲者曰："圆以圆融有漏为义，觉以觉尽无余为义。"延笑曰："空诸有无，何名圆觉？"讲者叹曰："是儿齿少而识卓如此，我所有何足以益之？正如以稊食置宝器，其可哉？"通知之，使令游方。

初谒鼎州梁山观禅师。问："如何是无相道场？"观指壁间观音像曰："此是吴处士画。"延拟进语，观急索曰："遮个是有相，如何是无相底？"于是延悟旨于言下，拜起而侍。观曰："何不道取一句子？"延曰："道即不辞，恐上纸墨。"观笑曰："他日此语上碑去在。"延献偈曰:"我昔初机学道迷,万水千山觅见知。明今辩古终难会,直说无心转更疑。蒙师点出秦时镜,照见父母未生时。如今觉了何所得,夜放乌鸡带雪飞。"观称以为洞上之宗可倚。延亦自负,侪辈莫敢攀奉,一时声价藉甚。观殁,辞塔出山。至大阳,谒坚禅师,坚欣然让法席使主之,退处偏室,延乃受之,咸平庚子岁也。

谓众曰:"廓然去、肯重去、无所得心去、平常心去、离彼我心去,然后方可。所以古德道:'牵牛向溪东放,不免纳官家傜税;牵牛向溪西放,不免纳官家傜税。不如随分纳些些。渠总不妨,免致捞扰。'作么生是随分纳些些底道理?但截断两头有无诸法,凡圣情尽,体露真常,事理不二,即如如佛。若能如此者,法法无依。平等大道,万有不系,随处转辘辘地,更有何事?"

僧问:"亡僧迁化,向什么处去?"延曰:"亡僧几时迁化?"僧曰:"争奈相送何?"延曰:"红炉焰上绦丝缕,叆叇云中不点头。"

见僧种瓜,问曰:"甜瓜何时可熟?"对曰:"即今熟烂也。"曰:"拣甜底摘来!"对曰:"什么人吃?"曰:"不入园者。"对曰:"未审不入园者还吃也无?"曰:"汝还识他么?"对曰:"虽然不识,不得不与。"延笑曰:"去。"其僧后病,延入延寿堂看之,问曰:"是身如泡幻,泡幻中成办。若无个泡幻,大事无因办。若要大事办,识取个泡幻作么生?"对曰:"遮个犹是遮边事。"延曰:"那边事作么生?"对曰:"匝地红轮秀,海底不栽花。"延笑曰:"乃尔惺惺耶?"僧喝曰:"这老汉将谓我忘却 即兴阳剖禅师。"

延神观奇伟,有威重,从儿稚中即日一食,自以先德付受之重,足不越限、胁不至席者五十年。年八十,坐六十一夏。叹无可以继其法者,以洞上旨诀寄叶县省公之子法远,使为求法器,传续之。

延尝注释曹山三种语,须明得转位始得。一曰:"作水牯牛是随类堕。"注曰:"是沙门转身语,是异类中事。若不晓此意,即有所滞。直是要伊一念无私,即有出身之路。"二曰:"不受食是尊贵堕。"注曰:"须知那边了,却来遮边行李。若不虚此位,即坐在尊贵。"三曰:"不断声色是随处堕。"注曰:"以不明声色,故随处堕。须向声色里有出身之路。""作么生是声色外一句?"答曰:"声不自声,色不自色,故云不断。"

指掌当指何掌也?予尝作《随类堕偈》曰:"纷然作息同,银碗里盛雪。若欲异牯牛,与牯牛何别!"作《尊贵堕偈》曰:"生在帝王家,那复有尊贵。自应着珍御,顾见何惊异!"作《随处堕偈》曰:"有闻皆无闻,有见元无物。若断声色求,木偶当成佛。"今并系于此。

延以天圣五年七月十六日升座辞众。又三日以偈寄王曙侍郎,其略曰:"吾年八十五,修因至于此,问我归何处,顶相终难睹。"停笔而化。

赞曰:延嗣梁山观,观嗣同安志,志嗣先同安丕。丕嗣云居膺,膺于洞山之门为高弟也。余观大阳盛时,有承、剖两衲子,号称奇杰,卒至于不振,惜哉!微远录公则洞上正脉,几于不续矣。呜呼!延之知人,可以无愧也。

卷第十四

神鼎诺禅师　南岳十世

禅师洪䛒者，襄水人也，传失其氏_{或云生于扈氏}。隐于衡岳之三生藏。有湘阴男子邦称右族，来游福严，即䛒室，见䛒气貌闲靖，一钵挂壁，莫能亲疏之。倾，爱之忘去，谓曰："师宁甘长客于人，亦欲住山乎？我家神鼎之下邻寺，吾世植福之地，久无住持者，可俱往。"䛒笑曰："诺。"乃以己马驮䛒还。䛒至，设鱼鼓粥饭如诸方，一年而成丛席，十年而有众三十辈。

僧契嵩少时游焉，䛒坐堂上，受其展，指庭下两小瓮，咤曰："汝来乃其时，寺今年始有酱食矣。"明日将粥，一力挟筐，取物投僧钵中。嵩睨上下，有即咀嚼者，有置之自若者。嵩袖之下堂，出以观，皆碎饼饵。问诸耆老，曰："此寺自来不煮粥，脱有檀越请应供。"䛒次第拨僧赴之，祝令携干残者归纳库下，碎焙之，均而分俵以当面也。堂头言："汝来适丁其时，良然。"嵩大惊。

有木床一，夜则䛒坐其上，三十辈者环之，听其诲语。䛒曰：

"洞山颂曰：'贪瞋痴，太无知，果赖今朝捉得伊。行即打，坐即槌，分付心王子细推。无量劫来不解脱，问汝三人知不知？'古人与么道，神鼎即不然。贪瞋痴，实无知，十二时中任从伊。行即往，坐即随，分付心王无可为。无量劫来元解脱，何须更问知不知！"又尝曰："无量劫来赁屋住，至今不识主人公。借问诸人，还识主人公也未？"良久云："若有人问神鼎，向伊道作么作么。"又云："不得作主人公话会，参！"

智度寺沙门本延，谒谭夜语，还，谓郡将曰："谭公所谓本色老宿，惜陆沉山中。"郡以礼请开法，谭辞免不得已，曰："山僧年十八游方，亦无正意参禅，只欲往东京听一两本经论，以答平生。何期行到汝州，忽值风发，吹上首山，见个老和尚，劈头槌一槌，当时浃背汗流，礼却三拜。如今思量，悔不当初束缚送去首山。后却归乡井，古寺闲房，任运过时，岂不快哉！虽然如是，官不容针，私通车马。今日有一炷香，也要对众烧却，供养此老，只是汝州土宜。"乃升座。问答罢，又曰："斋会已具，僧俗已集，问答已毕，佛法成办。只将此善上祝今上皇帝圣寿无疆！"便下座。道俗欢呼，以为未始见也，于是谭声名普闻。

僧问："鸟窠侍者欲往诸方学习佛法去，鸟窠但吹布毛便悟去，如何？"谭曰："此事即知此人久积净业，旷劫修行，方能了解。"乃拈布毛举似，复吹之曰："会么？不得辜负老僧。"良久曰："我在首山，与汾阳师兄曾如此说。汾阳作偈曰：'侍者初心慕胜缘，辞师拟去学参禅。鸟窠知是根机熟，吹毛当下得心安。'看他吐露，终是作家。又曾同作拄杖子偈。昭曰：'一条拄杖刺蝎，劲直螺纹爆节。寻常肩上横担，大地乾坤挑斡。戳开懵钝顽痴，打破伶俐尖黠。如今卓在面前，诸方作么拈掇。'我即不与么道。"僧曰："愿闻和尚偈。"偈曰："得处不在高峰，亦非浅溪深壑。如今幸得扶持，老病是为依托。"

僧问："有问首山：'如何是佛法大意？'答曰：'我不将小意对阇梨。'"谭曰："若有问神鼎，但向道：'此一问岂是小意，会么？'首山大似担水河头卖，神鼎只解就窝里打。"良久曰："相见不扬眉，君东我亦西。"有时示众曰："雨下阶头湿，晴干又没泥。姨姨娘姊妹，嫂嫂阿哥妻。若与么会得，犹是长连床上粥饭僧。作么生道得一句，作个出格道人？有么？"良久云："适来有一人为蛇画足，踭跳上梵天，筑着帝释鼻孔。帝释恶发，雨似盆倾。诸人还觉袈裟湿么？"

有僧自汾州来传是举道者，谭倚拄杖曰："一朵峰峦上，独树不成林时如何？"僧曰："水分江树浅，远涧碧泉深。"又问："作么生是回互之机？"僧曰："盲人无眼。"又问："我在众时，不会汾阳一偈，上座久在法席，必然明了。"僧曰："请和尚举看。"谭曰："鹅王飞鸟去，马头岭上住，天高盖不得，大家总上路作么？"僧举起坐具曰："万年松在祝融峰。"谭曰："不要上座答话，试说看！"僧曰："忽忆少年曾览照，十分光彩脸边红。"即拂衣去，谭曰："弄巧成拙。"

僧请益首山答佛话，谭作偈曰："新妇骑驴阿家牵，谁后复谁先？张三与李四，拱手贺尧年，从上诸圣总皆然，起坐终①诸没两般。有问又须向伊道，新妇骑驴阿家牵。"乃又曰："虽然如

---

① "终"，《卍续藏经》作"怂"。

此，犹未尽首山大意。"进曰："如何尽首山大意？"谭曰："天长地久，日月齐明。"又作偈曰："长安甚乐到人稀千圣同源，到者方知不是归方可较些子。直道迥超凡圣外有人不肯在，由①是曹溪第二机青霄有路。"

郴州道俗，即山迎请住王莽山，不赴。僧问："佛不违众生之愿，为甚有请不赴？"谭曰："莫错怪老僧好。"有偈曰："一月普现一切水，一切水月一月摄。若人解了如斯意，大地众生无不彻。"

谭德腊俱高，丛林尊仰之，如古赵州，同曰神鼎。闲书壁作偈曰："寿报七十六，千足与万足。若问西来意，彼此莫相触。莫相触②，何付嘱，报你张三李四叔，山又青水又绿。"殁时年八十余。

谭少年时，与耆宿数人游湘中，一僧举论宗乘，颇博敏。会野饭山店供办，而僧论说不已。谭曰："上人言：'三界惟心，万法惟识。惟识惟心，眼声耳色。'何人之语？"僧曰："法眼大师偈也。"谭曰："其义如何？"对曰："惟心，故根境不相到；惟识，故声色纵然。"谭曰："舌味是根境否？"对曰："是。"谭以箸挟菜置口中，含胡而言曰："何谓相入耶？"坐者相顾大惊，莫能加答。谭曰："路涂之乐，终未到家。见解入微，不名见道。参须实参，悟须实悟。阎罗大王，不怕多语。"

赞曰：不欲争虚气于形迹之间，唯务收实效于言意之表者，懿叟论也。予观神鼎，殆庶几无愧此言。得道时未壮，隐于南岳

---

① "由"，《卍续藏经》作"犹"。
② "莫相触"，《卍续藏经》无。

二十年，乃领住持事。又二十年，方开堂说法。然皆缘起于他，实非己意。譬如夜月行空，任运而去。至于甘枯淡以遂夙志，依林樾以终天年，可以追①其师也。

谷山崇禅师　青原八世

禅师名行崇，不知何许人也。初住福州报恩寺，后住潭州谷山寺。嗣保福展禅师，雪峰之的孙也。

崇谓门弟子曰："吾虽不在，未尝不为诸兄弟。若委悉报恩，尝为人处，许汝出意想知解、五阴身田。若委不得，犹待报恩开两片皮，方是为人，保汝未出得意想知解。所以古人唤作鬼家活计、虾蟆衣下客。欲得速疾相应，即如今立地便证，验取识取，有什么罪过？不然，根思迟回，且以日及夜究寻将去。忽然一日觑见，更莫以少为足，更能研究究竟。乃至淫坊酒肆，若触若净，若好若恶，以汝所见事觑教，尽是此境界，入如入律，若更见一法如丝发许，不见此个事，我说为无明翳障。直须不见有法是别底法，方得圆备。到遮里更能翻掷自由，开合不成痕缝，如水入水、如火入火、如风入风、如空入空。若能如是，直下提一

---

① "追"，《卍续藏经》作"追媲"。

口剑，刺断天下人疑网，一如不作相似。所以古人道：'繁兴大用，举必全真。'若有个汉到与么境界，谁敢向前说是说非？何以故？此人是个汉，超诸限量，透出因果，一切处管束此人不得。兄弟若能如是即可，若未得如此，且直须好与，莫取次发言吐气，沉坠却汝无量劫，莫到与么时，便道报恩不道。"

赞曰：洞山清禀禅师作《澄心堂录》，录崇语句。细味之，骨气不减岩头，恨不能多见。崇宁之初，冲虎至谷山，塔冢莫辨，事迹零落，不可考究。坐而太息，作偈曰："行尽湘西十里松，到门却立数诸峰。崇公事迹无寻处，庭下春泥见虎踪。"

慧林圆照本禅师　青原十一世

圆照禅师，讳宗本，出于管氏，常州无锡人也。性质直，少缘饰，貌丰硕，言无枝叶。年十九，师事苏州承天永安道升禅师。升①方道价重丛林，归之者如云。本弊衣垢面，探②井臼、典炊爨，以供给之，夜则入室参道。升曰："头陀荷众良苦，亦疲劳乎？"对曰："若舍一法，不名满足菩提。实欲此生身证，其敢

---

① "禅师。升"，《卍续藏经》无。
② "探"，《四库全书》本、《卍续藏经》作"操"。

言劳。"升阴奇之。又十年,剃发受具,服勤三年,乃辞升,游方遍参。

初至池州景德,谒义怀禅师,言下契悟,众未有知者。尝为侍者,而喜寝,鼻息齁齁,闻者厌之,言于怀。怀笑曰:"此子吾家精进幢也,汝辈他日当依赖之,无多谈。"众乃惊。及怀公徙住越之天衣、常之荐福,本皆从之。治平初,怀公退居吴江之圣寿院,部使者李公复圭过怀公,夜语曰:"瑞光法席虚,愿得有道衲子主之。"怀指本曰:"无逾此道人者耳。"既至瑞光,集众击鼓,鼓辄堕,圆转震响,众惊却。有僧出,呼曰:"此和尚法雷,震地之祥也。"俄失僧所在。自是法席日盛,众至五百人。

杭州太守陈公襄以承天、兴教二刹坚请,欲往,而苏人留之益甚。又以净慈恳请之曰:"借师三年,为此邦植福,不敢久占。"本啧啧曰:"谁不欲作福?"苏人识其意,听赴之,学者又倍于瑞光。

既而苏人以万寿、龙华二刹请择居之,迎者千余人,曰:"始借吾师三年,今九载矣,义当见还。"欲夺以归。杭州守使、县尉持卒徒护之,乃不敢夺。

元丰五年,以道场付其门人善本,而居于瑞峰庵。苏人闻之,谋夺之,惧力不胜,欲发而未敢也。时会待制曾公孝序适在苏,盖尝问道于本,而得其要旨,因谒之庵中。具舟江津,既辞去,本送之登舟,语笑中载而归,以慰苏人之思。于是归本于穹窿山福臻院,时年六十三矣。

未几,神宗皇帝辟相国寺六十有四院为八,禅二律六,以中贵人梁从政董其事,驿召本主慧林。既至,遣使问劳三日,诏演法于寺之门,万众拜瞻,法会殊胜,以为弥勒从天而降人间也。

翌日，召对延和殿，有司使习仪而后引。既对，山呼罢，登殿赐坐，即就坐盘足跏趺，侍卫惊相顾，本自若也。赐茶至，举盏长吸，又荡撼之。上问："受业何寺？"对曰："承天永安。"上喜其真喻，以方兴禅宗，宜善开导之旨。既退，上目送之，谓左右曰："真福慧僧也。"及上元日，车驾幸相国寺，止禅众无出迎。师奉承睿奖，阐扬佛事，都邑四方，人以大信。神宗登遐，召本入福宁殿说法。左右以本尝为先帝所礼敬，见之呜咽不自胜。哲宗加号禅师，皇叔荆王亲赍敕授之。

元祐元年，以老求归，朝廷从其请，敕任便云游，所至不得抑令住持。因欣然升座，辞众曰："本是无家客，那堪任便游？顺风加橹棹，船子下扬①州。"既出都城，王公贵人送者车骑相属。本诲之曰："岁月不可把玩，老病不与人期。唯勤修勿怠，是真相为。"闻者莫不流涕。其真慈善导，感人如此，非特然也。

其住瑞光，民有屠牛者，牛逸赴本，跪若自诉，遂买而畜之。其住净慈，岁大旱，湖井皆竭，寺之西隅有甘泉自涌，得金鳗鱼，因浚为井，投鱼其间，寺众千余人，汲以不竭。民张氏有女子死，梦其母曰："我以罪为蛇。"既觉，得蛇于棺下，持以诣本。乃为说法，复置故处。俄有黑蝉翔棺上，而蛇失所在。母祝曰："若我女，当入笼中，当持汝再诣净慈。"如其祝，本复为说法。是夕梦女曰："二报已解脱矣。"其显化异类又如此。本平居恂恂，未尝以辩博为事，至其说法，则虽盛名隆势，无所少假。

高丽僧统义天，以王子奉国命，使于我朝。闻本名，请以弟子礼见。问其所得，以《华严经》对。师曰："《华严经》三身

---

① "扬"，原文作"杨"，误。

佛，报身说耶？化身说耶？法身说耶？"义天曰："法身说。"本曰："法身遍周沙界，当时听众何处蹲立？"义天茫然自失，钦服益加。

太子少保李公端愿，世以佛学自名，本问曰："十方同聚会，个个学无为。既曰无为，作么生学？"李公不能答。雪窦道法，至本大盛。

老居灵岩，闭门颓然，而四方从者相望，于道不释也。

元符二年十二月甲子，将入灭，沐浴而卧。门弟子环拥请曰："和尚道遍天下或一本云：'名满天下'，今日不可无偈，幸强起安坐①。"本熟视曰："痴子！我寻常尚懒作偈，今日特地图个什么？寻常要卧便卧，不可今日特地坐也。索②笔大书五字曰："后事付守荣。"掷笔憨卧，若熟睡然，撼之已去矣。门弟子塔师全身于灵岩山，阅世八十，坐五十二夏。

赞曰：富郑公居洛中，见颙《华严》诵本之语，作偈寄之曰或一本云：富郑公弼，得心要于颙《华严》，有偈寄本曰："因见颙师悟入深，寅缘传得老师心。东南谩说江山远，目对灵光与妙音。"王显谟汉之初见本登座，以目四顾，乃证本心。予闻马鸣云："如来在世，众生色心殊胜。圆音一演，随类得解。"今去佛之世二千余年，而能使王公贵人闻风而悟，瞻颜而证，则常随而亲炙之者可知矣。故江西八十余人，而本则倍之。近代授法之盛，无能加者，非愿宏法道、行契佛心，何以臻此哉？一本云"自瞻颜而证"，之下但云："则其大愿真慈之力，无愧绍隆之职者。"③

---

① "坐"，《卍续藏经》、常熟本作"座"。
② "索"，《卍续藏经》作"素"。
③ "者"，《卍续藏经》、常熟本作"者也"。《四库全书》本无此段夹注。

卷第十五

衡岳泉禅师　南岳十一世

　　禅师名谷泉，泉南人也。少聪敏，性耐垢污，大言不逊，流俗憎之。去为沙门，拨置戒律，任心而行，眼盖衲子，所至丛林辄删去，泉不以介意。

　　造汾阳，谒昭禅师，昭奇之，密受记莂。南归，放浪湘中，闻慈明住道吾，往省觐。慈明问曰："白云横谷口，道人何处来？"泉左右顾曰："夜来何处火，烧出古人坟？"慈明呵曰："未在，更道看！"泉乃作虎声，慈明以坐具搣之，泉接住推置绳床上，慈明亦作虎声，泉大笑。山有湫，毒龙所蛰，堕叶触波，必雷雨连日，过者不敢喘。泉、慈明暮归，时秋暑，捉其衣曰："可同浴。"慈明掣肘径去。于是泉解衣跃入，霹雳随至，腥风吹雨，林木振摇。慈明蹲草中，意泉死矣，须臾晴霁，忽引颈出波间曰："囧！"

　　后登衡岳之顶灵峰寺或云云峰寺，住懒瓒岩，又移住芭蕉。将移居保真，大书壁曰："予此芭蕉庵，幽占堆云处。般般异境未暇数，先看矮松三四树。寒来烧枯杉，饥餐大紫芋。而今弃之去，不知谁来住？"住保真庵，盖衡湘至险绝处。夜地坐祝融峰下，有大蟒盘绕之，泉解衣带，缚其腰，中夜不见。明日杖策遍山寻之，衣带缠枯松上，盖松妖也。又自后洞负一石像至南台，像无虑数百斤，众僧惊骇，莫知其来，后洞僧亦莫知其去，遂相传为飞来罗汉。

尝过衡山县，见屠者斫肉，立其旁作可怜态，指其肉又指其口。屠问曰："汝哑耶？"即肯首。屠怜之，割巨脔置钵中，泉喜出望外，发谢而去，一市大笑，而泉自若。以杖荷大酒瓢，往来山中，人问："瓢中何物？"曰："大道浆也。"自作偈曰："我又谁管你，天谁管你地。着个破纸袄，一味工打睡。一任金乌东上，玉兔西坠。荣辱何预我，兴亡不相关。一条挂杖一胡芦，闲走南山与北山，醉卧山路间。"大雪起，作偈曰："今朝甚好雪，纷纷如秋月。文殊不出头，普贤呈丑拙。"

畜一奴名调古，日令拾薪汲涧，或呼对坐岩石间，赠之以偈曰："我有山童名调古，不诵经，不礼祖。解般榾柮御冬寒，随分衣裳破不补。会栽蔬，能种芋，千山万山去无惧。阿呵呵，有甚讨处？"

慈明迁住福严，泉又往省之，少留而还，作偈寄之曰："相别而今又半年，不知谁共对谈禅？一般秀色湘山里，汝自匡徒我自眠。"慈明笑而已，乃令南公更谒泉，泉与语，惊曰："五州管内，乃有此𡉏头道人耶？"南公夏于法轮，泉因写偈招之曰："一自与师论大道，别来罕有同人到。如今抛却老狂僧，却去岣嵝峰头坐。大雪漫漫，猿声寂寂，独吟咏，自歌曲。奇哉大道，知音难得！孤云何日却归山，共坐庵前盘陀石！"南公讥其坦率，戏酬以偈曰："饮光论劫坐禅，布袋经年落魄。疥狗不愿生天，却笑云中白鹤。"

云峰悦公访之，泉以偈赠之曰："高才悦禅者，心如孩儿貌山野。特特扶筇远谒予，三年见之如初也。不参禅，不问道，寻常只倡渔家傲。禅人见渠冷如灰，渠见禅人淡如皂。"

有结伴诣常宁，拜阿育王所藏舍利塔者，以偈赠之曰："诸禅结伴游玉塔，灵踪胜境将心札。归来举似看如何，何似狂僧无缝塔。无缝塔，最难邈，岂同白玉受人踏。五湖四海尽云奔，踏破几多鞋共屩。无缝塔，甚匼匝，若遇同人方始答。忽然展手借样看，便与拦腮鼓一搭。"

嘉祐中，男子冷清妖言，诛泉坐，清曾经由庵中，决杖配郴州牢城。盛暑，负土经通衢，拖担说偈曰："今朝六月六，谷泉被气垫，不是上天堂，便是入地狱。"言讫微笑，泊然如蝉蜕。阇维舍利不可胜数，郴人塔之，至今祠焉。

法华举禅师　南岳十一世

禅师名全举，汾阳昭公之嗣也。初住龙舒之法华寺，后移居白云之海会寺。为人精严，谅直饱参，汾阳特称之。自出并汾，遍诣名山。

初谒荆南福昌善禅师，善问曰："回互不回互？"对曰："总不与么。"曰："为什么已吃福昌棒？"对曰："一家有事百家忙。"曰："脱空漫语。"对曰："调琴澄太古，琢句体全真。"

又谒公安远禅师，远问："作么生是伽蓝？"对曰："深山藏独虎，浅草露群蛇。"曰："作么生是伽蓝中人？"对曰："青松盖不匝，黄叶岂能遮！"曰："道什么？"对曰："少年曾决龙蛇阵，老倒还听稚子歌。"曰："一句两句，云开月露，作么生？"对曰："照破祖师关。"

又谒延寿贤禅师，贤问："海竭人亡，作么生？"对曰："毒蛇不咬人。"曰："为何如此？"对曰："风引溪云断，泉冲石径斜。"

又谒夹山真首座，真曰："还见么？"对曰："万事全无。"曰："还不见么？"对曰："千般皆在手。"举曰："首座未见澄散圣时如何？"曰："湖南、江西。"又问："见后如何？"曰："江西、湖南。"举曰："却共首座一般耶？"曰："打草蛇惊。"对曰："终不捏怪。"

又谒福严承禅师，承问："作么生是圆融之相？"对曰："木人岭上休相觑，石女溪边更不迷。"举却问："如何是福严圆融之相？"曰："老病寻常事，龙钟没好时。"又问："融即不问，如何是圆？"曰："法界广无边。"承曰："不圆不融时如何？"对曰："虚空无对面，鸟道绝东西。"又问："狸奴白牯却知有，三世诸佛为什么不知有？如何是三世诸佛不知有？"曰："只为太惺惺。"进曰："如何是狸奴白牯却知有？"曰："争怪得伊？"

又谒石霜慈明禅师，慈明问："作么生是向上一窍？"对曰："二窍俱明。"曰："还见七十二峰么？"对曰："有甚掩处？"曰："道什么？"对曰："今日触忤和尚。"慈明便打。举曰："作什么？"曰："将谓是收番猛将，元来是行间小卒。"对曰："雅淡呈秋色，馨香喷月华。"

又谒大愚芝禅师，芝问："古人见桃花，意作么生？"对曰："曲不藏直。"曰："那个且从，这个作么生？"对曰："市中拾得宝，比邻那得知。"曰："上座还知么？"对曰："路逢剑客须呈剑，不是诗人不献诗。"曰："作家诗客。"对曰："一条红线两人牵。"曰："玄沙道谛当，又作么生？"对曰："海枯终见底，人死不知心。"曰："恰是。"对曰："楼阁凌云势，峰峦叠翠层。"

又谒玉涧林禅师，林曰："北斗藏身事已彰，法身从此露堂堂。云门赚杀他家子，直至而今乱度量。"曰："我作此偈，天下人不肯，上座肯么？"对曰："争敢！"曰："作么生？"对曰："清晨升宝座，应不让南能。"

又谒栖贤諟禅师，问："如何是佛？"曰："张三、李四。"进曰："意旨如何？"曰："胡饼有甚汁？"

又谒五祖戒禅师，戒问："作么生是绝羁绊底人？"对曰："反手把笼头。"曰："却是作家。"对曰："背鞭打不着。"曰："为什么上来下去？"对曰："甚处见上来下去？"戒便打。举曰："一言无别路，千里不逢人。"

又谒翠峰素禅师，素曰："风穴道：'嘶风木马缘无绊，背角泥牛痛下鞭。'如何？"对曰："翻身师子生狞甚，谁敢当头露爪牙。"曰："放汝一线道。"对曰："七颠八倒。"曰："收。"对曰："了。"

又谒雪窦显禅师，显问："牛吃草？草吃牛？"对曰："回头欲就尾，已隔万重关。"曰："应知无背面，要须常现前。"对曰："验在目前。"曰："自领，出去！"

又谒西湖西峰庵主，主曰："绝顶西峰路，峻机谁敢攀。超然凡圣外，瞥隔两重关。"举便问："如何是两重关？"曰："月从东出，日向西没。"对曰："庵主未见明招时如何？"曰："满盏油难尽。"进曰："见后如何？"曰："多心易得干。"

举机辩如电砰雷射，不可把玩，诸方畏服，号举道者。自住持，多夜参曰："诸上座，吾门之事，多少奇特，拥之不聚，推之不散，可谓活鲅鲅地，只欠承当在。虽然如此，有一人不肯在，且道不肯底人具什么眼目？若于遮里甄别得出，山僧让禅床与上座；若也甄别不出，掷拄杖云：'看取！'"又曰："僧家以寂住为本，岂可观州猎县、看山门境致过时！盖为生死事大，所以古人到一处所，见个村院主，也须问过。如今兄弟往往蹉过，不肯递相博问。昔龙牙问德山鉴公：'仗剑取师头时如何？'鉴便引颈。龙牙曰：'头落也。'鉴便休去。莫是德山无机锋么？为当别有道理？"良久曰："德山引颈，龙牙献剑。"

举殁时七十余，塔于海会。

赞曰：无为子曰："生者人之所贵，死者人之所畏，耻者人之所避。"而泉不贵其贵、不畏其畏、不避其避。此其所以如是，吾不知其真，吾不知其伪，将质之于天地。方是时，丛林以肃严相尚，沙门以修洁相高，一有指目，重为愧耻，故泉有以矫之耳。其号泉大道，若非苟然，举公名著丛林，如薛仁贵着白袍、西平王着锦帽，真勇于道者也。

卷第十六

广慧琏禅师 南岳十世

禅师名元琏者,闽人也。得法于首山念禅师,住汝州广慧寺。琏褊颅广颡,瞻视凝远,望见令人意消。

尝谓众曰:"我在先师会中,见举竹篦子问省驴汉曰:'唤作篦子即触,不唤作篦子即背,作么生?'省近前掣得,掷地上云:'是什么?'先师云:'瞎。'省从此悟入。我道省驴汉悟即大杀悟,要且未尽先师意旨。遮个说话,须是到此田地,方相委悉。情见未忘者,岂免疑谤?"

又见智门纲宗歌曰:"胡蜂不恋旧时窠,猛将那肯家中死。"曰:"祚兄消许多气力作么?我寻常说禅,如手中扇子,举起便有风,不举一点也无。既称宗师,却以实法与人,好将一把火照看。与么开口,面皮厚多少?岩头云:'若以实法与人,土也消不得。'知么?究取好!莫面面相觑,在此作么?"

内翰秘书监知郡杨亿大年问曰:"承云一切罪业,皆因财宝所生,劝人疏于财利。况南阎众生以财为命,邦国以财聚人,教中有财法二施，何得劝人疏财乎？"琏曰："幡竿尖上铁笼头。"大年曰："海坛马子似驴大。"琏曰："楚鸡不是丹山凤。"大年曰："佛灭二千年，比丘少惭愧。"

大年尝书寄内翰李公维，叙师承本末，其词曰："病夫夙以顽悫，获受奖顾。预闻南宗之旨，久陪上国之游，动静咨询，周旋策发。俾其刿心之有诣，墙面之无惭者，诚出席间床下矣。矧又故安公大师每垂诱导，自双林影灭，只履西归，中心浩然，罔知所旨，仍岁沈痼，神虑迷恍。殆及小间，再辩方位，又得云门谅公大士见顾蒿蓬，谅之旨趣，正与安公同辙。并自庐山归宗云居而来，皆是法眼之流裔。去年假守兹郡，适会广慧禅伯，实嗣南院念，念嗣风穴，风穴嗣先南院，南院嗣兴化，兴化嗣临济，临济嗣黄檗，黄檗嗣先百丈海，海嗣马祖，马祖嗣让和尚，即曹溪之长嫡也。斋中务简，退食多暇，或坐邀而至，或命驾从之，请叩无方，蒙滞俱释。半岁之后，旷然弗疑，如忘忽记，如睡忽觉。平昔碍膺之物，曝然自落，积劫未明之事，廓尔现前。固亦决择之洞分，应接之无蹇矣。重念先德率多参寻，如雪峰九度上洞山，三度上投子，遂嗣德山。临济得法于大愚，终承黄檗。云岩蒙道吾训诱，乃为药山之子。丹霞承马祖印可，而作石头之裔。在古多有，于理无嫌。病夫今继绍之缘，实属于广慧；而提激之自，良出于鳌峰也。忻幸忻幸！"

大年所叙，详悉如此，岂欲自著于禅林乎？予恨其手编《传灯录》，至首山之嗣，独载汾阳，而不录广慧机语，何也？

赞曰：广慧机缘语句虽不多见，然尝一脔知鼎味，大率如刀研水，不见痕缝，真可谓作家宗师也。平生说法如云雨，暮年止得一杨大年,鲁国儒生,何其少哉!

翠岩芝禅师　南岳十一世

禅师名守芝,太原王氏子也。少弃家,依或作于潞州承天寺,试《法华经》得度为大僧,讲《金刚般若经》,名满三河,学者追崇之。时昭禅师出世汾水,芝疑之,往观焉,投诚入室,特受印可。

南游住高安大愚,升座,揭香合子曰:"明头来明头合,暗头来暗头合。若道得,天下横行;道不得,且合却。"僧问:"一切有为法,如梦幻泡影。真实事,请师举!"芝曰:"两假不同,向下文长。"又问:"满身是眼,口在什么处?"芝曰:"三跳。"进曰:"不会。"芝曰:"章底词秋罢,歌韵向春生。大众,僧俗中皆有奇人,且如本朝杨大年偈曰:'八角磨盘空里走,金毛师子变作狗。拟欲藏身北斗中,应须合掌南辰后。'要会么?一偈播诸方,塞断衲僧口。"又曰:"鲁祖见僧来,便面壁。南泉曰:'我寻常向师僧道,未具胞胎已前会取,尚不得一个半个。'大愚即不然,未具胞胎前会得,打折你腰。"

密谏李公守南昌,请住西山翠岩。开堂祝圣曰:"睿算增延,法轮常转。且道法轮如何转?会么?须弥顶上笑翻身,却来堂中叠足坐。阿呵呵，是什么？饭箩里坐却受饿，和泥合水，且与么过。上士闻之熙熙，下士闻之肯可，思量却成口过。要会么？一六三四二，直言曲七一。桃李火中开，黄昏后日出。"

芝讥呵学者寡闻，得少为足，曰："汾阳有十智同真法门，锻佛祖钳锤。今时禅者姿质不妙，莫有成器者。"僧问："如何是十智同真？"芝曰："先师言：'夫说法者须具十智同真，若不具十智同真，邪正不辨、缁素不分，不能与人为眼目、决断是非。如鸟飞空而折翼，如箭射的而断弦。弦断故射的不中，翼折故空不可飞。弦壮翼牢，空的俱彻。作么生是十智同真？如今一切点出。一同一质，二同大事，三总同参，四同真智_{或云志}，五同遍普，六同具足，七同得失，八同生杀，九同音吼，十同得入。'先师又曰：'与什么人同得入？与谁同音吼？作么生是同生杀？什么物同得失？阿那个同具足？是什么同遍普？何人同真志_{或云智}？孰能总同参？那个同大事？何物同一质？有点得出底么？点得出者，不吝慈悲；点不出者，未有参学眼在。切须辩取，要识是非，面目见在。'"

芝曰："先师曰：'要识是非，面目见在，也大省力。'后生晚学，刺头向言句里贪着义味，如驴舐尿处，棒打不回。盖为不广求知识，遍历门风，多是得一言半句，便点头咽唾，道已了办。上座，大有未稳当处在。先师有十五家宗风歌，号曰《广智》，其词曰：'大道不说有高低，真空那肯涉离微。大海吞流同增减，妙峰高耸总擎持。万派千溪皆渤澥，七金五岳尽须弥。玉毫金色传灯后，二三四七普闻知。信衣息，广开机，诸方老宿任施为。识心是本从头说，迷心逐物却生疑。'"芝曰："此叙宗旨也。"

"或直指,或巧施,解道前纲出后机。旨趣分明明似镜,盲无慧目不能窥。明眼士,见精微,不言胜负坠愚痴。物物会同流智水,门风逐便示宗枝。即心佛,非心佛,历世明明无别物。即此真心是我心,我心①犹是机权出。"芝曰:"此叙马祖宗派也。"

"或五位,或三路,施设随根巧回互。不触当今是本宗,展手通玄无佛祖。"芝曰:"此叙洞上宗派也。"

"或君臣,或父子,量器方圆无彼此。士庶公侯一道平,愚智贤豪明渐次。"芝曰:"此叙石霜宗派也。"

"有时敲,有时唱,随根问答谈谛当。应接何曾失礼仪,浅解之流却生谤。或双明,或单说,只要当锋利禅悦。开权不为斗聪明,舒光只要辩贤哲。有圆相,有默论,千里持来目视瞬。万般巧妙一圆空,烁迦罗眼通的信。"芝曰:"此叙沩仰宗派也。"

"或全提,或全用,万象森罗实不共。青山不碍白云飞,隐隐当台透金凤。"芝曰:"此叙石头药山宗派也。"

"象骨镜,地藏月,玄沙崇寿照无阙。因公致问指归源,旨趣来人明皎洁。"芝曰:"此叙雪峰地藏宗派也。"

"或称提,或拈掇,本色衲僧长击发。句里明人事最精,好手还同楔出楔。或抬荐,或垂手,切要心空易开口。不识先人出大悲,管烛之徒照街走。"芝曰:"此叙云门宗派也。"

"德山棒,临济喝,独出乾坤解横抹。从头谁管乱区分,多口阿师不能说。临机纵,临机夺,迅速机锋如电掣。乾坤只在掌

---

① "我心",《卍续藏经》、常熟本无。

中持，竹木精灵脑劈裂。或宾主，或料拣，大展禅宗辩正眼。三玄三要用当机，四句百非一齐铲。劝同袍，莫强会，少俊依前成[1]窒碍。不知宗脉莫漫汗，永劫长沈生死海。难逢难遇又难闻，猛烈身心快通泰。"芝曰："此叙德山临济宗派也。"

慈明有善侍者，号称明眼悦，闻芝之风，自石霜至大愚，入室，芝趯出履一只，善退身而立。芝俯取履，善辄踏倒。芝起面壁，以手点津，连画其壁三，善瞠立其后。芝旋转，以履打至法堂，善曰："与么为人，瞎却一城人眼在！"

又有僧称讲《金刚经》。问曰："如是信解，不生法相，如何？"时有狗卧绳床前，芝趯之，狗起去。问僧："解么？"僧曰："不解。"芝曰："若解即成法相。"作偈曰："沙里无油事可哀，翠岩嚼饭喂婴孩。一朝好恶知端的，始觉从前满面灰。"

嘉祐之初示寂，塔于西山。

赞曰：大愚、翠岩皆余故园，少时往来两山之间。有老衲大父友也，言芝无恙时事曰："众未尝登三十辈，屋老常以木拄将倾处，过者疑将压焉。芝提笠日走城郭村落，寺如传舍，粥饭亦有不继时。"追绎其高韵，作偈曰："庐山殿阁如生成，食堂处处禅床折，我此三门如冷灰，尽日长廊卷风叶。"

---

[1] "成"，《卍续藏经》、常熟本作"或"。

卷第十七

浮山远禅师　南岳十一世

禅师名法远,郑圃田人也,出于王氏。年十九游并州,见三交嵩禅师,求出世法。嵩曰:"汝当剃落,堕三宝数,乃可受法。"远曰:"法有僧俗乎?"嵩曰:"与其为俗,曷若为僧?僧则能续佛寿命故也。"于是断发,受具足戒。

谒汾州昭公,又谒汝海省公,皆受记莂。天禧中,游襄汉隋郢,至大阳,机语与明安延公相契。延叹曰:"吾老矣,洞上一宗,遂竟无人耶?"以平生所着直裰皮履示之。远曰:"当为持此衣履,求人付之,如何?"延许之曰:"他日果得人,出吾偈为证。"偈曰:"杨广山前草,凭君待价煿。异苗翻茂处,深密固灵根。"其尾云:"得法者,潜众十年,方可阐扬。"远拜受辞去,依滁州琅琊觉禅师。

应舒州太平兴国寺请说法,为省公之嗣。次住姑苏天平山,又住浮山。既老,退休于会圣岩。

因阅班固《九流》,遂拟之作《九带》,叙佛祖教义,博采先德机语，参同印证。其一曰"佛正法眼带"，其二曰"佛法藏带"，其三曰"理贯带"，其四曰"事贯带"，其五曰"理事纵横带"，其六曰"屈曲带"，其七曰"妙挟兼带"，其八曰"金针双锁带"，其九曰"平怀常实带"。学者既已传诵。远曰："若据圆极法门，本具十数。今此《九带》，已为诸人说了。更有一带，还见得么？若也见得亲切分明，却请出来说看！说得分明，许汝通前九带圆明道眼。若见不亲切，说不相应，唯依吾语，而为己解，则名谤法。大众，到此如何？"众无语，远叱去之。

举僧问夹山："如何是夹山境？"答曰："猿抱子归青嶂后，鸟衔花落碧岩前。"法眼曰："我二十年来，将作境语会。"远曰："不作境会，作么生会？"僧曰："师意如何？"曰："犀因玩月文生角，象被雷惊花入牙。"或远云："直饶不作境语会，亦未会在。何谓也？云'犀因玩月文生角，象被雷惊花入牙'也。"

远玉骨插额，目光外射，状如王孙，凛然可畏。初欧阳文忠公闻远奇逸，造其室，未有以异之。与客棋，远坐其旁，文忠收局，请远因棋说法。乃鸣鼓升座，曰："若论此事，如两家着棋相似。何谓也？敌手知音，当机不让。若是缀五饶三，又通一路始得。有一般底，只解闭门作活，不会夺角冲关，硬节与虎口齐彰，局破后徒劳踔斡。所以道，肥边易得，瘦肚难求。思行则往往失黏，心粗而时时头撞。休夸国手，谩说神仙。赢局输筹即不问，且道黑白未分时，一着落在什么处？"良久曰："从前十九路，迷悟几多人！"文忠嘉叹久之。

远偈语妙密，诸方服其工作，三交嵩公赞曰："黄金打作鍮石箸，白玉碾成象牙梳。千手大悲拈不动，无言童子暗嗟吁。"

又作明安延公赞,曰:"黑狗烂银蹄,白象昆仑骑。于斯二无碍,木马火中嘶。"

远雅自称柴石野人,殁时已七十余。少时与达观颖公、薛大头七八辈游蜀,几遭横逆,远以智脱之。众以其晓吏事,号远录公。

投子青禅师　青原十一世

禅师名义青,本青社①人李氏子也。七龄颖异,去妙相寺出家,十五试《法华经》,得度为大僧。其师使习《百法论》,叹曰:"三只涂远,自困何益哉?"

入洛中听《华严》五年,反观文字,一切如肉受串,处处同其义味。尝讲至诸林或作楮林菩萨偈曰:"即心自性。"忽猛省曰:"法离文字,宁可讲乎!"即弃去。

游方至浮山,时圆鉴远禅师退席,居会圣岩,远梦得俊鹰畜之,既觉而青适至,远以为吉征,加意延礼之,留止三年。远问曰:"外道问佛:'不问有言,不问无言时如何?'世尊默然。汝如何会?"青拟进语,远蓦以手掩其口,于是青开悟,拜起。远

---

① "社",《卍续藏经》作"杜"。

曰："汝妙悟玄①机耶？"对曰："设有妙悟，也须吐却。"时有资侍者在旁曰："青华严今日如病得汗。"青回顾曰："合取狗口！汝更切切，我即便呕。"服勤又三年，圆鉴以大阳皮履布直裰付之，曰："代吾续洞上之风。吾住世非久，善自护持，无留此间。"青遂辞出山，阅大藏于庐山慧日寺。

熙宁六年还龙舒，道俗请住白云山海会寺。计其得法之岁，至此适几十年。又八年，移住投子山，道望日远，禅者日增，潜通暗证者比比有之。异苗翻茂，果符前谶。

青平生不畜长物，弊衲楮衾而已。初开山，慈济有记曰："吾塔若红，是吾再来。"邦人偶修饰其塔，作玛瑙色。未几而青领院事，山中素无水，众每以为病，忽有泉出山石间，甘凉清洁，郡守贺公名为再来泉。

元丰六年四月末示微疾，以书辞郡官诸檀越。五月四日，盥沐升座，别众罢，写偈曰："两处住持，无可助道。珍重诸人，不须寻讨。"遂泊然而化。阇维收舍利灵骨，以闰六月塔于寺之西北三峰庵之后。阅世五十有二，坐三十有七夏。无为子杨杰为赞其像曰："一只履，两牛皮，金乌啼处木鸡飞。半夜卖油翁发笑，白头生得黑头儿。"一本云："黑头生得白头儿。"有得法上首，一名道楷禅师。

---

① "玄"，《卍续藏经》作"元"。

天宁楷禅师　青原十二世

禅师名道楷,沂州沂水人,生崔氏。为人刚劲孤硬。自其少时,即能辟谷学道,隐伊阳山中,后游京师,籍名术台寺,试所习,得度具戒。

谒青华严于淮山海会,问:"佛祖言句,如家常茶饭。离此之外,别有为人言句也无?"青曰:"汝道寰中天子敕,还假禹汤尧舜也无?"楷拟酬之,青以拂子撼之曰:"汝发意来,早有二十棒也。"于是,楷悟旨于言下,再拜即去。青呼曰:"且来!"楷亦不顾。青曰:"汝到不疑之地耶?"楷以手掩耳。后掌众食,青问:"厨务勾当良苦?"对曰:"不敢。"曰:"汝炊饭耶?煮粥耶?"对曰:"人工淘米着火,行者煮粥炊饭。"曰:"汝作什么?"对曰:"和尚慈悲,放他闲去。"

又尝从青游园,青以拄杖付楷曰:"理合与么?"对曰:"与和尚提鞋挈杖,不为分外。"曰:"有同行在。"对曰:"那一人不受教。"青遂休去。至晚,青谓曰:"早来说话未尽。"对曰:"更请举看!"青曰:"卯生日戌生月。"楷即点灯来曰:"上来下去,总不空然。"对曰:"在左右,理合如此。"曰:"奴儿婢子,谁家屋里无?"对曰:"和尚尊年,阙他不可。"曰:"与么殷勤。"对曰："报恩有分。"

元丰五年，北还沂，闲居马鞍山，遂出世说法。初住沂州之仙洞，后迁西洛之招提龙门，又迁住郢州之大阳、隋州之大洪，皆一时名公卿为之劝请，洞上之风大震西北。

崇宁三年有诏住东京十方净因禅院。大观元年冬，移住天宁，差中使押入，不许辞免。俄开封尹李孝寿，奏楷道行卓冠丛林，宜有以褒显之，即赐紫伽梨，号定照禅师。楷焚香谢恩罢，上表辞之，曰："伏蒙圣慈，特差彰善阁，只候谭祯，赐臣定照禅师号及紫衣牒一道，臣感戴睿恩。"已，即时焚香升座，仰祝圣寿讫。"伏念臣行业迂疏，道力绵薄，常发誓愿，不受利名。坚持此意，积有岁年。庶几如此传道，后来使人专意佛法。今虽蒙异恩，若遂忝冒，则臣自违素愿，何以教人？岂能仰称陛下所以命臣住持之意？所有前件恩牒不敢只受，伏望圣慈察臣微恳，非敢饰词，特赐俞允。臣没齿行道，上报天恩。"上闻之，以付李孝寿躬往谕朝廷旌善之意，而楷确然不回。开封尹具以闻，上怒，收付有司。有司知楷忠诚一本知楷疏卷，而适犯天威，问曰："长老枯瘁有疾乎？"楷曰："平日有疾，今实无。"又曰："言有疾，即于法免罪谴。"楷曰："岂敢侥幸称疾，而求脱罪谴乎！"吏太息，于是受罚，着缝掖编管缁州。都城道俗见者流涕，楷气色闲暇。至缁州僦屋而居，学者益亲。

明年冬，敕①放令自便。庵于芙蓉湖中，数百人环绕坐卧。楷虑祸或作患之，乃日各食粥一杯，不堪者稍稍去，在者犹百许人。政和七年冬，敕②赐所居庵额华严禅寺。明年五月十四日，

---

① "敕"，《卍续藏经》作"来"。
② "敕"，《卍续藏经》作"来"。

无疾而殁。先写偈付侍者曰："吾年七十六，世缘今已足。生不爱天堂，死不怕地狱。撒手横身三界外，腾腾任运何拘束。"

初，楷在大阳，青华严遣果侍者，以大阳皮履直裰付之，楷以付襄州洞山道微。微退罢还浙东，殁于双林小寺。今取以还鹿门山，建阁藏之，曰藏衣。

楷偈句精深有旨法，作五偈述其门风。一曰《妙唱不干舌》，偈曰："刹刹尘尘处处谭，不劳禅子善财参。空生也解通消息，花雨岩前鸟不衔。"二曰《死蛇惊出草》，偈曰："日炙风吹草里埋，触他毒气又还乖。暗地若教开死口，长安依旧绝人来。"三曰《解针枯骨吟》，偈曰："死中活得是非常，密用他家别有长。半夜骷髅吟一曲，冰河红焰却清凉。"四曰《铁锯和三台》，偈曰："不是宫商调，谁人和一场。伯牙何所措，此曲旧来长。"五曰《古今无间》，偈曰："一法元无万法空，个中那许悟圆通。将谓少林消息断，桃花依旧笑春风。"

楷旧隐与虎为邻，虎尝乳四子月余，楷阚其出，往视之，腥臭不可言，窃携其一还。虎得麑，曳至弄穴前，伏地喜见脊尾，但见三子，怒以足跑地吼，群鸟皆鸣翔其上，楷即放还之。其寄伊阳宰韩承议偈曰："老爱依山人事稀，虎驯庵畔怪来迟。寥寥石室尘埃满，不知何日是归期。"又曰："数里无人到，山黄始觉秋。岩间一觉睡，忘却百年忧。"

赞曰：宗门尚继嗣，则若依仿世典礼为之，后者为之子，远使青续洞上已坠之纲是也。然青、楷父子任重道远，皆能刻苦，生死以之，卒勃然而兴，贤矣哉！

卷第十八

大觉琏禅师　青原十一世

　　禅师名怀琏，字器之，漳州陈氏子也。初，其母祷于泗州僧伽像，求得之，故其小字泗州。幼有远韵，聪慧绝人。长为沙门工翰墨，声称甚著。游方，爱衡岳胜绝，馆于三生藏有年，丛林号琏三生。闻南昌石门澄禅师者，五祖戒公之嫡子也，往拜谒，师事之十余年。去游庐山圆通，又掌书记于讷禅师所。

　　皇祐二年正月，有诏住京师十方净因禅院。二月十九日，召对化成殿，问佛法大意，奏对称旨，赐号大觉禅师。斋毕，传宣效南方禅林仪范，开堂演法。又宣左街副僧录慈云大师清满启白倡曰："帝苑春回，皇家会启。万乘既临于舜殿，两街获奉于尧眉。爰当和煦之辰，正是阐扬之日，宣谈祖道，上副宸衷。"问答罢乃曰："古佛堂中曾无异说，流通句内诚有多谈。得之者妙用无亏，失之者触途成滞。所以溪山云月，处处同风；水鸟树林，头头显道。若向迦叶门下，直得尧风荡荡、舜日高明，野老讴歌、渔人鼓舞。当此之时，纯乐无为之化，焉知有恁么事！"

皇情大悦，与琏问答诗颂，书以赐之，凡十有七篇。

至和中，上书献偈，乞归老山中，偈曰："千簇云山万壑流，归心终老此峰头。余生愿祝无疆寿，一炷清香满石楼。"上曰："山即如如体也，将安归乎？"不许。

修撰孙觉莘老书问宗教，琏答之书，其略曰："妙道之意，圣人尝寓之于《易》。至周衰，先王之法坏，礼义亡。然后奇言异术，间出而乱俗。迨我释迦入中土，醇以第一义示人，而始末设为慈悲，以化众生，亦所以趣时也。自生民以来，淳朴未散，则三皇之教简而素，春也。及情窦日凿，则五帝之教详而文，夏也。时与世异，情随日迁，故三王之教密而严，秋也。昔商周之《诰》《誓》，后世学者有所难晓。彼当时人民听之而不违，则俗与今如何也？及其弊而为秦汉也，则无所不至，而天下有不忍愿闻者。于是我佛如来，一推之以性命之理，教之以慈悲之行，冬也。天有四时循环，以生成万物，而圣人之教，迭相扶持，以化成天下，亦犹是而已矣。至其极也，皆不能无弊，弊迹也，道则一耳。要当有圣贤者，世起而救之也。自秦汉至今，千有余岁，风俗靡靡愈薄，圣人之教裂而鼎立，互相诋訾，不知所从。大道寥寥莫知返，良可叹也。"

琏虽以出世法度人，而持律严甚，上尝赐以龙脑钵盂，琏对使者焚之，曰："吾法以坏色衣、以瓦钵食，此钵非法。"使者归奏，上嘉叹久之。

琏居处①服玩，可以化宝坊也，而皆不为，独于都城之西为

---

① "处"，《卍续藏经》、常熟本作"虗"。

精舍，容百许人而已。有晓舜禅师住栖贤，为郡吏临以事，民其衣，走依琏。琏馆于正寝，而处偏室，执弟子礼甚恭，王公贵人来候者，皆怪之。琏具以实对曰："吾少尝问道于舜，今其不幸，其可以像服二吾心哉？"闻者叹服。仁庙知之，赐舜再落发，仍居栖贤寺。

治平中，琏再乞还山坚甚，英宗皇帝留之不可，诏许自便。琏既渡江，少留于金山西湖，遂归老于四明之育王山广利寺。四明之人，相与出力建大阁，藏所赐诗颂，榜之曰宸奎。命翰林学士①兼侍读端明殿学士苏轼为之记。时京师始建宝文阁，诏取其副本藏焉。琏归山二十余年，年八十二，无疾而化。

赞曰：琏公生长于寒乡，栖迟于荒远。钵饭布衲，若将终身。一旦道契主上，名落天下，而能焚龙脑，让正寝，非其素所畜养大过于人者，何以至是哉！至于与士大夫论宗教，则指物连类，折之以至理，使其泮然无疑，则亦知为比丘之大体者欤！

兴化铣禅师　青原十一世

禅师名绍铣，泉州人也。住潭州兴化禅寺，开法嗣北禅贤禅

---

① "士"，原文作"土"误。

师。铣有度量,牧千众如数一二三四。长沙俗朴质,初未知饭僧供佛之利,铣作大会以诱之,恣道俗赴,谓之结缘斋。其后效而作者,月月有之,殆今不绝。荆湖之民,向仰之笃,波及蛮俗。

章丞相惇奉使荆湖,开梅山,与铣偕往。蛮父老闻铣名,钦重爱恋,人人合爪,听其约束,不敢违,梅山平,铣有力焉。湘南八州之境,岁度僧数百。开坛俱集,以未为大僧,禅林皆推挤。铣榜其门曰:"应沙弥皆得赴饭。"自其始至,以及其终,三十余年不易,人以为难。

时南禅师道价,方增荆湖,衲子奔趋入江南者,出长沙百里,无托宿所,多为盗劫掠,路因不通。铣半五十为馆,请僧主之以接纳,使得宿食而去,诸方高其为人。

晚得风痹疾,左手不仁,然犹领住持事,日同僧众会粥食不懈。铣以精进为佛事,公卿礼敬,以为古佛。

元丰三年辛酉九月二十一日,右胁累足,以手屈枕而化。阇维收舍利,两目睛不坏,肠二亦不坏,益以油火焚之,如铁带屈折,色鲜明,并塔之。阅世七十二,坐六十四夏,号崇辩大师。

赞曰:云门、临济两宗,特盛于天下,而湖湘尤多。云门之裔皆以宗旨自封,互相诋訾。北禅贤公,铣之师也。贤于云门为四世孙,而铣独能以公为心,中涂设馆,以待求道他宗之辈,非特瞩理甚明,亦抑其中有异于人。故其①火化之日,二肠双睛皆不坏,此其验也。

---

① "其",常熟本无。

卷第十九

余杭政禅师

政黄牛者，钱塘人，住余杭功臣山。幼孤为童子，有卓识，词语皆出人意表，其师称于人。有大檀越奇之，以度牒施之，跪奉谢而不受。其师问故，曰："恩不可轻受，彼非知我者，特以师之言施百千于一童子，保其终身能施物不责报乎？如来世尊大愿度生，则有慈荫，今《妙法莲华经》是也。当折节诵持，恩并归一，于义为安。"其师自是益奇之。

年十八，果以其志为大僧。游方问道三十年乃罢。其居功臣山，尝跨一黄犊。蒋侍郎堂出守杭州，与政为方外友，每来谒，必军①持挂角上，市人争观之，政自若也。至郡庭下犊，而谈笑终日而去。一日郡有贵客至，蒋公留政曰："明日府有燕饮，师固奉律，能为我少留一日，因款清话。"政诺之。明日使人要之，留一偈而去矣，曰："昨日曾将今日期，出门倚杖又思惟。为僧

---

① "军"，《四库全书》本、《卍续藏经》作"巾"。

只合居岩谷，国士筵中甚不宜。"坐客皆仰其标致。

又作山中偈曰："桥上山万层，桥下水千里。唯有白鹭鸶，见我尝来此。"又作送僧偈曰："山中何所有，岭上多白云。只可自怡悦，不堪持赠君。"

冬不拥炉，以荻花作球，纳足其中，客至共之。夏秋好玩月，盘膝大盆中，浮池上自旋其盆，吟笑达旦，率以为常。

工书，笔法胜绝，如晋、宋间风流人。尝笑学者临法帖曰："彼皆知翰墨为贵者，其工皆有意。今童子书画多纯笔，可法也。"秦少游见政字画，必收畜之。

有问者曰："师以禅师名，乃不谈禅，何也？"曰："徒费言语，吾懒，宁假曲折，但日夜烦万象为敷演耳。言语有间，而此法无尽，所谓造物无尽藏也。"

九峰鉴韶禅师尝客政，韶坦率不事事，每窃笑之。一夕将卧，政使人呼，韶不得已，颦颊而至，政曰："月色如此，劳生扰扰，对之者能几人？"韶唯唯而已。呼童子使熟炙。韶方饥，意作药石。久之，乃橘皮汤一杯。韶匿笑去，曰："无乃太清乎！"

政风调高，老益清癯，尝自赞其像曰："貌古形疏倚杖梨，分明画出须菩提。解空不许离声色，似听孤猿月下啼。"

西余端禅师　南岳下十一世

端师子者，吴兴人也。始见弄师子者，发明心要，则以彩帛像其皮，时时着之，因以为号。

住西余山，嗣姑苏翠峰月禅师。西余去湖州密迩，每雪，朝着彩衣入城，小儿争哗逐之。从人乞钱，得即以散饥寒者。

钱穆父赴官浙东，见之，约明日饭。端黎明独往，避雨入道旁人家，幼妇出迎，俄其夫至，诟逐，竟为逻卒所收。穆父吏速客见之，问故，曰："烦寄声钱公，本来赴斋，中涂奸情事发，请自饭。"穆父闻之惊，且笑顾客曰："此僧胸中无一点疑事。"

又尝见持死鸡疾行者，挽衣问："何之？"曰："鸡为狸害，法不可食，将弃水中。"端苦求之，道路聚观讽曰："当得偈乃可与。"端跪作祭文曰："维灵生有鹰鸦之厄，死有汤锅①之灾。生时要汝报晓，死后无人收埋。奉为转化檀施，施肚为汝作棺材——本云：阇梨无可布施，施肚为汝作棺材。"言卒携鸡去，以施饥者。

能诵《法华经》，湖人争延之，必得钱五百乃开帙②目，诵数

---
① "锅"，《卍续藏经》作"镬"。
② "帙"，《卍续藏经》作"秩"。

句,即持钱地坐去,缺薄者易之而去。好歌《渔父》词,月夕必歌之达旦。

有狂僧号回头和尚,以左道鼓动流俗,士大夫亦安其妄。方对丹阳守吕公肉食,端竟至,指曰:"正当与么时,如何是佛?"回头不能遽对,端捶其头,推倒乃行。

又有妖人号不托,掘秀州城外地,有佛像,建塔其上,倾城信敬。端见,揕住曰:"如何是佛?"不托拟议,端趯之而去。

章丞相子厚请升座,使俞秀老撰疏,叙其事曰:"推倒回头,趯翻不托。七轴之《莲经》未诵,一声之渔父先闻。"端听僧官宣至此,以手耶揄曰:"止!"乃坐,引声吟曰:"本是潇湘一钓客,自东自西自南北。"大众杂然称善。端顾笑曰:"我观法王法,法王法如是。"下座。子厚留饭,端瞋说偈曰:"章惇章惇,请我看坟。我却吃素,汝却吃荤。"子厚为大笑。时吕太尉吉甫亦留丹阳,三人者日过从,吉甫诵禅定功德诸般若中第一,曰:"惠卿修之十年,子厚独称,锻可忘忧。嵇康得仙,竟作剑解。"端说偈曰:"章公好学仙,吕公好坐禅,徐六喻担板,各自见一边。"闻者传以为笑乐。

元祐初,圆照禅师自京师慧林退归姑苏,见端于甘露,曰:"汝非端师子乎?"曰:"是。"圆照戏之曰:"村里师子耳。"端应声曰:"村里师子,村里弄,眉毛与眼一齐动。开却口,肚里直㸌㸌。不爱人取奉,直饶弄到帝王宫,也是一场干打哄。"圆照粹美,不悟其讥也。

端客无锡,欲归湖,且行江上,问:"有湖秀便舡乎?"篙师曰:"我行常润舡也。"端欣然曰:"亦可。"乃附船尾。

高邮秦观少游闻其高道，请升座于广慧，端以手自指曰："天上无双月，人间只一僧。一堂风冷淡，千古意分明。"少游首肯之。

端高自称誉，吐语奇怪，逸人也。病牙久不愈，谓众曰："明日迁化去。"众以为戏语，请说偈，端索笔大书曰："端师子，太慵懒，未死牙齿先坏烂。二时伴众赴堂，粥饭都赶不办。如今得死是便宜，长眠百事皆不管。第一不着看官，第二不着吃粥饭。"五更遂化，阅世七十二。东吴祠之，以为散圣。

赞曰：予窜海外三年而还，丛林顿衰，耆年物故无余。所至鸰道，人成阡陌，皆饱食游谈，无根而已。喟然长想，如政黄牛、端师子辈，皆三十年前少丛林者，然高风逸韵且尔，况其传法度生者乎！因载两士平生大概，使后之俊流，得以览观焉。

卷第二十

言法华

言法华者,莫知其所从来。初见之于景德寺七俱胝院。梵相奇古,直视不瞬,口吻衮衮,不可识。相传言诵《法华经》,故以为名。时独语笑,多行市里,褰裳而趋。或举手画空,伫立良久。从屠沽游,饮啖无所择。道俗共目为狂僧。

丞相吕许公问佛法大意,对曰:"本来无一物,一味总成真。"僧问:"世有佛否?"对曰:"寺里文殊。"有问:"师凡耶?圣耶?"举手曰:"我不在此住。"

至和三年,仁宗始不豫,国嗣未立,天下寒心。谏官范镇首发大义,乞择宗室之贤者使摄储贰,以待皇嗣之生,退居藩服,不然,典宿卫尹京邑,以系天下之望。并州通判司马光亦以为言。凡三上疏,一留中,二付中书。上夜焚香默祷曰:"翌日化成殿具斋,虔请法华大士俯临无却。"清旦,上道衣凝立以待,俄驰奏:"言法华自右掖门径趋,将至寝殿,侍卫呵止不可。"上笑曰:"朕请而来也。"有顷至,辄升御榻,跏趺而坐。受供讫,将去，上曰："朕以储嗣未立，大臣咸以为言。侵寻晚暮，嗣息有无？法华其一决之。"师索笔引纸，连书曰："十三、十三。"凡数十行，掷笔无他语，皆莫测其意。其后英宗登极，乃濮安懿王第十三子，方验前言也。

庆历戊子十一月二十三日将化，谓人曰："我从无量劫来，成就逝多国土。分身扬化，今南归矣。"语毕，右胁而寂。

赞曰：如来世尊曰："我灭度后，敕诸菩萨及阿罗汉应身，生彼末法之中，作种种形，度诸轮转。或作沙门、白衣居士、人王宰官、童男童女，如是乃至淫女寡妇、奸偷屠贩，与其同事，称赞佛乘，令其身心入三摩地，终不自言我真菩萨、真阿罗汉，泄佛密因，轻言末学，唯除命终，阴有遗付。"言法华临终乃曰："我从无量劫来，成就逝多国土，分身扬化是也。"

华严隆禅师

禅师名道隆，不知何许人。至和初，游京师，客景德寺。日纵观都市，归尝二鼓，谨门者呵之不悛。一夕还，不得入，卧于门之下。仁宗梦至景德寺门，见龙蟠地，惊觉，中夜遣中使往视之，乃一僧熟睡已再鼾，撼之惊矍，问名字归奏。上闻名道隆，乃喜曰："吉征也。"明日召至便殿问宗旨，隆奏对详允，上大悦,有旨馆于大相国寺烧朱院。王公贵人争先愿见,隆未漱盥,户外之屦满矣。上以偈句相酬唱,络绎于道,或入对留宿禁中,礼遇特厚,赐号应制明悟禅师。

隆少时师事石门彻禅师,尝问曰:"古人云:'但得随处安闲,自然合他古辙。'虽有此语,疑心未歇,如何?"

彻曰:"知有,乃可随处安闲,如人在州县住,或闻或见,千奇百怪,他总将作寻常。不知有而安闲,如人在村落住,有少声色,则惊怪传说。先洞山示众曰:'欲知此事,如人家养三儿:以一着州中,一着村中,一着县中。其一用家中财物,其一用外处钱物,有一人不得家中钱物用,亦不得外处钱物用。且道那一个合在州中?那一个合在县中?那一个合在村中?'有僧便问:'三个莫明轻重否?'曰:'是。'僧曰:'如何是此人出身处?'曰:'知有却不知有,是此人出身处。'僧曰:'未审此人从今日去也无?'曰:'亦从今日去。'僧曰:'恁么则属功也。'曰:'是。'僧曰:'唤作什①么功?'曰:'唤作功就之功。'僧曰:'此人还知有州中人否?'曰:'知有,始解奉重矣。'僧曰:'恁么则村中人全明过也?'曰:'是。'僧曰:'如何是此人过处?'曰:'不知有,唤作闲人,是此人过处。不见先师道:今时学道人,须知有转身处始得。'"

隆曰:"古人知有,便能如州里人耶?亦须因奉重而至耶?"

彻曰:"洞山曰:'向时作么生?奉时作么生?功时作么生?共功时作么生?功功时作么生?'时有僧便问:'如何是向?'曰:

---

① "什",《卍续藏经》作"恁"。

'吃饭时作么生？'又问：'如何是奉？'曰：'背时作么生？'又问：'如何是功？'曰：'放下钁头时作么生？'又问：'如何是共功？'曰：'不得色。'又问：'如何是功功？'曰：'不共。'此名功勋五位也。譬如初生鸠儿毛羽可怜生，久久自能高飞远荡。"

隆亲受洞上旨诀。后谒广慧琏禅师，遂为广慧之嗣。

皇祐二年，诏庐山僧怀琏至阙，演法于浚苑化成殿。上召隆问话，机锋迅捷，上悦，侍卫皆山呼。隆即奏疏曰："臣本凡庸，混迹市里。贪缘佛法，依近天颜，出入禁廷，恩渥至厚。荐更岁钥①，衰病相仍。未甘退于山林，坐贪蒙于雨露，因循至此，愧负在颜。恭惟皇帝陛下天纵圣神，生知妙道，染为词翰，如日昭回，下饰万物。而臣蒙许赓和，似雾领略，才见一班。人虽不言，臣岂无怍？伏见僧怀琏比自林薮，召至京都，议论得其渊源，词句特②出流辈，禁林侍问，秘殿谈禅，臣所不如，举以自代。伏望圣慈，许臣于庐山一小刹，养疴待尽，不胜犬马恋轩之情。"取进止疏奏，不许。有旨于曹门外护国寺北，建精舍以居，号华严禅院。隆既得谢事，喜见言③色，闲居奇衲，名缁多过从。

有乘侍者，来自大阳，乘后住福严。隆问在大阳得力句，对曰："明安尝问曰：'有一人遍身红烂，卧在荆棘林中，火绕周匝。若亲近得此人，禅门大启；若亲近不得，佛法无灵验。'时对曰：'六根不具，七识不全者，亲近得此人。'明安曰：'令渠出来，我要相见！'时又答曰：'适来无左右只对和尚。'安曰：

---

① "钥"，《卍续藏经》作"篱"。
② "特"，《卍续藏经》作"持"。
③ "言"，常熟本作"颜"。

'相随来也!'即礼拜退。"隆曰:"若果如此,细如毛粟,冷如冰雪。"乘曰:"禅师亲见石门,如何却嗣广慧?"隆曰:"我初见广慧,渠方欲剃发,使我擎凳①子来。广慧曰:'道者,我有凳子诗,听取!诗曰:放下便平稳。'我时便肯伊。后因叙陈在石门所悟公案,广慧曰:'石门所示如百味珍羞,只是饱人不得。'后来有一炷香,不欲两头三绪,为伊烧却。"乘曰:"艺不辜人。"

有僧诵琏公诗上问佛偈曰:"有节非千②竹,三星偃月宫。一人居日下,弗与众人同。"隆曰:"诸佛说心,为破心相。琏作此偈,虚空钉橛也。"乃曰:"虚空钉铁橛,平地起骨堆。莫将闲学解,安着佛阶梯。"

又见达观颖禅师戏作偈曰:"解答诸方语,能吟③五字诗。二般俱好艺,只是见钱迟。"隆曰:"佛法却成戏论,后生无识,递相效学,不可长也。但曰二般虽杂道,也胜别施为。"

有僧曰:"洞山宝公讥五祖戒禅师行藏落人疑似,其至洞山,乃上堂说偈曰:'嗟见世聱讹,言清行浊多。若无阇老子,谁人奈你何!'"隆曰:"宝尘行不逊,卖师取名,不可取也。曹溪曰:'真实修道人,不见世间过。来说他人短,自短先在我。'宝暴其师之失,教谁捡点?凡沙门释子,寂默为要,《华严论》曰:'唯寂唯默,是心造如来之样。不着不恋,是路入法界之辙。'宝卖洞山姜,锄双峰地,已为道取笑也。"

隆为人宽厚,不矜伐,以真慈普敬行心。殁时年八十余,盛

---

① "凳",原文作"橙",依文义改。
② "千",原文作"干",误。
③ "吟",原文作"昑",误。

暑安坐七日，手足柔和，全身建塔于寺之东。

赞曰：隆夜卧寺闉之外，朝登秘殿之上。揖让人主，谈出世法，有补宗教。盖所谓有异能解，一世奇禅衲也。殁未五十年，丛林且不闻其名，况机缘语句乎！可为太息！予少时客华严，及见其檀越岑氏之子孙，家藏隆偈稿并被遇之迹甚详。今追绎，十才得其一二，著于此，以俟知者耳。

卷第二十一

慈明禅师　南岳十一世

慈明禅师，出全州清湘李氏，讳楚圆。少为书生。年二十二，依城南湘山隐静寺或云依金地寺得度。其母有贤行，使之游方。公连眉秀目，颀然丰硕。然忽绳墨，所至为老宿所呵，以为少丛林。公柴崖而笑曰："龙象蹴踏，非驴所堪。"

尝橐骨董箱，以竹杖荷之，游襄沔间，与守芝、谷泉俱结伴入洛中，闻汾阳昭禅师道望为天下第一，决志亲依。时朝廷方问罪河东，潞泽皆屯重兵，多劝其无行，公不顾，渡大河，登太行，易衣类厮养，窜名火队中，露眠草宿，至龙州，遂造汾阳。昭公壮之，经二年，未许入室。公诣昭，昭揣其志，必骂诟使令者，或毁诋诸方，及有所训，皆流俗鄙事。一夕诉曰："自至法席，已再夏，不蒙指示，但增世俗尘劳念。岁月飘忽，己事不明，失出家之利。"语未卒，昭公熟视骂曰："是恶知识，敢裨贩我！"怒举杖逐之。公拟伸救，昭公掩其口，公大悟，曰："乃知临济道，出常情。"服役七年，辞去。

依唐明嵩禅师,嵩谓公曰:"杨大年内翰知见高,入道稳实,子不可不见。"公乃往见大年,大年问曰:"对面不相识,千里却同风。"公曰:"近奉山门请。"大年曰:"真个脱空。"公曰:"前月离唐明。"大年曰:"适来悔相问。"公曰:"作家。"大年喝之,公曰:"恰是。"大年复喝,公以手划一划。大年吐舌曰:"真是龙象。"公曰:"是何言欤?"大年顾令别点茶曰:"元来是家里人。"公曰:"也不消得。"良久又问:"如何是圆上座为人句?"公曰:"切。"大年曰:"作家,作家!"公曰:"放内翰二十拄杖。"大年拊膝曰:"这里是什么处所?"公拍掌曰:"不得放过。"大年大笑,又问:"记得唐明悟时因缘否?"公曰:"唐明闻僧问首山佛法大意,首山曰:'楚王城畔或有或汝水东流。'"大年曰:"只如此语意如何?"公曰:"水上挂灯球。"大年曰:"与么则辜负古人去。"公曰:"内翰疑则别参。"大年曰:"三脚虾蟆跳上天。"公曰:"一任跨跳。"大年乃又笑。馆于斋中,日夕质疑。

智证因闻前言,往行,恨见之晚。朝中见驸马都尉李公,曰:"近得一道人,真西河师子。"李公曰:"我以拘文,不能就谒,奈何?"大年默然,归语公曰:"李公,佛法中人。闻道风远至,有愿见之心。政以法不得,与侍从过从。"公黎明谒李公,李公阅谒,使童子问:"道得即与上座相见。"公曰:"今日特来相看。"又令童子曰:"碑文刊白字,当道种青松。"公曰:"不因今日节,余日定难逢。"童子又出曰:"都尉言:与么则与上座相见去也。"公曰:"脚头脚底。"李公乃出,坐定,问曰:"我闻西河有金毛师子,是否?"公曰:"什么处得此消息?"李公喝之,公曰:"野犴鸣。"李公又喝,公曰:"恰是。"李公大笑,既辞去，问临行一句，公曰："好将息。"李公曰："何异诸方？"公曰："都尉又作么生？"曰："放上座二十拄杖。"公曰："专为流通。"李公又喝，公曰："瞎。"李公曰："好去！"公曰："诺诺！"自是往来杨、李之门，以法为友。

久之辞还河东，大年曰："有一语寄唐明。"公曰："明月照见夜行人。"大年曰："却不相当。"公曰："更深犹自可，午后更愁人。"大年曰："开宝寺前金刚，近日因什么汗出？"公曰："知。"大年曰："上座临行，岂无为人句？"公曰："重叠关山路。"大年曰："与么则随上座去也。"公作嘘声，大年曰："真师子儿。"公还唐明，李公遣两僧讯公，公于书尾画双足，写来僧名以寄之。李公作偈曰："黑毫千里余，金椁示双趺。人天浑莫测，珍重赤须胡。"

公以母老南归，至筠州，首众僧于洞山，时聪禅师居焉。先是汾阳谓公曰："我遍参云门尊宿儿孙，特以未见聪为恨。"故公依止。又三年，乃游仰山。杨大年以书抵宜春太守黄宗旦，使请公出世说法。守虚南原，致公，公不赴。旋特谒候守，愿行，守问其故，对曰："始为让，今偶欲之耳。"守大贤之。住三年弃去，省母，以白金为寿。母诟曰："汝定累我入泥犁中。"投诸地。公色不怍，收之辞去，谒神鼎諲禅师。諲，首山高弟，望尊一时，衲子非人类精奇，无敢登其门者。住山三十年，门弟子气吞诸方。

公发长不剪，弊衣楚音，通谒称法侄，一众大笑。諲遣童子问："长老谁之嗣？"公仰视屋曰："亲见汾阳来。"諲杖而出，顾见，顽然问曰："汾州有西河师子，是否？"公指其后，绝叫曰：

"屋倒矣!"童子返走,谭回顾相矍铄。公地坐,脱只履而视之。谭老忘所问,又失公所在。公徐起整衣,且行且语曰:"见面不如闻名。"遂去。谭遣人追之不可,叹曰:"汾州乃有此儿耶!"公自是名增重丛林。

定林沙门本延有道行,雅为士大夫所信敬。谭见延,称公知见可兴临济。会道吾席虚,延白郡,请以公主之。法令整肃,亡躯为法者集焉。示众曰:"先宝应曰:'第一句荐得,堪与祖佛为师;第二句荐得,堪与人天为师;第三句荐得,自救不了。'道吾则不然,第一句荐得,和泥合水;第二句荐得,无绳自缚;第三句荐得,四棱着地。所以道:起也,海晏河清,行人避路;住也,乾坤失色,日月无光。汝辈向什处出气?"良久曰:"道吾为汝出气。"乃嘘一声,卓拄杖而起。又曰:"道吾打鼓,四大部州同参。拄杖横也,挑挂乾坤大地;钵盂覆也,盖却恒沙世界。且问,汝辈向何处安身立命?若也知之,北俱卢州吃粥吃饭;若也不知,长连床上吃粥吃饭。"

后住石霜,当解夏,谓众曰:"昨日作婴孩,今朝年已老。未明三八九,难踏古皇道。手铄黄河干,脚踢须弥倒。浮生梦幻身,人命久难保。天堂并地狱,皆由心所造。南山北岭松,北岭南山草。一雨润无边,根苗壮枯槁。五湖参学人,但问虚空讨。死脱夏天衫,生着冬月袄。分明无事人,特地生烦恼。"喝一喝。时真点胸者,为善侍者折难,自金銮还,公呵曰:"解夏未一月,乃已至此。破坏丛林,有何忙事?"真曰:"大事未透脱故耳。"公曰:"汝以何为佛法要切?"真曰:"无云生岭上,有月落波心。"公诟曰:"面皱齿豁,犹作此见解。"真不敢仰视,曰:"愿为决之。"公曰:"汝问我答!"真理前语而问之。公曰:"无云生岭上,有月落波心。"真遂契悟。

住南岳福严,以大法授南禅师,语在《南传》。僧问:"临济两堂首座一日相见,同时喝。临济闻之,升座曰:'大众,要会临济宾主句,问取堂中二禅客。'此意如何?"公作偈曰:"啐啄之机箭柱锋,瞥然宾主当时分。宗师悯物明缁素,北地黄河彻底浑。"又问:"赵州勘婆子,师意如何?"公亦作偈曰:"赵州勘破婆子,叶落便合知秋。天下几多禅客,五湖四海悠悠。"明日升座曰:"一喝分宾主,照用一时行。要会个中意,日午打三更。"遂一喝云:"且道是宾是主?还有分得者么?若也分得,朝行三千暮行八百;若也未能,老僧失利。"

移住兴化,康定戊寅,李都尉遣使邀公曰:"海内法友,唯师与杨大年耳。大年弃我而先。仆年来顿觉衰落,忍死以一见公。"仍以书抵潭帅敦遣之。公恻然,与侍者舟而东下,舟中作偈曰:"长江行不尽,帝里到何时?既得凉风便,休将橹棹施。"道过琅琊,觉禅师出迎,大喜曰:"有众之累,不得躬造受曲折,而惠然辱而临之,天赐我也。"公为逗留,夜语及并汾旧游,觉曰:"近有一老衲至,问其离何所,曰:'扬①州。'问:'船来陆来?'曰:'船来。'问:'船在何处?'曰:'岸下。'问:'不涉程途一句如何道?'其僧恚曰:'杜撰长老,如麻似粟。'遣人追不及,云是举道者。顷在汾州时尚少,举陆沈众中,不及识之。"公笑曰:"举见处才能自了。而汝堕负,何以为人?"觉屏息汗

---

① "扬",原文作"杨",误。

下。公为作牧童歌,其略曰:"回首看,平田阔,四方放去休拦遏。一切无物任意游,要收只把索头拨。小牛儿,顺毛捋,恐上高坡四蹄脱。日已高,休喂草,捏定鼻头无少老。一时牵向圈中眠,和泥看渠东西倒。"觉默得其游戏三昧。

至京师,与李公会月余,而李公果殁,临终画一圆相,又作偈献公,偈曰:"世界无依,山河匪碍。大海微尘,须弥纳芥。拈起幞头,解下腰带。若觅死生,问取皮袋。"公曰:"如何是本来佛性?"李公曰:"今日热,如昨日。"随声便问公:"临行一句作么生?"公曰:"本来无罣①碍,随处任方圆。"李公曰:"晚来困倦。"更不答话。公曰:"无佛处作佛。"李公于是泊然而逝。

仁宗皇帝尤留神空宗,闻李公之化与圆问答,嘉②叹久之。公哭之恸,临圹而别之。有诏赐官舟南归。中途谓侍者曰:"我忽得风痹疾。"视之口吻,已㖞斜。侍者以足顿地曰:"当奈何?平生呵佛骂祖,今乃尔。"公曰:"无忧,为汝正之。"以手整之,如故。曰:"而今而后,不钝置汝。"遂以明年至兴化,正月初五日,沐浴辞众,跏趺而逝。阅世五③十有四,坐夏三十有二。李公之子铭志其行于兴化,而藏全身于石霜。

公平生以事事无碍行心,凡圣所不能测。室中宴坐,横刀水盆之上,旁置草鞋。使来参扣者下语,无有契其机者。又作示徒偈曰:"黑黑黑,道道道,明明明,得得得。"又冬日榜僧堂,作此字:"〇〇〇二二三儿㘞枷"。其下注云:"若人识得,不离四

---

① "罣",《卍续藏经》作"挂"。
② "嘉",《卍续藏经》作"加"。
③ "五",《卍续藏经》作"三"。

威仪中。"有首座者见之,谓曰:"和尚今日放参?"慈明闻而笑之云。

赞曰:有际天之云涛,乃可容吞舟之鱼。有九万里之风,乃可负乖天之翼。三世如来之法印重任也,岂寻常之材可荷担①乎!余观慈明,以英伟绝人之姿,行不缠凡圣之事,谈笑而起临济于将仆,叱咤而死黄龙之偷心。视其施为,不见辙迹,未三世而死为绳墨。谚曰:"字经三写,乌焉成马。"此言虽小,可以喻大。

---

① "担",原文作"檐",误。

卷第二十二

黄龙南禅师　南岳十二世

禅师章氏，讳惠南，其先信州玉山人也。童龆深沈，有大人相。不茹荤，不嬉戏。年十一弃家，师事怀玉定水院智銮。尝随銮出，道上见祠庙，辄杖击火毁之而去。十九落发，受具足戒。

远游至庐山归宗，老宿自宝①集众坐，而公却倚宝时时眴之。公自是坐必跏趺，行必直视。至栖贤依谋禅师，谋莅众进止有律度，公规模②之三年③。辞渡淮，依三角澄禅师。澄有时名，一见器许之。及澄移居泐潭，公又与俱，澄使分座接纳矣。

而南昌文悦见之，每归卧叹曰："南有道之器也，惜未受本色钳锤耳。"会同游西山，夜语及云门法道，悦曰："澄公虽云门之后，然法道异耳。"公问所以异，悦曰："云门如九转丹砂，点

---

① "宝"，常熟本作"实"。
② "模"，原文作"摸"。《大正藏》第5册《续传灯灵》卷七"黄龙南禅师"生平作"模"，据改。
③ "年"，《卍续藏经》作"季"。

铁作金。澄公药汞银，徒可玩，入锻即流去。"公怒，以枕投之。明日悦谢过，又曰："云门气宇如王，甘死语下乎？澄公有法，受人死语也，死语其能活人哉？"即背去。公挽之曰："即如是，谁可汝意者？"悦曰："石霜楚圆手段出诸方，子欲见之，不宜后也。"公默计之曰："此行脚大事也。悦师翠岩，而使我见石霜。见之有得，于悦何有哉？"即日办装，中涂闻慈明不事事，慢侮少丛林，乃悔，欲无行，留萍乡累日。

结伴自攸①县登衡岳，寓止福严。老宿号贤叉手者，大阳明安之嗣，命公掌书记。泐潭法侣闻公不入石霜，遣使来讯。俄贤卒，郡以慈明领福严，公心喜之，且欲观其人，以验悦之言。慈明既至，公望见之，心容俱肃，闻其论，多贬剥诸方，而件件数以为邪解者，皆泐潭密付旨决，气索而归。念悦平日之语，翻然改曰："大丈夫心膂之间，其可自为疑碍乎！"

趋诣慈明之室，曰："惠南以暗短，望道未见。比闻夜参，如迷行得指南之车。然唯大慈，更施法施，使尽余疑。"慈明笑曰："书记已领徒游方，名闻丛林。借有疑，不以衰陋鄙弃，坐而商略，顾不可哉！"呼侍者进榻，且使坐，公固辞，哀恳愈切。慈明曰："书记学云门禅，必善其旨。如曰放洞山三顿棒，洞山于时应打？不应打？"公曰："应打。"慈明色庄而言："闻三顿棒声，便是吃棒，则汝自旦及暮，闻鸦鸣鹊噪、钟鱼鼓板之声，亦应吃棒，吃棒何时当已哉？"公瞠而却。慈明云："吾始疑不堪汝师，今可矣。"即使拜。公拜起，慈明理前语曰："脱如汝会云门

---

① "攸"，《卍续藏经》作"收"。

意旨，则赵州尝言：'台山婆子，被我勘破。'试指其可勘处！"公面热汗下，不知答，趋出，明日诣之，又遭诟骂。公惭见左右即曰："正①以未解，求决耳，骂岂慈悲法施之式？"慈明笑曰："是骂耶？"公于是默悟其旨，失声曰："泐潭果是死语。"献偈曰："杰出丛林是赵州，老婆勘破没来由。而今四海清如镜，行人莫以路为雠。"慈明以手点"没"字顾公，公即易之，而心服其妙密。留月余辞去，时年三十五。

游方广后洞，识泉大道。又同夏，泉凡圣不测，而机辩逸群，拊公背曰："汝脱类汾州，厚自爱。"明年游荆州，乃与悦会于金銮，相视一笑曰："我不得友兄及谷泉，安识慈明？"是秋北还，独入泐潭，澄公旧好尽矣。自云居游同安，老宿号神立者，察公倦行役，谓曰："吾住山久，无补宗教。敢以院事累子？"而郡将雅知公名，从立之请，不得已，受之。泐潭遣僧来审提唱之语，有曰："智海无性，因觉妄以成凡。觉妄元虚，即凡心而见佛。便尔休去。谓同安无折合，随汝颠倒所欲，南斗七，北斗八。"僧归，举似澄，澄为不怿。俄闻嗣石霜，泐潭法侣多弃去。

住归宗，火一夕而烬，坐抵狱。为吏者百端求其隙，公怡然引咎，不以累人，唯不食而已，久而后释。吏之横逆，公没齿未尝言。

住黄檗，结庵于溪上，名曰积翠，既而退居，曰："吾将老焉。"方是时，江湖闽粤之人，闻其风而有在于是者，相与交武，竭蹶于道，唯恐其后。虽优游厌饫，固以为有余者，至则怃然自

---

① "正"，《卍续藏经》作"政"。

失，就弟子之列。

南州高士潘兴嗣延之，尝问其故，公曰："父严则子孝。今来①之训，后日之范也。譬诸地尔，隆者下之，洼者平之。彼将登于千仞之上，吾亦与之俱；困而极于九渊②之下，吾亦与之俱。伎之穷，则妄尽而自释也。"又曰："妁之姁之，春夏之所以生育也；霜之雪之，秋冬之所以成熟也。吾欲无言，得乎？"以"佛手、驴脚、生缘"三语问学者，莫能契其旨。天下丛林，目为三关。脱有酬者，公无可否，敛目危坐，人莫涯其意。延之又问其故，公曰："已过关者，掉臂径去，安知有关吏？从吏问可否，此未透关者也。"

住黄龙，法席之盛，追媲泐潭马祖、百丈大智。熙宁二年三月十七日，馈四祖惠日两专使，会罢起，跏趺寝室前，大众环拥，良久而化。前一日说偈。又七日，阇维得五色舍利，塔于山之前嶂。阅世六十有八，坐五十夏。或云："阅世六十有六，坐三十有七夏。"大观四年春，敕谥普觉。

赞曰：山谷论临济宗旨曰："如汉高之收韩信，附耳语而封王。即卧内而夺印，伪游云梦，而缚以力士，绐贺陈豨，而斩之钟室。盖汉高无杀人剑，韩信心亦不死。宗师接人，病多如此。临济宗旨，止要直下分明，钳锤付在嫡子亲孙。"予观黄龙以三关语，锻尽圣凡，盖所谓嫡子亲孙，本色钳锤者也。

---

① "来"，《续灯传录》卷七"黄龙南禅师"生平作"日"。
② "渊"，《卍续藏经》作"困"。

云峰悦禅师　南岳十二世

禅师生徐氏，名文悦，南昌人也。七岁剃发于龙兴寺。短小粹美，有精识。年十九杖策遍游江淮。

常默坐下板，念耆宿之语，疑之曰："吾闻临济在黄檗三年，黄檗不识也。陈尊宿者教之，令问佛法大意，三问而三被打，未闻谆谆授之也。至大愚而悟，则为江西宗。耆宿教我，意非徒然，我所欲闻者异耳。"时荆州金銮有善，筠州大愚有芝。悦默欲先往造芝，或不契，则诣荆州。至大愚，见屋老僧残，荒凉如传舍，芝自提笠，日走市井，暮归，闭关高枕。悦无留意，欲装包发去，将发而雨，雨止而芝升座，曰："大家相聚吃茎齑，若唤作一茎齑，入地狱如箭射。"下座，无他语。悦大骇，夜造丈室，芝曰："来何所求？"曰："求佛心法。"芝曰："法轮未转，食轮先转，后生趁有色力，何不为众乞饭去？我忍饥不暇，暇为汝说法乎？"悦不敢违，即请行。及还自冯川，芝移住西山翠岩，悦又往从之，夜诣丈室，芝曰："又欲求佛心法乎？汝不念乍住屋壁疏漏、又寒雪？我日夜望汝来为众营炭，我忍寒不能，能为汝说法乎？"悦又不敢违，入城营炭，还时维那缺。悦夜造丈室，芝曰："佛法不怕烂却，堂司一职，今以烦汝。"悦不得语而出。

明日鸣揵椎①坚请，悦有难色，拜起欲弃去。业已勤劳，久因中止，然恨芝不去心。地坐后架，架下束破桶盆，自架而堕，忽开悟，顿见芝从前用处。走搭伽梨，上寝堂，芝迎笑曰："维那且喜，大事了毕。"悦再拜汗下，不及吐一词而去。服勤八年而芝没②。

东游三吴，所至丛林改观。雪窦显禅师尤敬畏之，每集众茶，横设特榻，示礼异之。闻南禅师住同安，自三衢入鄱阳，来归谒古塔主，遂首众僧于芝山。南禅师遣使迎之，又首众僧于同安。久之南昌移文请住翠岩，方至，首座出迓问曰："德山宗乘即不问，如何是临济大用？"悦厉语曰："汝甚处去来？"首座拟对，悦掌之，又拟申语，悦喝曰："领众归去！"于是一众畏仰。

示众曰："昔年曾到，今日复来。非惟人事重荣，抑亦林泉增气。且道如何是不伤物义一句？"良久曰："天高东南，地倾西北。"问僧曰："汾州言：识得拄杖子，行脚事毕。"举杖曰："此是拄杖子，阿那个是行脚事？"僧无对。悦荷之曰："直入千峰万峰去。"又问僧："盘山言：'似地擎山，不知山之孤峻。如石含玉，不知玉之无瑕。'如何？"僧无对。悦曰："似地擎山，如石含玉。从何得此消息耶？"

住山俭约，躬自力田。田夫夜穴塍窃水，悦遣两力逻得之。田夫窘，推甲堕水，视之已死，乙走白县。吏来验，则甲盖诈也，抵狱坐，使之当着缝掖。龙兴一老僧，以医出入府中，夜闻，往恳白府坐曰："如悦者佛法龙象也，岂宜使出丛林耶？"府

---

① "揵椎"，即"犍稚"，又作"犍椎""楗椎""楗槌"，译曰钟、磬、打木、声鸣等。
② "没"，《卍续藏经》第85册《佛祖纲目》"文悦禅师"生平中作"殁"。

坐曰："法如是，奈何？"以度牒付之。悦得以夜驰，依吉州禾山，山中有忌之者，将不利于悦。悦又造南岳，依承天勤禅师，十年不出户，道遂大显著，学者归心焉。乃出住法轮，给春监刈，皆自董之。见挟幞负包而至者，则容喜之。见荷担者，颦颂曰："未也，更三十年跨马行脚也。"

悦与潭州兴化铣禅师友善，铣住持久，老于迎送，悦屡劝其弃之归林下，铣不果。一日送客，堕马损臂，以书诉于悦，悦以偈答之曰："大悲菩萨有千手，大丈夫儿谁不有。兴化和尚折一枝，只得九百九十九。"铣笑曰："负负无可言。"俄迁住云峰。嘉祐七年七月八日，升座辞众，说偈曰："住世六十六年，为僧五十九夏。禅流若问旨皈，鼻孔大头向下。"遂泊然而化，阇维得五色舍利，塔于禹溪之北。

赞曰：黄檗大用如涂毒鼓，尝挝之而死临济，置之二百年矣，芝公又一挝之而死云峰。余读其语句，如青山白云，开遮自在，碧潭明月，捞漉方知。至其发积翠以见慈明，发晦堂以见积翠，至公法道，则有大愚陈睦州之韵。呜呼！丛林方叹其不肯低手，故嗣之者无闻①，是何足以知悦哉！

---

① "闻"，《卍续藏经》作"间"。

卷第二十三

黄龙宝觉心禅师　南岳十三世

禅师出于邬氏，讳祖心，南雄始兴人也。少为书生有声，年十九而目盲。父母许以出家，辄复见物，乃往依龙山寺沙门惠全。明年试经业，而公独献诗，得奏名，剃发继住受业院。不奉戒律，且逢横逆，于是弃之入丛林。谒云峰悦禅师，留止三年，难其孤硬，告悦将去，悦曰："必往依黄檗南公。"公至黄檗四年，知有而机不发。又辞而上云峰，会悦谢世，因就止石霜，无所参决。

试阅《传灯》，至僧问多福禅师曰："如何是多福一丛竹？"福曰："一茎两茎斜。"僧曰："不会。"福曰："三茎四茎曲。"此时顿觉亲见二师。径归黄檗，方展坐具，南公曰："子入吾室矣。"公亦踊跃自喜，即应曰："大事本来如是，和尚何用教人看话下语、百计搜寻？"南公曰："若不令汝如此究寻到无用心处，自见自肯，吾即埋没汝也。"

公从容游泳，陆沈众中，时时往决云门语句。南公曰："知是般事便休，汝用许多工夫作么？"公曰："不然，但有纤疑在，不到无学，安能七纵八横、天回地转哉？"南公肯之。已而往翠岩真禅师，真与语，大奇之，依止二年而真殁，乃还黄檗，南公使分座令接纳。

后来南公迁住黄龙，公往谒泐潭月禅师。月以经论精义入神，闻诸方同列笑之，以谓"政不自歇去耳，乃下乔木入幽谷乎！"公曰："彼以有得之得，护前遮后。我以无学之学，朝宗百川。"

中以小疾医寓漳江。转运判官夏倚公立雅意禅学，见杨杰次公而叹曰："吾至江西，恨未识南公。"次公曰："有心上座在漳江，公能自屈，不待见南也。"公立见公剧谈，神思倾豁。至论《肇论》"会万物为自己者"及"情与无情共一体"时，有狗卧香卓下，公以压尺击狗，又击香卓曰："狗有情即去，香卓无情自住。情与无情如何得成一体？"公立不能对。公曰："才入思惟，便成剩法，何曾会万物为自己哉？"又尝与僧论《维摩》曰："三万二千师子宝座，入毗耶小室，何故不碍？为是维摩所现神力耶？为别假异术耶？夫难信之法，故现此瑞。有能信者，始知本来自有之物，何故复令更信？"曰："若无信入，小必妨大。虽然，既有信法，从何而起耶？"又作偈曰："楼阁门前才敛念，不须弹指早开扃。善财一去无消息，门外春来草自青。"其指法亲切，方便妙密，多类此。

南公入灭，公继住持十有二年。然性真率，不乐从事于务，五求解去，乃得谢事闲居，而学者益亲。

谢景温师直守潭州，虚大沩以致公，三辞不往。又嘱江西转运判官彭汝砺器资,请所以不赴长沙之意,公曰:"愿见谢公,不愿领大沩也。马祖百丈已前,无住持事,道人相寻,于空闲寂寞之滨而已。其后虽有住持,王臣尊礼,为天人师。今则不然,挂名官府,如有户籍①之民,直遣伍伯追呼之耳。此岂可复为也。"师直闻之,不敢以院事屈,愿一见之。公至长沙,师直愿受法训,公为举其纲,其言光明广大,如青天白日之易识。其略曰:"三乘十二分教,还同说食示人,食味既因他说,其食要在自己亲尝。既自亲尝,便能了知其味是甘是辛、是咸是淡。达磨西来,直指人心,见性成佛,亦复如是。真性既因文字而显,要在自己亲见。若能亲见,便能了知目前是真是妄、是生是死。既能了知真妄生死,返观一切语言文字,皆是表显之说,都无实义。如今不了,病在甚处?病在见闻觉知为不如实知真际所诣,认此见闻觉知为自所见。殊不知此见闻觉知,皆因前尘而有分别。若无前尘境界,即此见闻觉知,还同龟毛兔角,并无所归。"师直闻所未闻。

又答韩侍郎宗古问,曰:"承谕昔时开悟,旷然无疑,但无始已来习气,未能顿尽。然心外无剩法者,不知烦恼习气是何物,而欲尽之。若起此心,翻成认贼为子也。从上以来,但有言说,乃至随病设药。纵有烦恼习气,但以如来知见治之。皆是善权方便、诱引之说。若是定有习气可治,却是心外有法而可尽之。譬如灵龟曳尾于涂,拂迹迹生,可谓将心用心,转见病深。苟能明心,心外无法,法外无心,心法既无,更欲教谁顿尽耶?"

---

① "籍",原文作"藉",误。

公以生长极南，少以宏法，栖息山林。方太平时代，欲观光京师，以饯余年，乃至京师。驸马都尉王诜晋卿尽礼迎之，庵于国门之外。久之南还，再游庐山。彭器资之守九江，公见之，器资从容问公："人临命终时，有旨决乎？"公曰："有之。"曰："愿闻其说。"公曰："待器资死即说。"器资起增敬曰："此事须是和尚始得。"盖于四方公卿，合则千里应之，不合则数舍亦不往。有偈曰："不住唐朝寺，闲为宋地僧。生涯三事衲，故旧一枝藤。乞食随缘去，逢山任意登。相逢莫相笑，不是岭南能。"可以想见公人物。

黄龙南公道貌德威，极难亲附，虽老于丛林者，见之汗下。公之造前，意甚闲暇，终日语笑，师资相忘。四十年间，士大夫闻其风，而开发者众矣。惟其善巧无方，普慈不间。人未之见，或慢谤；承颜接辞，无不服膺。

公既腊高，益移庵深入，栈绝学者又二十余年。以元符三年十一月十六日中夜而殁，阅世七十有六，坐五十有五夏，赐号宝觉。葬于南公塔之东，号双塔。有得法上首惟清，自有传。

赞曰：公于南公圆寂之日作偈曰："昔人去时是今日，今日依前人不来。今既不来昔不往，白云流水空裴回。谁云秤尺平，直中还有曲。谁云物理齐，种麻还得粟。可怜驰逐天下人，六六元来三十六。"追玩南公曰"随汝颠倒所欲，南斗七、北斗八"之语，此老为克家之子。呜呼！陨此伟人，世间眼灭，惟此未尝不心折。读其陈迹，尚若雨霁之夕、望东南之月，皎然万星之中，忘其身在唾雾间也。

泐潭真净文禅师　南岳十三世

真净和尚,出于陕府阌乡郑氏。郑族世多名卿,师生而杰异。幼孤,事后母至孝。失爱于母,数困辱之,父老悲之,使游学四方。至复州北塔,闻耆宿广公说法,感泣裂缝掖而师事之,故北塔以克文名之。年二十五,试所习,剃发受具足戒。

学经论无不臻妙,夺京洛讲席,自为主客,而发奥义者数矣。经行龙门殿庑间,见塑比丘像冥目如在定,师幡然自失,谓其伴曰:"我所负者,如吴道子画人物,虽尽妙,然非活者。"于是弃去,曰:"吾将南游观道焉。"所至辩论倾其坐,人指目以为饱参。

治平二年夏,坐于大沩,夜闻僧诵云门语,曰:"佛法如水中月,是否?"曰:"清波无透路。"豁然大悟。时南禅师在积翠,师造焉,南公问:"从什么处来?"对曰:"沩山。"南曰:"恰值老僧不在。"进曰:"未审向什么处去?"南曰:"天台普请,南岳云游。"曰:"若然者,学人亦得自在去也。"南公曰:"脚下鞋是何处得来?"曰:"庐山七百钱唱得。"南公曰:"何曾自在?"师指曰:"何曾不自在耶?"南公骇异之。

于时洪英首座机锋不可触,与师齐名。英,邵武人,众中号英邵武、文关西。久之辞去，寓止翠岩顺禅师，顺曰："子种性迈往，而契悟广大。临济欲仆，子力能支之，厚自爱。"南公住黄龙，师复往焉，南公曰："适令侍者卷帘，问：'渠卷起帘时如何？'曰：'照见天下。''放下帘时如何？'曰：'水泄不通。''不卷不放时如何？'侍者无语。汝作么生？"师曰："和尚替侍者下涅槃堂始得。"南公厉曰："关西人果无头脑。"乃顾旁僧，师指之曰："只这僧也未梦见。"南公大笑。自是门下号伟异博大者，见之詟缩。

南公入灭，南游衡岳，还首众僧于仰山。熙宁五年，至高安。太守钱公弋先候之，师复谒，有獒逸出屏间，师方趋逆之，少避乃进。钱公嘲曰："禅者固能教诲蛇虎，乃畏狗乎？"师曰："易伏隈岩虎，难降护宅龙。"钱公叹曰："人不可虚有名。"

住洞山圣寿两刹十有二年，谢事东游三吴。至金陵，时舒王食官使禄居定林，闻师至，倒屣出迎。王问："诸经皆首标时处，《圆觉经》独不然，何也？"师曰："顿乘所演，直示众生。日用现前，不属今古。只今老僧与相公，同入大光明藏，游戏三昧，互为宾主，非干时处。"

又问："经曰'一切众生皆证圆觉'，而圭峰以证为具，谓译者之讹，如何？"对曰："《圆觉》如可改，《维摩》亦可改也。《维摩》岂不曰'亦不灭受而取证'？夫不灭受蕴而取证者，与皆证圆觉之意同。盖众生现行无明，即是如来根本大智。圭峰之言非是。"舒王大悦，称赏者累日，施其第为寺，以延师为开山第一祖。舒王以师道行闻神考，诏赐号真净。

未几厌烦阓，还高安，庵于九峰之下，名曰投老，学者自远而至。六年而移住归宗。

又二年，张丞相时由左司谪金陵酒官，起帅南昌，过庐山，见师康强，尽礼力致之，以居泐潭。俄退居云庵。

以崇宁元年十月旦日示疾，十五日疾愈，料理平生玩好道具，件件疏之，散诸门弟子。十六日中夜，沐浴更衣跏趺，众请说法，师笑曰："今年七十八，四大相离别。火风既分散，临行休更说。"遗诫皆宗门大事，不及其私，言卒而寂。又七日阇维，五色成焰，白光上腾，烟所及，皆成舍利，道俗千余人皆得之。分建塔于泐潭宝莲峰之下，洞山留云洞之北。

赞曰：云庵以天纵之姿，不由师训，自然得道，特定宗旨于黄龙而已。其沮坏义学，剖发幽翳，以乐说之辨，洗光佛日，使舒王敬诚心服，至献名于天子，施第为宝坊，道显著矣。然犹掉头不顾，甘自放于万壑千岩之间，究观施设，其心不肯，后潜山曹溪，盖一代宗师之典型，后来衲子模楷也。

卷第二十四

仰山伟禅师　南岳十三世

禅师名行伟,生于氏,大名人也。幼寡笑语,颓然地坐终日。伏犀插额,眉目疏秀,人皆异之。

年十九游京师,闻宝相寺大乘师方益有鉴裁,谒之。益曰:"君风神不凡,然非凌烟麒麟所宜置,正当袒肩荷担如来,乃称耳。"伟欣然曰:"此吾心也,愿执役扫除。"益以讲学聚徒,伟甘勤力,挽车运粟,破薪佐炊,无所不为者十三年,乃剃落受具。辞益经行诸方,益令入洛,遂受贤首教于太三藏。成名继其席,常千人,讲无定居。

南游,门弟子有愿随者,伟不却。至淮上,所至禅林,盛藉藉闻宗师名,心怪之。馆淮山古寺,见昔同学法亮黔衲勃窣,高其衣裙,布缠两胫,惊曰:"亮亦逃矣。"呼俱行者聚观太息,亮笑叙寒温而已。伟问曰:"汝今称禅者,禅宗奥义语我来!"亮曰:"待我死后,为汝敷说。"伟曰:"狂耶!"亮曰:"我狂已息,汝今方炽。"即趋去。伟谓其属曰:"亮闻见淹博,知法解义倍我，今甘尔禅家必有长处。"乃独行诣黄檗，谒南禅师，依止二年。每造室，南公必敛目，良久乃语。伟曰："和尚见行伟，必合眼，何耶？"曰："麻谷见良遂来，荷锄锄草，良遂有悟处。我见汝来，但闲闭目，汝虽无悟，然且有疑，尚亦可在。"伟滋不晓。时泐潭月禅师与南公同坐夏积翠，月以经论有声，伟尝侍座，听其谈论。因读《小释迦传》，曰："韦尚书问仰山寂公：'禅师寻常如何接人？'寂曰：'僧来必问，来为何事？'曰：'来亲觐。'又问：'还见老僧否？'曰：'见。'又问：'老僧何似驴？'僧未有酬者。韦曰：'若言见，争奈驴！若言不见，今礼觐谁？以此故难答。'寂曰：'无人如尚书辩析者耳。'"月公称善，伟亦以为然，南公独曰："沩仰宗枝不到今者，病在此耳。"伟日夜究思，不悟其意。将治行而西，卜庵嵩少之下，为粥饭僧。

夜与一僧同侍座，僧问："《法华经》言'得解一切众生语言陀罗尼'。何等语是陀罗尼？"南公顾香炉，僧即引手，候火有无。无火，又就添以炷香，仍依位而立。南公笑曰："是此陀罗尼。"伟惊喜，进曰："如何解？"南公令僧且去，僧揭帘趋出。南公曰："若不解，争能与么？"伟方有省。

伟律身甚严，燕坐忘夜旦，占一室，谢绝交游。有过伟者，虚己座以延之，躬起炷香，叉手而立。南公闻之，以为大绝物，非和光同尘之义，面诫之。对曰："道业未办，岁月如流。大根器如云门赵州犹曰：'我惟粥饭二时是杂用心。'又曰：'我岂有工夫闲处用！'矧行伟根性日劫相倍者，宁暇囿世情事，清谈谀悦人，增我相乎？"南公贤之。

熙宁二年，南公殁于黄龙。江西使者檄宜①春，厚礼致以居仰山。未期年，法席冠江淮，平昔同参知名者皆集，道俗尊事之，谓之后身通智。性刚，莅事有法度。俾某人职某事，莫敢违者。尝遣化十二辈，伟以其名付维那，使明日俱来受曲折，及会茶，辄失一人，伟问为谁，曰随州永泰。伟方经营中，首座曰："泰游山去，请以他僧备员。"伟然之。俄有告者曰："泰实在，首座匿之，以欺众耳。"伟色庄使搜得之。泰自陈怯弱，惧失所受事，首座实不知也。伟令击钟，集众白曰："首座已分座授道，又老师所赏识，昧心罔众，他人犹不可为，乃甘自破坏乎？"首座屏息受罚，俱永泰者出院，诸方伏其公。泰后嗣其法，住黄檗山，首座住沩山，嗣黄龙。

伟夏夜坐深林，袒以食蚊蚋，会肠毒作，十日不愈，以刀绝之尺许，血流不止。门人泣曰："师独奈何不少忍？"曰："为其障我行道，蒲伏床上，无所利于物，得死不愈于生乎？"元丰三年十一月二十六日，说偈而化。后三日阇维，得五色舍利。骨石栓索勾连，塔于寺之东。阅世六十三，坐三十三夏。

赞曰：《法句经》言："若起精进心，是妄非精进。"观伟施为，宜若起心者何哉？永嘉曰："昼夜精勤，恐缘差故。不惜身命，以知恩故。"伟方畏缘差，负法道之恩，引云门赵州以自较，渠恤是真是妄哉？非志烈②秋霜，何以若此耶？

---

① "宜"，《卍续藏经》作"宣"。
② "烈"，《卍续藏经》作"列"。

东林照觉总禅师　南岳十三世

禅师名常总①，生剑州尤谿施氏。母梦男子，颀然色如金，握白芙蓉三柄以授之，但一柄得，余委地。觉而娠，后诞三子，伯、仲皆不育，总其季也。

年十一，依宝云寺文兆法师出家，又八年落发，诣剑②州大中寺，契思律师受具。神观秀异，鸾翔虎视，威掩万僧，伟如也。

初至吉州禾山，依禅智材公。材有人望，厚礼延之，不留。闻南禅师之风，辞材至归宗，久之无所得而去。归宗寺火，南公迁石门南塔，又往从之。及南公自石门而迁黄檗积翠，自积翠而迁黄龙，总皆在焉。二十年之间，凡七往返，南公佳其勤劳，称于众。总自负密受大法旨决，志将大掖临济之宗，名声益远，丛林争追崇之。南公殁，哭之不成声，恋恋不忍去。

明年，洪州太守荣公修撰，请住泐潭，其徒相语曰："马祖再来也。"道俗争先愿见。元丰三年，诏革江州东林律居为禅席。

---

① "总"，《卍续藏经》无。
② "剑"，《卍续藏经》作"建"。

观文殿学士王公韶出守南昌,欲延宝觉禅师心公,宝觉举总自代。总知,宵遁,去千余里。王公檄诸郡,期必得之。竟得之新淦殊山穷谷中,遂应命。其徒又相语曰:"远公尝有谶记曰:'吾灭七百年后,有肉身大士革吾道场。'今符其语矣。"总之名,遂闻天子,有诏住相国智海禅院,总固称山野老病,不能奉诏,然州郡敦遣急于星火。其徒又相语曰:"聪明泉者,适自涸矣。"远公所酌之泉,在方丈之西也。凡两月而得旨,如所乞,就赐紫伽梨,号广惠。其徒又相语曰:"聪明泉复涌沸矣。"元祐三年,徐国王奏,号照觉禅师。

总于衲子有大缘,槌拂之下,众盈七百。总尝燕坐,私相告曰:"方丈夜有白光,天香郁然。"其得众心如此。山门遣化多边徼瘴雾处,有死于其所者,总必泣,设位祭奠,尽礼荐拔。以故,人人感动。

罗汉,系南禅师祐公之子,有禅学,未为丛林所信,至东林,总大钟横撞,万指出迎于清溪之上,于是诸方传之,号小南。其成就后学又如此。总住持十二年,厦屋崇成、金碧照烟云,如夜摩睹史之宫从天而堕,天下学者,从风而靡,丛席之盛,近世所未有也。

六年八月示疾,九月二十九日浴罢安坐,泊然而寂。十月八日全身葬于雁门塔之东。阅世六十七,坐四十九夏。

赞曰:予尝游东林,览观太息,念其创御名之功,丛林之盛,非愿力大士,莫能为之也。东坡词曰:"堂堂总公,僧中之龙。呼吸为云,噫欠为风。"是事且止,聊观其一戏。盖将谈笑不起于座,而化庐山之下为梵释龙天之宫,渠不信夫?

卷第二十五

大沩真如哲禅师　南岳十三世

禅师名慕哲,出于临川闻氏。闻族寒,哲又幼孤,去依建昌永安圆觉律师,为童子,试所习,得度具戒。为人刚简,有高识,以荷法为志,以精严律身。

翠岩真禅师游方时,哲能识之。真好暴所长,以盖人,号真点胸,所至犯众怒,非笑之。哲与之周旋二十年,虽群居,不敢失礼。真住两刹,哲阴相之成法席。有来学者,且令见哲侍者,谓人曰:"三十年后,哲其大作佛事。"真殁,塔于西山,心丧三年,乃去依止黄檗,遂游湘中,一钵云行,鸟飞去留,为丛林重轻。谢师直守潭州,闻其风而悦之不可致。会岳麓法席虚,尽礼迎以为出世,累日而后就。

俄迁住大沩,众二千指,无所约束,人人自律。唯粥罢,受门弟子问道,谓之入室。斋罢必会大众茶,诸方才月一再,而哲讲之无虚日。放参罢,哲自役作使,令者在侧如路人。晨香夕灯,十有四年。夜礼拜,持茅视殿庑灯火,倦则以帔蒙首,假寐三圣堂。初犹浴,至老,不浴者十余年。

绍圣元年,有诏住大相国寺智海禅院,京师士大夫想见风裁,丛林以哲静退,以畏烦闹,不敢必其来。哲受诏欣然,俱数衲子至。解包之日,倾都来观,至谓"一佛出世"。院窄而僧日增,无以容,则相枕地卧。有请限之者,哲曰:"僧,佛祖所自出,厌僧厌佛祖也,安有名为传法而厌佛祖乎?汝安得不祥之言哉?"哲爱人以德,事不合,必面折之。说法少缘饰,贵贱一目。问学者:"赵州洗钵话,上人如何会?"僧拟对,哲以手托之曰:"歇去!"自其分座接纳,至终未尝换机。

明年十月初八日,无疾说偈与众别,良久遂化。阇维得舍利大如豆,光洁明彻,目睛齿爪皆不坏,门弟子分塔沩山、京师两处。

赞曰:真如平生,以身为舌,说比丘事,及其霜露果熟,则众圣推出。予观其潜行密用于山间树下,至于死生之际、奇瑞之验,乃在①天子之都,其亦乘愿力而至者耶?

---

① 《卍续藏经》"在"下有"或"字。

云居祐禅师　南岳十三世

禅师名元祐，王氏，信州上饶人也。年十三，师事博山承天沙门齐晟。二十四得度具戒。时南禅师在黄檗，即往依之十余年。智辩自将，气出流辈，众以是悦之少，然祐不恤也。南公殁，去游湘中，庐于衡岳马祖故基。衲子追随，声重荆楚间。

谢师直守潭州，欲禅道林之律居，尽礼致祐为第一世，祐欣然肯来。道林蜂房蚁穴，间见层出，像设之多，冠于湘西。祐夷廓之为虚堂，为禅室，以会四海之学者。役夫不敢坏像设，祐自锄，弃诸江，曰："昔本不成，今安得坏！吾法尚无，凡情存圣解乎？"六年而殿阁崇成。弃之去游庐山。

南康太守陆公峙请住玉涧寺，徐王闻其名，奏赐紫方袍，祐作偈辞之曰："为僧六十鬓先华，无补空门愧出家。愿乞封回礼部牒，免辜庐老衲袈裟。"人问其故，祐曰："人主之恩而王者之施，非敢辞以近名也，但以法未等耳。昔惠满不受宿请，曰：'天下无僧，乃受汝供。'满何人哉？"

王安上者舒王之弟，问法于祐，以云居延之，祐曰："为携此骨，归葬峰顶耳。"登舆而去。疾诸方死必塔者，曰："山川有限，僧死无穷，它日塔将无所容。"于是于开山宏觉塔之东作卵塔，曰："凡住持者，非生身不坏，火浴雨舍利者，皆以骨石填于此。"其西又作卵塔，曰："凡僧化，皆以骨石填于此。"谓之三塔。

绍圣二年七月七日，夜集众说偈而化。时秋暑方炽，而颜如生。阇维得五色舍利，有光吞饮映夺，久乃灭，山林忽皆华白。阅世六十有六，坐四十有二夏。祐清癯，发白不剪，风度英特，说法好讥呵诸方，雅自称王祐上座云。

赞曰：余少时游庐山，谒公于玉涧道林堂。是时公方病起，扶杖出，依绳床，瘦骨尽露，神观超诣，如世所画须菩提，所示数语，皆可诵。呜呼！今无复见此老矣。其所施为，补丛林甚多，特载其一二，矫蔽彰著者，以激后学云。

隆庆闲禅师　南岳十三世

禅师名庆闲，福州古田卓氏子也。母梦胡僧授以明珠，吞之而娠，及生，白光照室。幼不近酒蔌。年十一，事建州升山沙门德圆，十七得度，二十远游。

性纯至，无所嗜好，唯道是究。貌丰硕，寡言语，所至自处，罕与人接，有即之者，一举手而去。

以父事南禅师，南公钟爱之。时与翠岩顺公同在黄檗，顺时时诘问闲,闲横机无所让。顺诉于南公曰:"闲轻易,且语未辩触净。"南公曰:"法如是,以情求闲,乃成是非,其可哉?"

闲尝问南公:"文首座_{即云庵也}何如在黄檗时?"南公曰:"渠在黄檗时,如人暴富,用钱如粪土;尔来如数世富人,一钱不虚用。"南公尝以事至双岭,闲自翠岩来上谒,南公问:"什么处来?"对曰:"百丈来。"又问:"几时离?"对曰:"正月十三日。"南公曰:"脚跟好痛与三十棒。"对曰:"非但三十棒。"南公喝曰:"许多时行脚,无点气息。"对曰:"百千诸佛,亦乃如是。"曰:"汝与么来,何曾有纤毫到诸佛境界?"对曰:"诸佛未必到庆闲境界。"又问:"如何是汝生缘处?"对曰:"早晨吃白粥,至今又觉饥。"又问:"我手何似佛手?"对曰:"月下弄琵琶。"又问:"我脚何似驴脚?"对曰:"鹭鸶立雪非同色。"南公咨嗟而视曰:"汝剃除须发,当为何事耶?"对曰:"只要无事。"曰:"与么,则数声清磬是非外,一个闲人天地间也。"闲曰:"是何言欤?"曰:"伶利衲子。"闲曰:"也不消得。"南公曰:"此间有辩上座者,汝着精彩。"对曰:"他有什么长处?"曰:"他拊汝背一下,又如何?"闲曰:"作什么?"曰:"也展两手。"闲曰:"甚处学得这虚头来?"南公大笑,闲却展两手。南公喝之,又问:"忪忪松松,两人共一碗,作么生会?"对曰:"百杂碎。"曰:"尽大地是个须弥山,提来掌中,汝又作么生会?"对曰:"两重公案。"南公曰:"这里从汝胡言汉语,若到同安,如何过得?"_{时英邵武在同安作首座,闲欲往见之。}对曰:"渠也须到这个田地,始得。"曰:"忽被渠指火炉曰:'这个是黑漆火炉,那个是黑漆香卓。'甚处是不到处?"对曰:"庆闲面前且从怎么说话,若是别人，笑和尚去。"南公拍一拍，闲便喝。

明日同看僧堂，曰："好僧堂！"对曰："极好工夫！"曰："好在甚处？"对曰："一梁拄一柱。"曰："此未是好处。"闲曰："和尚又作么生？"南公以手指曰："这柱得与么圆，那枋得与么匾。"对曰："人天大善知识，须是和尚始得。"即趋去。

明日侍立，乃问："得坐披衣，向后如何施设？"闲曰："遇方即方，遇圆即圆。"曰："汝与么说话，犹带唇齿①在。"对曰："庆闲即与么，和尚又作么生？"曰："近前来！为汝说。"闲抚掌云："三十年用底，今朝捉败。"南公大笑云："一等是精灵。"

南公在时，学者已争归之，及殁，庐陵太守张公鉴请居隆庆。未期年，钟陵太守王公韶请居龙泉。不逾年，以病求去。庐陵道俗闻其弃龙泉也，舟载而归，居隆庆之西堂，事之益笃。

元丰四年三月七日，告众将入灭，说偈乃入浴。浴出裸坐，方以巾搭膝而化，神色不变。为著衣，手足和柔，发剃而复出。太守来观，愿留全身。而僧利俨曰："遗言令化阇维。"薪尽火灭，跏趺不散，以油沃薪益之，乃化。是日云起风作，飞瓦折木，烟气所至，东西南北四十里，凡草木沙砾之间，皆得舍利如金色，碎之如金沙。道俗购以金钱，细民拾而鬻之，数日不绝，计其所获，几数斛。阅世五十有五，坐三十有六夏。

初苏辙子由欲为作记，而疑其事，方卧疴梦，有呵者曰："闲师事何疑哉？疑即病矣。"子由梦中作数百言，甚俊伟，而其铭略曰："稽首三界尊，闲师不止此。愍世狭劣故，聊示其小

---

① "齿"，《卍续藏经》作"么"。

者。"子由其知言哉！

赞曰：潜庵为余言："闲为人气，刚而语急。尝同宿，见其坐而假寐，梦语衮衮。而领略识之，皆古衲机缘，初以为适然，已而每每连榻，莫不尔。盖其款诚于道，精一如此。"唐道氤讥明皇蘉于般若闻熏，不一而沈，仵想自起现行。闲之去留，践履之验，非闻熏不一者也。

云盖智禅师　南岳十三世

禅师名守智，生于剑州龙津陈氏。幼依剑浦林重院沙门某，为童子。年二十三得度，受具于建州开元寺。

初出岭，至豫章，谒大宁宽禅师。时法昌遇公方韬藏西山，智闻其饱参，诣之。至双岭寺，寺屋多僧少，草棘满庭，山雪未消。智见一室邃僻，试揭帘，闻叱诟曰："谁故出我烟？"盖遇方附湿薪火，藉烟为暖耳。智反走，遇呼曰："来！汝何所来？"对曰："大宁。"又问："三门夜来倒，知否？"智愕曰："不知。"遇曰："吴中石佛，大有人不曾得见。"智不敢犯其词，知其为遇也，乃敷坐具，愿亲炙之。

遇使往谒真点胸，久之无大省发，然勤苦不费剪爪之功。及谒南禅师于积翠，依止五年。又见英邵武于同安。南公殁，南游首众僧于石霜,谢师直闻其名,以书抵智曰:"果游岳,道由长沙,幸屈临,庶款晤。师当恕其方以官守,不当罪其坐致也。"智过师直,师直问曰:"庞居士问马大师'无弦琴因缘',记得否?"智曰:"记得。"师直曰:"庞公曰'弄巧成拙',是宾家?是主家?"智笑指师直曰:"弄巧成拙。"师直喜之。

出世住道吾,俄迁住云盖十年。疾禅林便软暖,道心澹泊,来参者,掉头不纳。元祐六年,退居西堂,闭户三十年。湘中衲子闻其接纳容入室,则堂室为满。智为人耐枯淡,日犹荷锄理蔬圃,至老不衰。

政和四年,年九十矣,潭帅周穜仁熟遣长沙令佐诣山请供,智以老辞,令佐固邀曰:"太守以职事,不得入山,遣属吏来迎,意勤乃不往,贻山门之咎。"智登舆而至,入开福,斋罢鸣鼓,智问其故,曰:"请师住持此院。"智心知堕其计,不得辞乃受之。

明年三月七日或云七月七日,升座说偈曰:"未出世,头似马杓;出世后,口如驴觜。百年终须自坏,一任天下卜度。"归方丈安坐,良久乃化。阇维得五色舍利,经旬,细民拨灰,烬中犹得之。坐六十六夏。

赞曰:余至云盖,依止之二年。详闻黄檗、翠岩故时事。曰:"南公住黄龙,天下有志学道者皆集,南公视之,犹不怿。从容问其意,曰:'我见慈明时,座下虽众不多,然皆堂堂龙象。今例寒酸,不上人眼。佛法盛衰,自今日始也。'"云盖今又老矣,丛林去南公已五十年,当时号寒酸者,亦不可见。余因传其平生,感之遂并记。

卷第二十六

圆通讷禅师　青原十一世

禅师名居讷,字中敏,出于蹇氏,梓州中江人。生而英特,读书过目成诵。年十一,去依汉州什邡竹林寺元昉。十七试《法华》得度,受具于颖真律师。

以讲学冠两川,耆年多下之。会有禅者自南方还,称祖道被天下。马大师,什邡人,应般若多罗谶。蜀之豪俊,以经论闻者,如亮公,而亮弃徒隐西山;如鉴公,而鉴焚疏钞,称滴水莫敌巨海。讷怃然,良久曰:"汝知其说乎?"禅者曰:"我不能知也。子欲知之,何惜一往!"讷于是出蜀,放浪荆楚,屡阅寒暑,迄无所得。

西至襄州洞山,留止十年。读《华严论》,至曰:"须弥在大海中,高八万四千由旬,非手足攀揽可及。以明八万四千尘劳山,住烦恼大海。众生有能于一切法,无思无为,即烦恼自然枯竭,尘劳成一切智之山,烦恼成一切智之海。若更起心思虑,即有攀缘,即尘劳愈高,烦恼愈深,不能以至诸佛智顶也。"三复之，叹曰："石巩云'无下手处'。而马祖曰：'旷劫无明，今日一切消灭。'非虚语也。"

后游庐山，道价日增。南康太守程师孟，请住归宗，遂嗣荣禅师，又住圆通。仁宗皇帝闻其名，皇祐初，诏住十方净因禅院，讷称目疾，不能奉诏。有旨令举自代，遂举僧怀琏禅学精深，在居讷之右。于是诏琏，琏至引对，问佛法大意，称旨，天下贤讷知人。

讷临众简严，不妄言笑。尝习定初，叉手自如，中夜渐升至膺，侍者每视，以候鸡鸣，其精进如此。住持二十年，移住四祖、开元两刹，所至丛林，号称第一。既老，休居于宝积岩。

熙宁四年三月十六日，无疾而化，阅世六十有二，坐四十有五夏。欧阳文忠公贬异立教者，独尊敬讷，与贤良苏洵明允游相好云。

赞曰：法道陵迟，沙门交士大夫，未尝得预下士之礼，津津喜见眉目。讷却万乘之诏，而以弟子行，其尊法有体，超越两远。观其标致，可讽后学。至于临众造次，不忘自治。在《易·家人》："上九，有孚威如，终吉。象曰：威如之吉，反身之谓也。"

净因臻禅师　南岳十二世

禅师名道臻,字伯祥,福州古田戴氏子也。幼不茹荤,十四岁去上生院,持头陀行。又六年,为大僧。阅大小经论,置不读,曰:"此方便说耳。"即持一钵走江淮,所参知识甚多,而得旨决于浮山远禅师。

江州承天虚席致臻,非所欲,而游丹阳,寓止因圣。一日行江上,顾舟默计曰:"当随所往,信吾缘也。"问舟师曰:"载我船尾可乎?"舟师笑曰:"师欲何之?我入汴船也。"臻云:"吾行游京师。"因载之而北,谒净因大觉琏禅师,琏使首众僧于座下。及琏归吴,众请以臻嗣焉。

开法之日,英宗遣中使降香,赐紫方袍徽号。京师四方都会,有万好恶贵人达官日填门,而臻一目之。慈圣上仙神宗诏至庆寿宫,赐对甚喜。诏设高广座,恣人问答,左右上下得未曾有,欢声动宫殿,赐与甚厚。神宗悼佛法之微,愍名相之弊,始即相国为慧林、智海二刹,其命主僧必自臻择之。宿老皆从风而靡。高丽使三僧来就学,臻随根开悟。神宗上仙,被诏至福宁殿说法。诏道臻素有德行,可赐号净照禅师。

臻为人渠渠静退,似不能言者。所居都城西隅,衲子四十余辈，颓然不出户，三十年如一日。

元祐八年八月十七日殁。前尝语门弟净圆曰："吾更三日行矣。"及期沐浴，更衣说偈已，跏趺而化，阅世八十，坐六十有一夏。

臻性慈祥纯谨，奉身至约，一布裙二十年不易，用五幅才掩胫，不多为丛褶，曰："徒费耳。"无所嗜好，乃能雪方丈之西壁，请文与可扫墨竹，谓人曰："吾使游人见之，心目清凉。此君盖替我说法也。"初说法于庆寿宫，僧问："慈圣仙游，定馺何所？"臻曰："水流元在海，月落不离天。"上悦，以为能加敬焉。

赞曰：余至京师，尚及见之，时年已八十，褊首婆娑，面有孺子之色，取次伽梨，曳履送客，可画也。黄鲁直题其像曰："老虎无齿，卧龙不吟。千林月黑，六合云阴。远山作眉红杏腮，嫁与春风不用媒。老婆三五少年日，也解东涂西抹来。"

法云圆通秀禅师　青原十一世

禅师名法秀，秦州陇城人，生辛氏。母梦有僧癯甚，须发尽白，托宿曰："我麦积山僧也。"觉而有娠。先是麦积山有僧，亡其名，日诵《法华》，与应乾寺鲁和尚者善。尝欲从鲁游方，鲁老之，既去，绪语曰："他日当寻我，竹铺坡前，铁强岭下。"俄有儿生其所,鲁闻之往观焉,儿为一笑。三岁愿随鲁归,遂冒鲁姓。

十九通经为大僧。天骨峻拔轩昂,万僧中凛然如画。讲大经,章分句析,旁穿直贯,机锋不可触,声著京洛。倚圭峰钞,以诠量众义,然恨圭峰学禅。唯敬北京元华严然,恨元非讲。曰:"教尽佛意,则如元公者,不应非教;禅非佛意,则如圭峰者,不应学禅。然吾不信世尊教外别以法私大迦叶。"乃罢讲南游,谓同学曰:"吾将穷其窟穴,搜取其种类,抹杀之,以报佛恩乃已耳。"

初至随州护国,读《净果禅师碑》,曰:"僧问报慈:'如何是佛性?'慈曰:'谁无?'又问净果,果曰:'谁有?'其僧因有悟。"秀大笑曰:"岂佛性敢有无之斜?"一本云:岂佛法有有无之斜。又曰:"因以有悟哉?"其气拂膺。去至无为铁佛,谒怀禅师。怀貌寒危坐,涕垂沾衣,秀易之。怀收涕问:"座主讲何经?"秀曰:"《华严》。"又问:"此经以何为宗?"秀曰:"以心为宗。"又问:"心以何为宗?"秀不能对,怀曰:"毫厘有差,天地悬隔。"秀退,自失悚然,乃敬服愿留,日夕受法。怀公移池入吴,秀皆从之十年。

初说法于淮四面山,杖笠之外,包具而已,衲子追逐,不厌饥寒。秀哀祖道不振、丛林凋落,以身任之。住栖贤,有僧文庆,寒陋不上眼,秀遣督割稻石桥庄,既辞去。有识者曰:"庆出世湘乡寺十余年,云盖颙禅师嗣也。"秀遣侍者追谢之,且迎以还山。庆曰:"俟稻入囷乃还。"秀心奇之,称于众,后住栖贤二十年,秀实使之也。

蒋山元禅师殁，舒王以礼致秀嗣其席。秀至山，王先候谒，而秀方理丛林事，不时见，王以为慢己，遂不合弃去。住真州长芦，众千人，有全椒长老至登座，众目笑之，无出问者。于是秀出拜趋，问："如何是法秀自己？"全椒笑曰："秀铁面，乃不识自己乎？"丛林号秀为铁面。秀曰："当局者迷。"然一众服其荷法心也。

冀国大长公主造法云寺成，有诏秀为开山第一祖。开堂之日，神宗皇帝遣中使降香并磨衲，仍传圣语，表朕亲至之礼，皇弟荆王致敬座下，云门宗风自是兴于西北，士大夫日夕问道。时司马温公方登庸，以吾法太盛，方经营之。秀曰："相公聪明，人类英杰，非因佛法不能尔，遽忘愿力乎？"温公不以介意。

元祐五年八月卧疾，诏翰林医官视之。医请候脉，秀仰视曰："汝何为者也？吾有疾，当死耳。求治之，是以生为可恋也。平生生死梦，三者无所拣。"挥去之。呼侍者更衣安坐，说偈三句而化，阅世六十有四，坐四十五夏。

李公麟伯时工画马，不减韩干。秀呵之曰："汝士大夫以画名，矧又画马期人跨，以为得妙，妙入马腹中，亦足惧。"伯时由是绝笔。秀劝画观音像，以赎其过。黄庭坚鲁直作艳语，人争传之。秀呵曰："翰墨之妙，甘施于此乎？"鲁直笑曰："又当置我于马腹中耶？"秀曰："汝以艳语动天下人淫心，不止马腹，正恐生泥犁中耳。"驸马都尉王诜晋卿候秀，秀方馈客，晋卿为扫墨竹于西轩，以迟之。秀来未及揖，顾见不怿，晋卿去，即漫之。

赞曰：余至京师，秀化去已逾月。观法云丛林，其遗风余烈，尚可想见。及拜瞻其像，面目严冷，怒气噀①人。平生以骂为佛事，又自谓丛林一害，非虚言哉！

延恩安禅师　青原十二世

禅师名法安，生许氏，临川人也。幼事承天沙门慕闲。年二十，以通经得度。游方谒雪窦显禅师，显殁，依天衣怀禅师，众推其知见。又遍历诸家，耆宿指目为饱参。来皈临川，见黄山如意院败屋破垣，无以蔽风雨，安求居之十年，大厦如化成，乃弃去，下江汉，航二浙，上天台，溯淮汶而还。所至接物利生，未尝失言，亦未尝失人。白首怀道，翩然无侣，倚杖于南昌上蓝。

又住武宁之延恩寺，寺以父子传器，贫不能守，易以为十方，草屋数楹，败床不簀，安安乐之。令尹纠豪右，谋为一新，安笑曰："檀法本以度人，今非其发心而强之，是名作业，不名佛事也。"栖止十年，而丛林成，僧至如皈。

安与法云秀公昆弟，且相得。秀所居庄严妙天下，而说法如云雨，其威光可以为弟兄接羽翼而天飞也。秀以书招安云云，安读之一笑而已。问其故，曰："吾始见秀有英气，谓可语，乃今

---

① "噀"，原文作"巽"，误。

而后知其痴,痴人正不可与语也。"问者瞋视久之,曰:"何哉?"安曰:"比丘法,当一钵行四方,秀既不能尔。又于八达衢头架大屋,从人乞饭,以养数百闲汉,非痴乎?"安每谓人曰:"万事随缘,是安乐法。"

元丰甲子七月,命弟子取方丈文书,聚火之,以院事付一僧。八月辛未殁,阅世六十有一,坐四十有一夏。

赞曰:怀禅师五坐道场,皆衰陋处,而能使之成宝坊,安真能世其家者也。安笑秀公架大屋养闲汉为痴,正当以漫晋卿墨戏并按也。

卷第二十七

明教嵩禅师　青原十一世

　　禅师名契嵩，字仲灵，自号潜子，生藤州镡津李氏。七岁，母锺施以事沙门某，十三得度受具。十九游方，时宁风有异女子姚，精严而住山，时年百余岁，面如处子。嵩造焉，女子留之信宿，中夜闻池中有如戛铜器声，以问女子。女子曰："噫！此龙吟也。闻者瑞征，子当有大名于世行矣，无滞于是。"下沅湘，陟衡岳，谒神鼎𬤊禅师，𬤊与语奇之，然无所契悟。游袁筠间，受记莂于洞山聪公。嵩夜则顶戴观世音菩萨之像，而诵其号，必满十万乃寝，以为常。自是，世间经书章句，不学而能。

　　是时天下之士学古文，慕韩愈拒我以遵孔子。东南有章表民、黄聱隅、李太伯，尤雄杰者，学者宗之。嵩作《原教论》十余万言，明儒释之道一贯，以抗其说，读之者畏服。未几，复游衡岳，罢归，著《禅宗定祖图》《传法正宗记》。其志盖悯道法陵迟，博考经典，以佛后摩诃迦叶独得大法眼藏，为初祖，推之下至于达磨多罗为二十八祖，密相付嘱，不立文字，谓之教外别传。书成，游京师，知开封府龙图王公素奏之仁宗皇帝，览之嘉①叹，付传法院，编次入藏。下诏褒宠，赐紫方袍，号明教。嵩再表辞让，不许。宰相韩琦、大参欧阳修，皆延见而尊礼之，留居闵贤寺，不受，再请东还。于是律学者憎疾，相与造说以非之。嵩益著书，援引古今，左证甚明，几数万言，禅者增气，而天下公议，翕然归之。

熙宁五年六月四日，晨兴，写偈曰："后夜月初明，吾今独自行。不学大梅老，贪闻鼯鼠声。"至中夜而化。阇维敛六根之不坏者三，顶骨出舍利，红白晶洁，状如大菽，常所持数珠亦不坏。道俗合诸不坏，葬于故居永安院之左。阅世六十有六，坐五十有三夏。

有文集总百余卷，六十万言。其甥法澄，克奉藏之，以信后世。嵩居钱塘佛日禅院②，应密学蔡公襄所请也。东坡曰："吾入吴尚及见嵩，其为人常瞋。"盖嵩以瞋为佛事云。

赞曰：是身聚沫耳，特苦业所持，实本一念。《首楞严》曰："由汝念虑，使汝色身，身非念伦。汝身何因，随念所使然，但名为融通妄想。念常清净，正信坚固，则名善根功德之力。"嵩生而多闻，好辩而常瞋。死而火之，目舌耳毫为不坏。非正信坚固功德力乎？余尝论人之精诚不可见，及其化也，多雨舍利。譬如太平无象，而烝枯朽为菌芝。嵩其尤著闻者，聪公可谓有子矣。

---

① "嘉"，《卍续藏经》作"加"。
② 《卍续藏经》有夹注："或云惠日禅师。"

蒋山元禅师　南岳十二世

禅师名赞元，字万宗，婺州义乌人，双林傅大士之远孙也。三岁出家，七岁为大僧。性重迟，闲靖寡言，视之如鄙朴人。然于传记，无所不窥，吐为词语，多绝尘之韵，特罕作耳。

年十五游方，至石霜，谒慈明禅师，助舂破薪，泯泯混十年。慈明移南岳，又与俱。及殁，葬骨石于石霜，植种八年乃去。兄事蒋山心禅师，心殁，以元继其席。

舒王初丁太夫人忧，读经山中，与元游如昆弟，问祖师意旨，元不答，王益扣之，元曰："公般若有障三，有近道之质一，更一两生来，恐纯熟。"王曰："愿闻其说。"元曰："公受气刚大，世缘深，以刚大气，遭深世缘，必以身任天下之重，怀经济之志。用舍不能必，则心未平，以未平之心，持经世之志，何时能一念万年哉？又多怒，而学问尚理，于道为所知愚。此其三也。特视名利如脱发，甘澹泊如头陀，此为近道。且当以教乘滋茂之，可也。"王再拜受教。

自熙宁之初，王入对，遂大用，至真拜，贵震天下，无月无耗，元未尝发视，客来无贵贱，寒温外无别语，即敛目如入定，客即去。尝馔僧，俄报火厨库且及潮音堂，众吐饭苍黄，蚁窘蜂闹，而元啜啖自若，高视屋梁，食毕无所问。又尝出郭，有狂人入寺，手刃一僧即自杀，尸相枕。左右走报，交武于道，自白下门，群从而归。元过尸处，未尝视，登寝堂危坐，职事者侧立，冀元有以处之，而敛目如平日，于是稍稍隐去，卒不问。

王弟平甫豪纵，于人物慎许可，见元即悚然加敬。问佛法大意，元复有难色，平甫固请为说。元曰："佛祖无所异于人，所以异者，能自护心念耳。岑楼之木必有本，本于毫末；滔天之水必有原，原于滥觞。清净心中，无故动念，危乎岌哉，甚于岑楼，浩然横肆，甚于滔天，其可动耶？佛祖更相付授，必丁宁之曰：'善自护持！'"平甫曰："佛法止于此乎？"元曰："至美不华，至言不烦。夫华与烦，去道远甚，而流俗以之。申公论治世之法，犹谓为治者不至多言，顾力行如何耳。况出世间法乎？"

元丰之初，王罢政府，舟至石头，夜造山拜坟，士大夫车骑填山谷。王入寺，已二鼓，元出迎，一揖而退。王坐东偏，从官宾客满坐，王环视，问元所在，侍者对曰："已寝久矣。"王笑之。王结屋定林，往来山中。又十年，稍觉烦动，即造元，相向默坐终日而去。有诗赠之，其略曰："不与物违真道广，每随缘起自禅深。舌根已净谁能坏，足迹如空我得寻。"人以为实录。

元祐之初，曰："吾欲还东吴。"促办严，俄化。王哭之恸。塔于蒋陵之东，平甫状其行碑山中。

赞曰：舒王尝手题其像曰："贤哉人也！行厉而容寂，知言而能默。誉荣弗喜，辱毁弗戚。弗矜弗克，人自称德。有缁有白，来自南北。弗顺弗逆，弗抗弗抑。弗观汝华，唯食己实。孰其嗣之，我有遗则。"予读此词，知其为本色住山人也。

金山达观颖禅师　南岳十二世

禅师名昙颖,生钱塘丘氏。年十三,依龙兴寺为大僧。神情秀特,于书无所不观,为词章多出尘语。

十八九游京师,时欧阳文忠公在场屋,颖识之,游相乐也。初谒大阳明安禅师,问:"洞上特设偏正君臣意,明何事?"明安曰:"父母未生时事。"又问:"如何体会?"明安曰:"夜半正明,天晓不露。"颖惘然弃去。

至石门,谒聪禅师,理明安之语曰:"师意如何?"聪曰:"大阳不道不是,但口门窄,满口说未尽,老僧即不与么。"颖曰:"如何是父母未生事?"聪曰:"粪壅子!"又问:"如何是夜半正明,天晓不露?"聪曰:"牡丹丛下睡猫儿。"颖愈疑骇,日扣之,竟无得益,自奋曰:"吾要以死究之,不解终不出山。"

聪一日见普请,问曰:"今日运薪乎?"颖曰:"然,运薪。"聪曰:"云门尝问:'人般柴?柴般人?'如何会?"颖不能对。聪因植杖石坐,笑曰:"此事如人学书,点画可效者工,否者拙。何故如此?未忘法耳,如有法执,故自为断续。当笔忘手,手忘心,乃可也。"颖于是默契其旨,良久曰:"如石头曰:'执事元是迷,契理亦非悟。'既曰契理,何谓非悟?"聪曰:"汝以此句为药语？为病语？"颖曰："是药语。"聪呵曰："汝乃以病为药，又可哉？"颖曰："'事如函得盖，理如箭直锋。妙宁有加者，而犹以为病。'兹实未谕。"聪曰："借其妙至是，亦止明理事而已。祖师意旨，智识所不能到，矧事理能尽乎？故世尊曰：'理障碍正知见，事障能续生死。'"颖恍如梦觉，曰："如何受用？"聪曰："语不离窠臼，安能出盖缠？"颖叹曰："才涉唇吻，便落意思，皆是死门，终非活路。"即日辞去。

过京师，寓止驸马都尉李端愿之园，日夕问道。一时公卿多就见闻其议论，随机开悟。李公问曰："人死，识归何所？"答曰："未知生，焉知死？"李公曰："生则端愿已知。"曰："生从何来？"李公拟议，颖揿其胸曰："只在这里，思量个什么？"对曰："会也。只知贪程，不觉蹉路。"颖拓开曰："百年一梦。"又问："地狱毕竟是有是无？"答曰："诸佛向无中说有，眼见空华。太尉就有中觅无，手捞水月。堪笑眼前见牢狱不避，心外见天堂欲生。殊不知，欣怖在心，善恶成境。太尉但了自心，自然无惑。"进曰："心如何了？"答曰："善恶都莫思量。"又问："不思量后，心归何所？"颖曰："且请太尉归宅。"

颖东游，初住舒州香炉峰，移住润州因圣太平，隐静明州①雪窦，又移住金山龙游寺。

嘉祐四年除夕，遣侍者持书《别扬州刁景纯学士》曰："明旦当行，不暇相见，厚自爱。"景纯开书大惊曰："当奈何？"复书决别而已。中夜候吏报："扬州驰书，船将及岸。"颖欣然遣拄

---

① "州"，《卍续藏经》无。

鼓，升座，叙出世本末，谢裨赞丛林者，劝修勿怠。曰："吾化，当以贤监寺次补。"下座。读景纯书毕，大众拥步上方丈，颖跏趺，挥令各远立，良久乃化，五年元日也。阅世七十有二，坐五十有三夏。

颖英气压诸方，荐福怀禅师诵十玄，谈至祖意，颖曰："当日①十圣未明此旨，特以声律不协故耳，三贤十圣序不如是。"怀曰："宗门无许事。"颖熟视，以手画按作十字曰："汝识此字乎？汝以谓甑箪耳。"怀无能言。颖拂衣去曰："我要与汝斗死生，吾不敌汝也。"

赞曰：东坡曰："佛法浸远，真伪相半。"寓言指法，大率相似。至于二乘禅定、外道神通，非我肉眼所能勘验。然临死生祸福之际，不容伪矣。吾视颖之谢世，无以异人适城市之易，然真大丈夫也哉？

---

① "日"，原文作"曰"，疑误。

卷第二十八

法昌遇禅师　青原十一世

　　禅师名倚遇，漳州林氏子也。为人奇逸，有大志。自剃发受具，即杖策游方，名著丛林。浮山远禅师尝指以谓人曰："后学行脚样子也。"辞远，谒南岳芭蕉庵主谷泉，三至三遭逐，犹谒之，泉揕之曰："我此间虎狼纵横，尿床鬼子三回五度来觅底物。"遇曰："人言庵主见汾州。"泉乃解衣抖擞曰："汝谓我见汾州，有多少奇特？"遇即礼拜问曰："审如庵主语，客来将何祇待？"泉曰："云门胡饼，赵州茶。"遇曰："谢供养。"泉曰："我火种也未有，早言谢，谢什么？"遇乃去。
　　至北禅贤禅师，问曰："近离什么处？"遇曰："福严。"曰："思大鼻孔长多少？"遇曰："与和尚当时见底一般。"曰："且道老僧见时长多少？"遇曰："和尚大似不曾到福严。"贤笑曰："学语之流。"又问："来时马大师健否？"遇曰："健。"曰："向汝道什么？"遇曰："令北禅莫乱统。"贤曰："念汝新到，不欲打汝。"遇曰："倚遇亦放过和尚。"乃罢，遇因倒心，师事之。

时慈明禅师住兴化,过贤公室,遇侍立,看其谈笑。贤曰:"汾阳师子可杀威狞。"慈明曰:"不见道来者咬杀?"贤曰:"审如此,汾阳门下,道绝人荒耶?"慈明举拂子曰:"这个因甚到今日?"贤未及对,遇从旁曰:"养子不及父,家门一世衰。"贤呵曰:"汝具什么眼目?乃敢尔!"遇曰:"若是咬人师子,终不与么。"慈明将去,至龙牙像前,指以问遇曰:"谁像?"遇曰:"龙牙。"慈明曰:"既是龙牙像,何乃在北禅?"遇曰:"一彩两赛。"慈明曰:"像在此,龙牙在什么处?"遇拟对,慈明掌之曰:"莫道不能咬人。"遇曰:"乞儿见小利。"慈明呵逐之。

贤公除夕谓门弟子曰:"今夕无可分岁,共烹露地白牛。大家围炉,向榾柮火,唱村田乐,何也?免更倚他门户、旁它墙。"乃下座。有僧从后大呼曰:"县有吏至。"贤反顾问所以,对曰:"和尚杀牛,未纳皮角耳。"贤笑,掷暖帽与之,僧就拾得,跪进曰:"天寒,还和尚帽子。"贤问遇曰:"如何?"遇曰:"近日城中纸贵,一状领过。"

后还江南,再游庐山,寓止圆通,时大觉琏公方赴诏,辞众曰:"此事分明须荐取,莫教累劫受轮回。"遇问曰:"如何是此事?"曰:"荐取。"遇曰:"头上是天,脚下是地,荐个什么?"曰:"不是知音者,徒劳话岁寒。"遇曰:"岂无方便?"曰:"胡人饮乳,反怪良医。"遇曰:"暴虎凭河,徒夸好手。"拍一拍,归众。

后游西山,眷双岭深邃,栖息三年。与英邵武胜上座游,应法昌请,决别曰:"三年聚首,无事不知,检点将来,不无渗漏。"以挂杖划一划曰:"这个且止,宗门事作么生?"英曰:"须弥安鼻孔。"遇曰:"临崖看浒眼,特地一场愁。"英曰:"深沙努眼睛。"遇曰:"争奈圣凡无异路,方便有多门。"英曰:"铁蛇钻不入。"遇曰:"有甚共语处?"英曰:"自缘根力浅,莫怨太阳春。"却划一划,"宗门且止,这个事作么生?"遇欲掌之,英约住曰:"这漳州子,莫无去就,然也是我致得。"

法昌在分宁之北,千峰万壑,古屋数间,遇至止,安乐之,火种刀耕。衲子时有至者,皆不堪其枯淡,坐此成单丁。开炉日,辄以一力挝鼓,升座:"法昌今日开炉,行脚僧无一个。惟有十八高人,缄口围炉打坐。不是规矩严难,免见诸人话堕。直饶口似秤磓,未免灯笼勘破。不知道绝功勋,安用修因证果。"喝一喝云:"但能一念回心,即脱二乘羁锁。"大宁宽禅师至,遇画地作此⊕相,便曳镬出。翌日未升座,谓宽曰:"昨日公按如何?"宽画此⊕相,即抹撒之。遇曰:"宽禅头名下无虚人。"乃升座曰:"忽地晴天霹雳声,禹门三级浪峥嵘。几多头角为龙去,虾蟹依前努眼睛。"

南禅师至,遇方植松,南公曰:"小院子栽许多松作么?"遇曰:"临济道底。"曰:"栽得多少?"遇曰:"但见猿啼鹤宿,耸汉侵云。"南公指石曰:"这里何不栽?"遇曰:"功不浪施。"曰:"也知无下手处。"遇却指石上松曰:"从什么处得此来?"南公大笑曰:"苍天苍天!"乃作偈曰:"头戴华巾离少室,所携席帽出长安。鹫峰峰下重相见,鼻孔元来总一般。"又画此相❀示之。遇和曰:"葫芦棚上挂冬瓜,麦浪堆中钓得虾。谁在画楼沽酒处,相邀来吃赵州茶。"又画此❀相答之。南公曰:"铁牛对对黄金角,木马双双白玉蹄。为爱雪山香草细,夜深乘月过前溪。"

又画此⊖相示之。遇曰："玉麟带月离霄汉，金凤衔花下彩楼。野老不嫌公子醉，相将携手御街游。"又画此〇答之。时南公道被天下，丛林宗之。而遇与之酬唱，如交友，一时豪俊多归之。

宝觉心禅师问曰："'不是风兮，不是幡，黑花猫子面门斑。夜行人只贪明月，不觉和衣渡水寒。'岂不是和尚偈耶？"遇曰："然，有是语。"宝觉曰："也太奇特。"遇曰："汝道祖师前段为人？后段为人？"对曰："祖师终不妄语。"遇曰："意作么生？"对曰："岂不见道'不是风动、不是幡动'？"遇曰："如狐渡水，有甚快活？"曰："师意如何？"遇以拂子摇之，对曰："也是为蛇画足。"遇曰："乱统作么？"对曰："须是和尚始得。"

徐德占布衣时，未为人知，遇特先识之，山中往来，为法喜之游，及其将化前一日，作偈别德占。德占时方丁太夫人忧，居家。偈曰："今年七十七，出行须择日。昨夜问龟哥，报道明朝吉。"德占大惊，呼灵源叟俱驰往。遇方坐寝室，以院务什物付监寺曰："吾自住此山，今三十年。以护惜常住故，每自莅之。今行矣，汝辈着精彩。"言毕，举手中杖子曰："且道这个付与阿谁？"德占、灵源屏息无答者。掷于地，投床枕臂而化。

赞曰：予观法昌契悟稳实，宗趣淹博，荷担云门，气无丛林。其应机施设，锋不可犯。殆亦明招独眼龙之流亚欤！然所居荒村破院，方其以一力挝鼓，为十八泥像说禅，虽不及真单徒之有众，亦差胜生法师之聚石。味其平生，未尝不失床顿足想见标致也。

杨岐会禅师　南岳十二世

禅师名方会，生冷氏，袁州宜春人也。少警敏滑稽，谈剧有味。及冠，不喜从事笔砚，窜名商税，务掌课最。坐不职，当罚，宵遁去。游筠州九峰_{或云潭州道吾}，恍然如昔经行处，眷不忍去，遂落发为大僧。阅经闻法，心融神会。能痛自折节，依参老宿。慈明禅师住南原，会辅佐之，安乐勤苦。及慈明迁道吾石霜，会俱自请领监院事，非慈明之意，而众论杂然称善。挟楮衾入典金谷，时时慗语摩拂慈明，诸方传以为当。慈明饭罢，必山行，禅者问道，多失所在。会阙其出未远，即挝鼓集众。慈明遽还，怒数曰："少丛林暮而升座，何从得此规绳？"会徐对曰："汾州晚参也，何为非规绳乎？"慈明无如之何。今丛林三八念诵罢犹参者，此其原也。

慈明迁兴化，因辞之，还九峰，萍实道俗诣山请住杨岐。时九峰长老勤公不知会，惊曰："会监寺亦能禅乎？"会受帖问答罢，乃曰："更有问话者么？试出相见！杨岐今日性命在汝诸人手里，一任横拖倒拽。为什么如此？大丈夫儿，须是当众决择，莫背地里似水底按胡卢相似。当众勘验看！有么？若无，杨岐失利。"下座。勤把住曰："今日且喜得个同参。"曰："同参底事作么生?"勤曰:"杨岐牵犁,九峰拽耙。"曰:"正当与么时,杨岐在前,九峰在前?"勤无语,会托开曰:"将会同参,元来不是。"自是名闻诸方。

会谓众曰:"不见一法,是大过患。"拈拄杖云:"穿过释迦老子鼻孔,作么生道得脱身一句?向水不洗水处,道将一句来?"良久曰:"向道莫行山下路,果闻猿叫断肠声。"又曰:"一切智通无障碍。"拈起拄杖云:"拄杖子向汝诸人面前逞神通去也。"掷下云:"直得乾坤震裂、山岳摇动,会么?不见道一切智智清净?"拍绳床曰:"三十年后,莫道杨岐龙头蛇尾。"其提纲振领,大类云门。

又问来僧曰:"云深路僻,高驾何来?"对曰:"天无四壁。"曰:"踏破多少草鞋?"僧便喝,会曰:"一喝两喝后作么生?"曰:"看这老和尚着忙。"会曰:"拄杖不在,且坐吃茶。"

又问来僧曰:"败叶堆云,朝离何处?"对曰:"观音。"曰:"观音脚根下一句,作么生道?"对曰:"适来相见了也。"曰:"相见底事作么生?"其僧无对。会曰:"第二上座代参头道看!"亦无对。会曰:"彼此相钝置。"其验勘锋机,又类南院。

庆历六年,移住潭州云盖山,以临济正脉付守端。

白云端禅师　南岳十三世

禅师名守端，生衡州葛氏或云周氏。幼工翰墨，不喜处俗。依茶陵郁公剃发。年二十余，参颛禅师或鹏禅师。颛殁，会公嗣居焉，一见端，奇之，每与语终夕。一日忽问上人受业师，端曰："茶陵郁和尚。"曰："吾闻其过溪有省，作偈甚奇，能记之否？"端即诵曰："我有神珠一颗，日夜被尘羁锁或云常被尘劳羁锁，今朝尘尽光生，照破青山万朵。"会大笑起去。端愕视左右，通夕不寐。明日求入室，咨询其事。时方岁旦，会曰："汝见昨日作夜狐者乎？"端曰："见之。"会曰："汝一筹不及渠。"端又大骇，曰："何谓也？"会曰："渠爱人笑，汝怕人笑。"端于是大悟于言下，辞去遍游。庐山圆通讷禅师见之，自以为不及，举住江州承天，名声爆耀，又让圆通以居之，而自处东堂。端时年二十八，自以前辈让善丛林，责己甚重，故敬严临众，以公灭私，于是宗风大振。

未几，讷公厌闲寂，郡守至，自陈客情。太守恻然，目端，端笑唯唯而已。明日升座曰："昔法眼禅师有偈曰：'难难难是遣情难，情尽圆明一颗寒。方便遣情犹不是，更除方便太无端。'大众且道，情作么生遣？"喝一喝，下座，负包去。一众大惊，挽之不可。遂渡江，夏于五祖之闲房。

舒州小刹号法华，住持者如笼中鸟，不忘飞去。舒守闻端高风，欲以观其人，移文请以居之。端欣然杖策来，衲子至无所容，士大夫贤之。迁居白云海会，升座顾视曰："鼓声未击已前，山僧未登座之际，好个古佛样子。若人向此荐得，可谓古释迦不前，今弥勒不后。更听三寸舌头上带出来底，早已参差。须有辩参差眼，方救得完全，有么？"乃曰："更与汝老婆开口时，末上一句正道着；举步时，末上一步正踏着。为什么鼻孔不正？为寻常见鼻孔顽了，所以不肯发心。今日劝诸人发却去。"良久曰："一"，便下座。其门风峻拔如此。

僧请问："慧超问法眼：'如何是佛？'曰：'汝是慧超。'"端作偈示之曰："一文大光钱，买得个油糍，吃放肚里了，当下便不饥。"又问："僧问云门：'如何是透法身句？'曰：'北斗里藏身。'"端又作偈曰："九衢公子游花惯，未第贫儒感慨多。冷地看他人富贵，等闲无耐蹼头何！"

赞曰：杨岐天纵神悟，善入游戏三昧，喜勘验衲子，有古尊宿之遗风，庆历以来，号称宗师。而白云妙年俊辩，胆气精锐，克肖前懿。至于应世，则唾涕名位。说法则荡除知见，乃又逸格。如大沩之有寂子，玄沙之有琛公，临济法道未甚寂寥也。

卷第二十九

大通本禅师　青原十二世

禅师名善本，生董氏，汉仲舒之后也。其先家太康仲舒村，大父琪、父温，皆官于颍，遂为颍人。初母无子，祷于佛像前，誓曰："得子必以事佛。"即蔬食，俄娠，及生本，骨相秀异。方晬而孤，母育于叔祖玠之家。既长博学，操履清修。母亡，哀毁过礼，无仕宦意，辟谷学道，隐于笔工。然气刚不屈，沉默白眼公卿。

嘉祐八年，与弟善思俱至京师，籍[①]名显圣地藏院，试所习为大僧。其师圆成律师惠揖者，谓人曰："本它日当有海内名，乃生我法中乎？"圆成使听习毗尼，随喜杂华，夜梦见童子，如世所画善财，合掌导而南。既觉曰："诸佛菩萨加被我矣，其欲我南询诸友乎？"

时圆照禅师道振吴中，本径造姑苏，谒于瑞光。圆照坐定，

---

① "籍"，原文作"藉"，误。

特顾之，本默契宗旨，服勤五年，尽得其要。其整顿提撕之纲，研练差别之智，纵横舒卷，度越前规，一时辈流，无出其右。圆照倚之，以大其家。以季父事圆通秀公，秀住庐山栖贤，出入卧内，如寂子之于东寺。

元丰七年春，绝九江游淮山，遍礼祖塔。眷浮山岩丛之胜，有终焉志，遂居太守岩。久之出世，住婺州双林六年，浙东道俗追崇，至谓傅大士复生。移住钱塘净慈，继圆照之后，食堂日千余口，仰给于檀施，而供养庄严之盛，游者疑在诸天_{或云西天}，时号大小本。神考_{或作哲宗}闻其名，有诏住上都法云寺，赐号大通禅师。

又继圆通之后，本玉立孤峻，俨临清众_{或云千众}，如万山环天柱，让其高寒。然精粗与众共，未尝以言徇物、以色假人。王公贵人施舍日填门，厦屋万础，涂金镂碧，如地涌宝坊。住八年，请于朝，愿归老于西湖之上。诏可，遂东还，庵龙山崇德，杜门却扫，与世相忘，又十年。天下愿见而不可得，独与法子思睿俱。

睿与余善，为予言其平生曰："临众三十年，未尝笑，及闲居时，抵掌笑语。问其故，曰：'不庄敬，何以率众？吾昔为丛林，故强行之，非性实然也。'"所至，见画佛菩萨行立之像，不敢坐；伊蒲塞馔，以鱼戢名者，不食。其真诚敬事，防心离过，类如此。

大观三年十二月甲子，屈三指谓左右曰："止有三日。"已而果殁。有异禽翔鸣于庭而去。塔全身于上方。阅世七十有五_{或三}，坐四十有五夏。

赞曰：本出云门之后，望雪窦为四世嫡孙。平居作止，直视不瞬，及其升堂演唱，则左右顾，如象王回旋，学者多自此悟入。方其将终之夕，越僧梦本归兜率天。味其为人，居处服玩，行己利物，日新其德，不置之诸天，尚何之哉？

报本元禅师　南岳十三世

禅师名慧元，生倪氏，潮阳人也。垂髫嶷然，群儿剧于前，袖手趺坐而已。父母商略曰："儿材地如此，宁堪世用？"意事佛僧可耳。元闻之，即前拜辞，依城南精舍诵《法华经》。

年十九，剃落受具。游方至京师，华严圆明法师者见而异之，曰："上人齿少，自何至此？所求何事？"曰："慧元南海来，无他求，唯求佛法。"圆明笑曰："王城利声捷径，酒色樊笼，横目争夺，日有万绪。昔大通智胜佛，十劫坐道场，佛法犹不现前。此中宁有佛法乎？佛法俱在南方也。"元乃自洛京游襄汉，遍历名山，所至亲近知识，然俱无所解悟。

治平三年春，至黄龙。时南禅师来自积翠，龙象如蚁慕而集，元每坐下板，辄自引手反复视之，曰："宁有道理而云似佛手？知吾家揭阳，而乃复问生缘何处乎？"久而顿释其疑，即日发去。

熙宁元年入吴,住吴江寿圣寺,遣僧造黄龙,投嗣法书。南公视其款识未发,谓来僧曰:"汝亟还,令元自来。"僧反命,元辍住持事,策杖而来。次南昌,见宝觉禅师出世说法,知南公已化逾月,乃复还吴中,道俗师尊之,又延住昆山慧严院十年。尝夜舟归自雪川,寇劫舟,舟人惊怖,不知所出,元安坐,徐曰:"钱帛皆施汝,人命不可枉用。"寇因背去。

元祐四年,住承天万寿寺,众益盛,躬自持钵至湖。湖人曰:"师到处为家,何苦独爱姑苏乎?"固留不使还。苏人闻之,争持棰杖,哗入湖曰:"何为夺我邦善知识?正①当见还,否则有死而已。"元怡然不吝情去留,曰:"吾任缘耳。"相守弥月。苏人食尽乃去,竟为湖人所有,住报本禅院。

六年十一月十六日,升座说偈曰:"五十五年梦幻身,东西南北孰为亲。白云散尽千山外,万里秋空片月新。"言讫而化。时右司陈公瓘莹中在湖,亲见其事。

元胁不至席三十年,平生规法南禅师作止者,唯元克肖之。遗言葬于岘山之阳,门弟子元正有才辩,问:"何独念岘山乎?"元曰:"他日可建寺。"后三十年,元道契太师楚国公,公为请于朝,诏谥证悟禅师,塔曰定应。有旨特建显化寺,岁度僧,以严香火云。

---

① "正",《卍续藏经》作"政"。

禾山普禅师　南岳十三世

禅师名德普，绵州蒲氏子。少尚气节，博观有卓识，见富乐山静禅师，合爪作礼曰："此吾师也。"静与语，奇之，携归山中，阴察之，其作止类老头陀。静曰："此子赋性豪纵，不受控御，而能折节杵臼炊爨间，以事众为务，是为希有。"

年十八得度受具，秀出讲席，解《唯识》《起信论》，两川无敢难诘者，号义虎。罪圭峰疏义多臆识，摘其失处，诫学者不可信。老师皆数之，曰："圭峰清凉国师所印可，汝敢雌黄！蚍蜉撼树之论，汝今是矣。"普叹曰："学者以名位惑久矣，清凉圭峰非有四目八臂也，奈何甘自退屈乎？佛法其微矣，此其兆也。"

时惟胜禅师还自江西，吕大防微仲由龙图阁直学士出镇成都，执弟子礼，日夕造谒或室。普衣禅者衣，窃听其议终日，一不能晓，归卧看屋梁，曰："胜昔尝业讲有声，吕公世所谓贤者，相与酬酢，敬信如此。而吾乃不信，可乎？然所疑未解，坐寡闻也。"

乃出蜀，至荆州金銮，夜与一衲，偶忘其名。衲见丫①山情

---

① "丫"，《四库全书》本、《卍续藏经》作"了"。

庵主。普闻其饱参,问之曰:"经论何负禅宗?而长老多讥呵之耶?"衲曰:"以其是识情义理,思想边量,非能发圣得道。脱有得道发圣者,皆藉之以为缘耳。傥不因自悟,唯经论是仗,则能读能知能见解者,皆证圣成道去矣,宁尚与仆辈俯仰耶?唯以死语是所知障,故祖师西来也——本云:故明祖师西来之意也。如经言,一切众生本来成佛,汝信之乎?"对曰:"世尊之语,岂敢不信!"衲曰:"既信矣,则尚何区区远来乎?"对曰:"吾闻禅宗有别传法,故来耳。"衲笑曰:"是则未信,非能信也。"普曰:"其病安在?"衲曰:"积翠南禅师出世久,子见之,不宜后,见则当使汝疾有瘳①矣。"普即日遂行。

以熙宁元年至黄龙,问:"阿难问迦叶:'世尊付金襕外,传何法?'迦叶呼阿难,阿难应诺。迦叶曰:'倒却门前刹竿着。'意旨如何?"南公曰:"上人出蜀,曾到玉泉否?"曰:"曾到。"又问:"曾挂搭否?"曰:"一夕便发。"南公曰:"智者道场,关将军打供,与结缘几时何妨?"普默然良久,理前问。南公俛首,普趋出,大惊曰:"两川义虎,不消此老一唾。"

八年秋,游螺川,待制刘公沆请住慧云禅院七年,迁住禾山十有二年。

元祐五年十二月二十五日,谓左右曰:"诸方尊宿死,丛林必祭,吾以为徒虚设。吾若死,汝曹当先祭。"乃令从今办祭。众以其老,又好戏语,复曰:"和尚几时迁化?"曰:"汝辈祭绝即行。"于是帏寝堂,坐普其中。置祭读文,跪揖上食,普饮餐

---

① "瘳",《卍续藏经》作"廖"。

自如。自门弟子下及庄力,日次为之。至明年元日祭绝,曰:"明日雪晴乃行。"至时晴忽雪,雪止,普安坐,焚香而化,阅世六十有七,坐四十九夏。全身塔于寺之左。

赞曰:初云庵自九峰至庐山,诸方禅者毕集门下,杂还多英俊,而云庵尝敛眉曰:"法道乃今而后,未可知也。"有问其意,曰:"先师在黄檗,众不满百,而明眼辈几半。今虽三倍当时,然才一两人耳。"余时年少,心非其论。观元、普两禅师,皆南公晚子也,而其行己卓绝,且如此。则云庵之言,如百衲帔,天寒岁晚,乃见效哉!

云居佛印元禅师　青原十一世

禅师名了元,字觉老,生饶州浮梁林氏。世业儒,父祖皆不仕。元生三岁,琅琅诵《论语》、诸家诗,五岁诵三千首。既长,从师授五经,略通大义。去读《首楞严经》于竹林寺,爱之,尽捐旧学。白父母,求出家度生死。礼宝积寺沙门日用,试《法华》,受具足戒。

游庐山,谒开先暹道者。暹自负,其号海上横行,俯视后进。元与问答捷给,暹大称赏,以为真英灵衲子也,时年十九。已而又谒圆通讷禅师,讷惊其翰墨曰:"骨格已似雪窦,后来之俊也。"时书记怀琏方应诏而西,讷以元嗣琏之职。江州承天法席虚,讷又以元当选。郡将见而少之,讷曰:"元齿少而德壮,虽万耆衲,不可折也。"于是说法,为开先之嗣,时年二十八。

自其始住承天,移淮山之斗方、庐山之开先归宗、丹阳之金山焦山、江西之大仰,又四住云居。凡四十年之间,德化缁白,名闻幼稚,缙绅之贤者多与之游。

苏东坡谪黄州,庐山对岸。元居归宗,酬酢妙句,与烟云争丽。及其在金山,则东坡得释还吴中,次丹阳,以书抵元曰:"不必出山,当学赵州上等接人。"元得书,径来。东坡迎笑问之,元以偈为献或戏曰:"赵州当日少谦光,不出三门见赵王。争似金山无量相,大千都是一禅床。"东坡抚掌称善。

东坡尝访弟子由于高安,将至之夕,子由与洞山真净文禅师、圣寿聪禅师,连床夜语。三鼓矣,真净忽惊觉曰:"偶梦吾等谒五祖戒禅师,不思而梦,何祥耶?"子由撼聪公,聪曰:"吾方梦见戒禅师。"于是起,品坐笑曰:"梦乃有同者乎?"俄报东坡已至奉新。子由携两衲,候于城南建山寺。有顷,东坡至。理梦事,问:"戒公生何所?"曰:"陕右。"东坡曰:"轼十余岁时,时梦身是僧,往来陕西。"又问:"戒状奚若?"曰:"戒失一目。"东坡曰:"先妣方娠,梦僧至门,瘠而眇。"又问:"戒终何所?"曰:"高安大愚,今五十年。"而东坡时年四十九。后与真净书,其略曰:"戒和尚不识人嫌,强颜复出,亦可笑矣。既是法契或云法器,愿痛加磨励,使还旧观。"自是常着衲衣,故元以裙赠之,而东坡酬以玉带。有偈曰:"病骨难堪玉带围,钝根仍落箭锋机。会当乞食歌姬院,夺得云山旧衲衣。"又曰:"此带阅人如传舍，流传到我亦悠哉。锦袍错落尤相称，乞与佯狂老万回。"

元所居方丈特高，名妙高台。东坡又作诗曰："我欲乘飞车，东访赤松子。蓬莱不可到，弱水三万里。不如金山去，清风半帆耳。中有妙高台，云峰自孤起。仰观初无路，谁信平如砥。台中老比丘，碧眼照窗几。巉巉玉为骨，凛凛霜入齿。机锋不可触，千偈如翻水。何须寻德云？只此比丘是。长生未暇学，请学长不死。"

太子少保张公方平安道，为滁州日，游琅琊山藏院，呼梯，梯梁得木匣，发之，忽悟前身盖知藏僧也，写《楞伽经》，未终而化。安道续书残轴，笔迹宛然如昔，号《二生经》。安道欲刻以印施四方，东坡曰："此经在他人，犹为希世之瑞，况于公乎？请家藏，为子孙无穷之福。"元请东坡代书之，镂板金山。

时士大夫师欧阳文忠公为古文，公佐韩子诋我，以《原性》"性者，与生俱生"之论为铨量。元故以是劝之。又尝谓众曰："昔云门说法如云雨，绝不喜人记录其语，见必骂逐曰：'汝口不用，反记吾语，异时裨贩我去？'今室中对机录，皆香林明教以纸为衣，随所闻即书之。后世学者，渔猎文字语言，正如吹网欲满，非愚即狂。"时江浙丛林，尚以文字为禅，谓之请益，故元以是讽之。

高丽僧统义天，航海至明州，传云义天弃王者位出家，上疏乞遍历丛林，问法受道。有诏朝奉郎杨杰次公馆伴，所经吴中诸刹皆迎饯，如王臣礼。至金山，元床坐，纳其大展。次公惊问故，元曰："义天亦异国僧耳，僧至丛林，规绳如是，不可易也。

众姓出家，同名释子，自非买崔卢，以门阀相高，安问贵种？"次公曰："卑之少徇时宜，求异诸方，亦岂觉老心哉？"元曰："不然，屈道随俗，诸方先失一只眼，何以示华夏师法乎？"朝廷闻之，以元为知大体。

观文殿学士王公韶子淳出守南昌，自以久帅西塞，滥杀罚，留神空宗，祈妙语，以藻雪之。而元适至，子淳请说法于上蓝，元炷香曰："此香为杀人不眨眼上将军，立地成佛大居士。"一众哗曰："善。"子淳亦悠然意消。

灵源清禅师在众时，厕云居法席，痛自韬晦，而声名自然在人口。元升座，举以为堂中第一座，丛林服其公。非特清公，如感铁面、哲真如、百丈肃、仰山简，皆元所赏识也。李公麟伯时为元写照，元曰："必为我作笑状。"自为赞曰："李公天上石麒麟，传得云居道者真。不为拈花明大事，等闲开口笑何人。泥牛漫向风前嗅，枯木无端雪里春。对现堂堂俱不识，太平时代自由身。"

元符元年正月初四日，听客语，有会其心者，轩渠一笑而化。其令画笑状而赞之，非苟然也。阅世六十有七，坐五十有二夏。

元骨面而秀清，临事无凝滞，过眼水流云散，其为人服义疾恶。初举感铁面嗣承天，感曰："使典粥饭，供十方僧可也。如欲继嗣，则慈感已有师。"元奇之。又举宣长老住甘露，宣后卖元，元白于官曰："宣演法未有宗旨，乞改正。"宣竟以是遭逐。杨次公曰："牵牛蹊人之田，而夺之牛也，元不恤。"

元尝游京师，谒曹王，王以其名奏之神考，赐磨衲，号佛印。东坡滑稽于翰墨，戏为之赞，世喜传，故并记之。

赞曰：佛印种性从横，慧辨敏速，如新生驹，不受控勒，盖其材足以御侮。观其临事，护法之心深矣。

卷第三十

宝峰英禅师　南岳十三世

禅师名洪英,出于陈氏,邵武人也。幼警敏,读书五行俱下。父母钟爱之,使为书生。英不食自誓,恳求出家,及成大僧,即行访道。

东游至曹山,依止耆年雅公,久之辞去,登云居,眷岩壑胜绝,为终焉之计。阅《华严十明论》,至"为真智慧无体性,不能自知无性,故为无性之性;不能自知无性,故名曰无明。《华严》第六地曰:'不了第一义,故号曰无明。'将知真智慧本无性,故不能自了。"若遇了缘而了,则无明灭矣,是谓成佛要门。愿以此法,绍隆佛种。然今诸方谁可语此?良久喜曰:"有积翠老在。"即日造黄檗,谒南禅师于积翠,夜语达旦,南公加敬而已。时座下龙象杂还,而英议论尝倾四座,声名籍甚。

尝游西山,遇南昌潘居士,同宿双岭。居士曰:"龙潭见天皇时节,冥合孔子。"英惊问:"何以验之?"曰:"孔子曰:'二三子以我为隐乎?吾无隐乎尔。吾无行而不与二三子者,是丘也。'师以为如何?"英笑曰:"楚人以山鸡为凤,世传以为笑。不意居士此语相类。汝擎茶来,我为汝接;汝行益来,我为汝受;汝问讯,我起手。若言是说,说个什么?若言不说,龙潭何以便悟?此所谓无法可说,是名说法。以世尊之辩,亦不能加此两句耳。学者但求解会,譬如以五色图画虚空。鸟窠无佛法可传授,不可默坐,闲拈布毛吹之,侍者便悟。学者乃曰:'拈起布毛,全体发露。'似此见解,未出教乘。其可称祖师门下客哉?九峰被人问:'深山里有佛法也无?'不得已曰:'有。'及被穷诘无可有,乃曰:'石头大者大、小者小。'学者卜度曰:'刹说众生说,三世炽然说。'审如是教乘自足,何必更问祖师意旨耶?要得脱体明去,譬如眼病人求医治之,医者但能去瞖膜,不曾以光明与之。"居士推床惊曰:"吾忧积翠法道未有继者,今知尽在子。躬厚自爱。"

双岭顺禅师问:"庵中老师好问学者,并却咽喉唇吻,道取一句。首座曾道得么?"英干笑,已而有偈曰:"阿家尝醋三赤喙,新妇洗面摸着鼻。道吾答话得腰裈,玄沙开书是白纸。"于是顺公屈服,以为名下无虚士。

有同参在石门,分座接纳。英作偈寄之曰:"万锻炉中铁蒺梨,直须高价莫饶伊。横来竖去呵呵笑,一任旁人鼓是非。"

熙宁元年,首众僧于庐山圆通寺,学者归之如南公。明年春,南公下世。冬十月,英开法于石门。又明年六月,知事纷争,止之不可。初九日谓众曰:"领众不肃,正坐无德,吾有愧黄龙。"呼维那鸣钟众集,叙行脚始末曰:"吾灭后火化,以骨石藏普通塔,明生死不离清众也。"言卒而逝,阅世五十有九,坐四十三夏。

赞曰：英厌纷争之众而趋死，又诫以骨石藏普通塔，其以死生为儿戏乎？晋魏舒丧其室，一恸而止，曰："吾不及庄周远甚。"桓温、殷浩儿时戏，温弃鞭而浩取之。温后喜曰："吾固知浩出吾下。"古人哭泣戏剧之间，自验其材如此。英叹领众不肃，而愧黄龙，自鞭不赦，可以为法哉！

保宁玑禅师 南岳十三世

禅师名圆玑，福州林氏子。生方晬而孤，舅收毓之。年十六，视瞻精彩。福清应天僧传捧见之异焉，曰："若从我游乎？"玑仰视，欣然为负杖笠去归，俄试所习得度。

游东吴，依天衣怀。怀殁，师事黄檗南禅师，密授记莂。玑天姿精勤，荷担丛林，不知寒暑，垦荒地为良田，莳松杉为美干，守一职，十年不易，南公称以为本色出家儿，及迁黄龙，携玑与俱。

熙宁二年，南公殁，建塔毕，辞去。东林总公命为堂中第一座，人望益峻。信之龟峰、潭之大沩，争迎致，而玑坚卧不答。宝觉禅师欲以继黄龙法席，玑掉头掣肘径去，宝觉不强也。人问其故，对曰："先师诫我：未登五十，不可为人。"

玑客于归宗，时年四十八矣。佛印元公劝之以应翠岩之命，从南昌帅谢景温师直请也。又十年，移住圆通，从金陵帅朱彦世英请也。崇宁二年，世英复守金陵，会保宁虚席，移玑自近。江淮缙绅、都会休沐，车骑填门，奕棋煮茗，如兰丛、如玉树，而玑俎豆其中，兀如枯株，然谈剧有味。

睢阳许顗彦周锐于参道，见玑作礼，玑曰："莫将闲事挂心头。"彦周曰："如何是闲事？"答曰："参禅学道是。"于是彦周开悟，良久曰："大道甚坦夷，何用许多言句葛藤乎？"玑呼侍者，理前语问之，侍者瞠而却。玑谓彦周曰："言句葛藤又不可废也，疾学者昧着文字。"作偈曰："不学文章不读书。颓然终日自如愚。虽然百事不通晓，是马何曾唤作驴！"

政和五年，易保宁为神霄，即日退庵于城南。八年九月示微病，二十二日浴罢，说偈而逝，阅世八十有三，坐六十三夏。阇维有终不坏者二，而糁以五色舍利，塔于雨华台之左。

赞曰：玑雅自号无学老，而书偈于所居之壁曰："无学庵中老，平生百不能。忖思多幸处，至老得为僧。"宣和元年正月，诏下发天下僧尼为德士女德，而玑化去已逾年矣！夫岂苟然哉？

黄龙佛寿清禅师　南岳十四世

禅师名惟清，字觉天，号灵源叟，生南州武宁陈氏。方垂髫上学，日诵数千言，吾伊上口。有异比丘过书肆，见之引手，熟视之，大惊曰："菰蒲中有此儿耶？"告其父母，听出家从之。师事戒律师，年十七为大僧。

闻延恩院耆宿法安见本色人，上谒愿留就学。安曰："汝苦海法船也，我寻常沟壑耳，岂能藏哉？黄龙宝觉心禅师是汝之师，亟行无后。"时公至黄龙，泯泯与众作息，问答茫然，不知端倪。夜誓诸佛前曰："倘有省发，愿尽形寿，以法为檀，世世力弘大法。"初阅玄沙语，倦而倚壁，起经行，步促遗履，俯取之，乃大悟。以所悟告宝觉，宝觉曰："从缘入者永无退失。然新得法空者，多喜悦致散乱。"令就侍者房熟寐。

公风神洞冰雪，而趣识卓绝流辈，龙图徐禧德占、太史黄庭坚鲁直，皆师友之。其见宝觉，得记莂，乃公为之地。宝觉钟爱，至忘其为师，议论商略如交友，诸方号清侍者，如赵州文远、南院守廓。

张丞相商英始奉使江西，高其为人，厚礼致，以居洪州观音，不赴。又十年，淮南使者朱京世昌，请住舒州太平，乃赴。

衲子争趋之,其盛不减圆通。在法云长芦时,宝觉春秋高,江西使者王桓迁公居黄龙,不辞而往。未几宝觉殁,即移疾居昭默堂,颓然坐一室,天下想其标致,摩云昂霄。

余时以法门昆弟,预闻其论,曰:"今之学者未脱生死,病在什么处?在偷心未死耳。然非其罪,为师者之罪也。如汉高帝绐韩信而杀之,信虽曰死,其心果死乎?古之学者言下脱生死,效在什么处?在偷心已死,然非学者自能尔,实为师者钳锤妙密也。如梁武帝御大殿,见侯景不动声气,而景之心已枯竭无余矣。"诸方所说,非不美丽,要之如赵昌画花逼真,非真花也。其指法巧譬类如此。

闲居十五年,天下禅学者,知而亲依之可也。公卿大夫何自而知,亦争亲近之乎?非雷非霆,而声名常在人耳,何修而臻此哉?平生至诚恻怛于道而已。

政和七年九月十八日,食罢掩房,遣呼以栖首座至,叙说决别,乃起浴更衣,以手指顶,侍者为净发讫,安坐而寂。

前十日,自作《无生常住真归告铭》曰:"贤劫第四尊,释迦文佛直下第四十八世孙惟清。虽从本觉应缘出生,而了缘即空,初无自性。氏族亲里,莫得而详。但以正因一念为所宗承,是厕释迦之远孙,其号灵源叟。据自了因所了妙性,无名字中示称谓耳;亦临济无位真人、傅大士之心王类矣;亦正法眼藏、涅槃妙心,唯证乃知,余莫能测者欤!所以六祖问让和尚:'什么处来?'曰:'嵩山来。'祖曰:'什么物怎么来!'曰:'说似一物即不中。'祖曰:'还假修证否?'曰:'修证即不无,污染即不得。'祖曰:'即此不污染,是诸佛之护念。汝既如是,吾亦如是。'兹盖独标清净法身，以遵教外别传之宗。而拣云：报化非真佛，亦非说法者。然非无报化大功大用，谓若解通报化而不顿见法身，则滞污染缘，乖护念旨，理必警省耳。夫少室道行，光腾后裔，则有云门偃奋雄音绝唱于国中，临济玄振大用大机于天下，皆得正传，世咸宗奉。惟清望临济，九世祖也。今宗教衰丧，其未尽绝灭者，唯二家微派斑斑有焉，然名多愧实。顾适当危寄而朝露身，缘势迫晞，坠因力病①，释俗从真，叙如上事，以授二三子。吾委息后，当用依禀观究，即不违先圣法门，而自见深益。慎勿随末法所尚，乞空文于有位，求为铭志，张饰说以浼吾。至嘱至嘱！"因自所叙，曰《无生常住真归诰》，且系之以铭，铭曰："无涯湛海，瞥起一沤。亘乎百年，曷浮曷休。广莫清汉，歘生片云。有无起灭，隐显何分。了兹二者，即见实相。十世古今，始终现量。吾铭此旨，昭示汝曹。泥多佛大，水长船高。"

公遗言藏骨石于海会，示生死不与众隔也。门弟子确诚克奉藏之，而增修其旧，不敢违其诫。公赐号佛寿，从枢密邓公洵武请也。

赞曰：初灵源讣至，读其自作《志铭》，叹曰："何疾世或云何疾法②之弊，自珍其道之深乎？"收涕为之词曰："今年九月十有八，清净法身忽衰飒。生死鹘仑谁劈破，披露梦中根境法。无生塔成自作铭，人言无亏宁有成。一切法空尚曰座，此塔安得离色声。障云方增佛日晚，长蹉更失人天眼。但余荷负大法心，乞与丛林照古今。"

---

① "病"，《四库全书》本作"疾"。
② 原文衍"弊自珍其道之深乎"。

补禅林僧宝传

舟峰庵沙门 庆老 撰

五祖演禅师　南岳十四世

禅师讳法演，绵州巴西邓氏。少落发受具，预成都讲席，习《百法》《唯识论》，窥其奥，置之曰："胶柱安能鼓瑟乎？"即行①，游方所至，无足当其意者。

抵浮山，谒远录公，久之无所发明。远曰："吾老矣。白云端炉鞴不可失也。"演唯诺，径造白云端。曰："川蘳苴，汝来耶？"演拜而就列。一日举僧问南泉摩尼珠语，以问端，端叱之。演领悟，汗流被体，乃献投机颂曰："山前一片闲田地，叉手叮咛问祖翁。几度卖来还自买，为怜松竹引清风。"端颔之曰："栗棘蓬禅，属子矣。"

演掌磨，有僧视磨急转，指以问演："此神通耶？法尔耶？"演褰衣旋磨一匝。端尝示众云："古人道：'如镜铸像。'像成后，

---

① "行"，《四库全书》本作"弃"。

镜在什么处?"众下语不契。演作街坊,自外来。端举示演,演前问讯曰:"也不争多。"端笑曰:"须是道者始得。"

初住四面,迁白云。上堂云:"汝等诸人,见老和尚鼓动唇舌、竖起拂子,便作胜解。及乎山禽聚集、牛动尾巴,却将作等闲。殊不知,檐声不断前旬雨,电影还连后夜雷。"又云:"悟了同未悟,归家寻旧路。一字是一字,一句是一句。自小不脱空,两岁学移步。湛水生莲华,一年生一度。"又云:"贱卖担板汉,贴秤麻三斤。百千年滞货,何处着浑身。"张丞相谓其应机接物,孤峭径直,不犯刊削。其知言耶!

演出世四十余年,晚住太平,移东山。崇宁三年六月二十五日,上堂辞众,时山门有土木之工,演躬自督役,诫曰:"汝等好作息,吾不复来矣。"归方丈,净发澡浴,旦日吉祥而逝,阇维得舍利甚夥,塔于东山之南,盖年八十余。

先是五祖遗记曰:"吾灭后可留真身。吾手启而举,吾再出矣。"演住山时,塑手泥涞音来中裂,相去容匕,众咸异之。演尝拜塔,以手指云:"当时与么全身去,今日重来记得无?"复云:"以何为验?以此为验。"遂作礼。及其将亡也,山摧石陨,四十里内,岩谷震吼。得法子,曰惠勤、曰克勤、曰清远,皆知名当世云。

赞曰:临济七传而得石霜圆。圆之子,一为积翠南,一为杨岐会。南之设施,如坐四达之衢,聚珍怪百物而鬻之,遗簪堕珥,随所探焉,骎骎末流,冒其氏者,未可以一二数也。会乃如玉人之治璠玙,玟玖废矣,故其子孙皆光明照人,克世其家,盖碧落碑无赝本也。

云岩新禅师　南岳十四世

禅师讳悟新，王氏，韶州曲江人。魁岸黑面，如梵僧。壮依佛陀院落发，以气节盖众，好面折人。

初谒栖贤秀铁面，秀问："上座甚处人？"对曰："广南韶州。"又问："曾到云门否？"对曰："曾到。"又问："曾到灵树否？"对曰："曾到。"秀曰："如何是灵树枝条？"对曰："长底自长，短底自短。"秀曰："广南蛮，莫乱说。"新曰："向北驴，只恁么。"拂袖而出。秀器之，而新无留意。

乃之黄龙，谒宝觉禅师，谈辩无所抵捂。宝觉曰："若之技止此耶，是固说食耳，渠能饱人乎？"新窘，无以进，从容白曰："悟新到此，弓折箭尽，愿和尚慈悲，指个安乐处。"宝觉曰："一尘飞而翳天，一芥堕而覆地。安乐处正忌上座许多骨董，直须死却无量劫来偷心，乃可耳。"新趋出。一日默坐下板，会知事捶行者，新闻杖声，忽大悟，奋起忘纳其屦，趋方丈见宝觉，自誉曰："天下人总是学得底，某甲是悟得底。"宝觉笑曰："选佛得甲科，何可当也？"新自是号为死心叟，榜其居曰死心室，盖识悟也。

久之去游湘西，是时哲禅师领岳麓，新往造焉。哲问："是凡是圣?"对曰:"非凡非圣。"哲曰:"是什么?"对曰:"高着眼。"哲曰:"怎么,则南山起云,北山下雨。"对曰:"且道是凡是圣?"哲曰:"争奈头上漫漫,脚下漫漫?"新仰屋作嘘声,哲曰:"气急杀人。"对曰:"恰是。"拂袖便出。

谒法昌遇禅师,遇问:"近离甚处?"对曰:"某甲自黄龙来。"遇云:"还见心禅师么?"对曰:"见。"遇曰:"什么处见?"对曰:"吃粥吃饭处见。"遇插火箸于炉中云:"这个又怎生?"新拽脱火箸便行。

新初住云岩,已而迁翠岩。翠岩旧有淫祠,乡人禳祴,酒胾汪秽无虚日。新诫知事毁之,知事辞以不敢掇祸。新怒曰:"使能作祸,吾自当之。"乃躬自毁拆。俄有巨蟒盘卧内,引首作吞噬之状,新叱之而遁,新安寝无他。未几再领云岩,建经藏,太史黄公庭坚为作记,有以其亲墓志镵于碑阴者,新恚骂曰:"陵侮不避祸若是!"语未卒,电光翻屋,雷击自户入,折其碑阴中分之,视之已成灰烬,而藏记安然无损。

晚迁住黄龙,学者云委。属疾退居晦堂,夜参,竖起拂子云:"看看!拂子病,死心病。拂子安,死心安。拂子穿却死心,死心穿却拂子。正当恁么时,唤作拂子又是死心,唤作死心又是拂子,毕竟唤作什么?"良久云:"莫把是非来辩我,浮生穿凿[①]不相干。"有乞末后句者,新与偈云:"末后一句子,直须心路绝。六根门既空,万法无生灭。于此彻其源,不须求解脱。生平爱骂人,只为长快活。"

---

① "凿",《卍续藏经》作"鑿"。

政和五年十二月十三日晚，小参说偈。十五日，泊然坐逝。讣闻诸方，衲子为之呜咽流涕。荼毗得舍利五色。阅世七十二，坐四十五夏。塔于晦堂之后。

赞曰：余阅死心悟门，正所谓渴骥①奔泉，怒猊抉石者也。当其凡圣情尽，佛祖在所诋诃，况余子乎！山谷谓其雍雍肃肃，观者拱手，此老盖亦惮之矣。

南岳石头志庵主　南岳十四世

公讳怀志，出于婺州金华吴氏。性夷粹，聪警绝人。年十四，去依智慧院宝偈为童子。二十二试所习落发。预讲肆十二年，宿学争下之。尝欲会通诸宗异义，为书传世，以端正一代时教之本意。有禅者问曰："杜顺乃贤首宗祖师也，而谈法身则曰：'怀州牛吃禾，益州马腹胀。'此偈合归天台何义耶？"志不能对，即行游方。

晚至洞山，谒真净文禅师，问："古人一喝不作一喝用，意旨如何？"文公呵叱之。志趋出，文笑呼曰："浙子，斋后游山好。"志领悟。久之辞去，真净曰："子禅虽逸格，惜缘不胜耳。"

---

① "骥"，《卍续藏经》作"驴"。

志识其意，拜赐而行。

至袁州，州人请居杨岐，挽留之，掣肘而去。游湘上，潭牧闻其名，请居上封北禅，皆不受。庵于衡岳二十余年，士大夫经由造其居，不甚顾答，人问其故，曰："彼富贵人，辩博德闻。我粥饭僧耳，口吻迟钝，无可说，自然憨痴去。"有偈曰："万机俱罢付痴憨，踪迹时容野鹿参。不脱麻衣拳作枕，几生梦在绿萝庵。"又问曰："师住山多年，有何旨趣？"对曰："山中住，独掩柴门无别趣。三块柴头品字煨，不用援毫文彩露。"

崇宁元年冬，遍辞山中之人，曳杖径去，留之不可，曰："龙安照禅师，吾友也，偶念见之耳。"龙安闻其旨，来使人自长沙迎之，居于最乐堂。明年六月晦，问侍者日早莫，曰："已夕矣。"笑曰："梦境相逢，我睡已觉。汝但莫负丛林，即是报佛恩德。"言讫而寂。荼①毗收骨石，塔于乳峰之下。阅世六十四年，坐四十三夏。

赞曰：石头道人以夷粹之资，入道稳实，其去新丰而游湘西也，以水声林影自娱，谨守其师之言，不为世用。譬之云行鸟飞，初无留碍，故当时公卿贵人莫能亲疏之，岂常人哉？彼视咿嘤取容，卖佛祖以渔利者，顾不太息耶？甘露灭，既论撰其出处之详，又列之《林间录》中，盖有所激云耳。

---

① "荼"，原文及诸校本均作"茶"，据文义改。

《嘉兴藏》附记

先师兄绝际庵主尝谓善立曰:"《僧宝传》旧板漫灭滋甚,加之岁月,吾恐寂音尊者遗文寂寥无闻矣。余虽老且病,尚堪办此,天假其成,则吾死之,且犹生之年也。"遂于至顺改元秋,募缘锓木,虽终日踌跚,一榻从事药裹,未尝不手披目阅,以订其差讹也。孜孜矻矻,甫及其半,大期既迫,斋志而没,吁!可悲也已!今则善立不量孱弱,勉承坠绪,幸赖众檀,已克完具。设有不离文字,洞见诸善知识肺肝者,不惟此书为筌蹄,而吾绝际师兄之志,庶可申矣。

至顺二年八月朔日,师弟比丘善立书。

五山本附记

尝观八十余员老,恶迹那堪向外扬。底事传为希世宝,重新拈出在榑桑。义心禅者募缘,将唐本《僧宝传》抄写,重新锓梓,以广其传。贵后之览者,如获司南之车,可以追配古人之万一,庶真风之不坠也。

时永仁乙未孟秋,蜀苾刍镜堂叟觉圆书。

僧宝人人沧海珠,寂音已是强名模。觉庵父子讹传处,狼藉诸方掩得无。遇时甫板行寂音尊者所著《僧宝》,意归北山。未几时偶堕他人之手,甫且死,弟子守净行人寻访得之,遂了其师初心。住灵隐广闻,因出此纸,乃为之书,宝卯嘉平。

尊者存心不易论,要教旧话得新闻。非惟特地酬先志,且愿流通此法门。净老宿以令师昔所刊《僧宝传》板,舍归灵隐旃檀林,使佛祖慧命流通。炷香求语,以此证之。

虚堂老衲智愚书。

临济宗旨①

宋·明白庵居沙门 惠洪 撰

　　汾阳昭禅师示众曰:"先圣云:'一句语须具三玄,一玄中须具三要。'阿那个是三玄三要底句?快会取好!各自思量,还得稳当也未?古德已前行脚,闻一个因缘未明中间,直下饮食无味,睡卧不安,火急抉择,岂将为小事?所以大觉老人为一大事因缘出现于世,想计他从上来行脚,不为游山玩水、看州府奢华、片衣口食,皆为圣心未通,所以驱驰行脚,抉择深奥,传唱敷扬,博问先知,亲近高德。盖为续佛心灯,绍隆佛种。祖代兴崇圣种,接引后机,自利利他,不忘先迹。如今还有商量者么?有即出来,大家商量。"

　　僧问:"如何是接初机底句?"答曰:"汝是行脚僧。"又问:"如何是辨②衲僧底句?"答曰:"西方日出卯。"又问:"如何是

---

① 《四库全书》本所刊《临济宗旨》段落前后错乱。
② "辨",常熟本作"辩"。下同。

正令行底句？"答曰："千里持来呈旧面。"又问："如何是立乾坤底句？"答曰："北俱卢洲长粳米，食者无嗔亦无喜。"师曰："只将此四转语，验天下衲僧，才见汝出来验得了也。"

僧问："如何是学人着力处？"答曰："嘉州打大像。"问："如何是学人转身处？"答曰："陕府灌铁牛。"问："如何是学人亲切处？"答曰："西河弄师子。"

师曰："若人会此三句，已辨三玄，更有三要语在，切在荐取，不是等闲。"与大众颂出曰："三玄三要事难分，得意忘言道易亲，一句明明该万象，重阳九日菊花新。还会么？恁么会得，不是性燥衲僧作怎生会好？"

又举三玄语曰："汝还会三玄底时节么？直须会取古人意旨，然后自心明去，更得通变自在，受用无穷，唤作自受用身佛，不从他教，便识得自家活计。所以南泉曰：'王老师十八上解作活计。'"

僧便问："古人十八上解作活计，未审作个什么活计？"答曰："两只水牯牛，双角无栏桊。"复云："若要于此明得去，直须得三玄旨趣，始得受用无碍。自家庆快，以畅平生。大丈夫汉莫教自辜，触事不通，彼无利济。与汝一切颂出，曰：'第一玄，法界广无边，森罗及万象，总在镜中圆。第二玄，释尊问阿难，多闻随事答，应器量方圆。第三玄，直出古皇前，四句百非外，闾氏问丰干。'"师乃曰："这个是三玄底颂，作么生是三玄底旨趣？直教决择分明，莫只与么望空里妄解。道我曾亲近和尚，来与我说了。脱空漫语，诳吓他人，吃铁棒有日，莫言不道。"

又因采菊谓众曰："金华布地，玉蕊承天，杲日当空，乾坤朗曜，云腾致雨，露结为霜，不伤物义，道将一句来！还有道得底么？若道不得，眼中有屑，直须出却始得。所以风穴云：'若立一尘，家国兴盛，野老颦蹙；不立一尘，家国丧亡，野老安贴。'于此明去，阇梨无分，全是老僧。于此不明，老僧即是阇梨。阇梨与老僧亦能悟却天下人，亦能瞎却天下人。要知老僧与阇梨么？"拊其膝曰："这里是阇梨，这里是老僧。且问诸上座，老僧与阇梨是同是别？若道是同去，上座自上座，老僧自老僧；若道是别去，又道老僧即是阇梨。若能于此明得去，一句中有三玄三要，宾主历然，平生事办，参寻事毕。所以永嘉曰：'粉骨碎身未足酬，一句了然超百亿。'"

又曰："临济两堂首座一日相见，齐下喝。僧问临济：'还有宾主也无？'答曰：'宾主历然。'"师作偈曰："两堂首座总作家，其中道理有分拏，宾主历然明似镜，宗师为点眼中花。"

无尽居士谓予曰："汾阳，临济五世之嫡孙，天下学者宗仰，观其提纲渠渠，唯论三玄三要，今其法派皆以谓：'三玄三要，一期建立之语，无益于道，但于诸法不生异见，一切平常，即是祖意。'其说是否？"

予曰："居士闻其说，晓然了解，宁复疑汾阳提纲乎？"曰："吾固疑而未决也。"予曰："此其三玄三要之所以设也。所言一句中具三玄，一玄中具三要，有玄有要者，一切众生热恼悔中，清凉寂灭法幢也。此幢之建，譬如涂毒之鼓，挝之则闻者皆死，唯远闻者后死，若不横死者虽闻不死。临济无恙时，兴化、三圣、保寿定上座辈闻而死者，今百余年，犹有悟其旨者即后死者也。而诸法派谓无益于道者，即不横死者也。祖宗门风壁立万仞，而子孙畏之，喜行平易坦涂，此所谓法道陵夷也。譬如衣冠称孔门弟子而毁易系辞，三尺童子笑之。临济但曰：'一句中具三玄，一玄中具三要。'有玄有要而已，初未尝自为句中玄、意中玄、体中玄也。古塔主者误认玄沙三句为三玄，故但分三玄而遗落三要。丛林安之，不以为非，为可太息。玄沙曰：'真常流注为平等法。'但是以言遣言，以理逐理，为之明前不明后。盖分证法身之量，未有出格之句，死在句下。若知出格之量，则不被心魔所使，入到手中便转换，落落地，言通大道，不坐平常之见。此第一句也，古谓之句中玄。回机转位，生杀自在，纵夺随宜，出生入死，广利一切，迥脱色欲，爱见之境。此第二句也，古谓之意中玄。明阴洞阳，廓周沙界，一真体性，大用现前，应化无方，全用全不用，全生全不生，方便唤作慈定之门。此第三句也，古谓之体中玄。浮山远公亦曰：'意中玄，非意识之意。'古不足道，远亦迷倒，予不可以不辨。"无尽颔之。

又曰："吾顷见谢师直称吴僧简程者有大知见，亲见慈明，盖是真点胸、杨岐、道吾之流亚，接人多举汾阳十智同真，愿①遂闻其说。"

予曰："十智同真，与三玄三要同一关捩。汾阳曰：'夫说法者须具十智同真，若不具十智同真，邪正不辨，缁素不分，不能与人天为眼目，决断是非。如鸟飞空而折翼，如箭射的而断弦，弦断故射的不中，翼折故空不可飞。弦壮翼牢，空的俱彻。作么生是十智同真？与诸上座点出：一同一质，二同大事，三总同

---

① "愿"，常熟本作"颂"。

参，四同真智，五同遍普，六同具足，七同得失，八同生杀，九同音吼，十同得入。'又云：'与什么人同得入？与谁同音吼？作么生是同生杀？什么物同得失？阿那个同具足？是什么同遍普？何人同真智？孰能总同参？那个同大事？何物同一质？有点得出底么？点得出者，不恪慈悲，点不出者，未有参学眼在，切须辨取，要识是非面目见在。'今此法门，丛林怕怖，不欲闻其名，何以言之？诸方但爱平实见解，执之不移，唯欲传授，不信有悟。借使汾阳复生，亲为剖析，亦以为非。昔阿难夜经行，闻童子诵佛偈曰：'若人生百岁，不善水潦鹤，未若生一日，而得决了之。'阿难就教之曰：'不善诸佛机，非水潦鹤也。'童子归，白其师。师笑曰：'阿难老昏矣，当以我语为是。'于今学者之前语三玄十智，旨趣何以异此？"

于是无尽嗟咨曰："然！其旨趣岂无方便？"予作偈曰："十智同真面目全，于中一智是根源，若人欲见汾阳老，劈破三玄作两边。"

又问："四种宝主亦临济建立法门乎？"

予曰："三世如来、诸代祖师锻出凡圣情见之炉锤，非止临济用之。如龙山本见马祖，洞山价禅师初游方，与密师伯者偕行，经长沙龙山之下，见溪流菜叶，价回瞻峰峦深秀，谓密曰：'个中必有隐者。'乃并溪而进，十许里有老僧癯甚，以手加额呼曰：'此间无路，汝辈何自而至？'价曰：'无路且置，庵主自何而入？'曰：'我不曾云水。'价曰：'庵主住山几许时？'曰：'春秋不涉。'价曰：'庵主先住耶？此山先住耶？'曰：'不知。'价曰：'为什么不知？'曰：'我不曾人天来。'价曰：'得何道理便尔住山？'曰：'我见泥牛斗入海，直至而今无消息。'价即班密之下而拜之，问：'如何是主中宾？'曰：'青山覆白云。'又问：'如何是主中主？'曰：'长年不出户。'又问：'主宾相去几何？'曰：'长江水上波。'又问：'宾主相见，有何言说？'曰：'青风拂白月。'价再拜，求依止。老僧笑曰：'三间茅屋从来住，一道神光万境闲。莫作是非来辨我，浮生穿凿不相关。'于是自焚其庵，深入层峰。其后价住山，问僧：'何者是汝主人公？'对曰：'现祗对者。'价仰而咨嗟曰：'此所谓马后驴前事，奈何认以为自己乎？佛法平沈，此其兆也。客中主尚未明，况主中主哉？'僧曰：'如何是主中主？'价曰：'汝自道看！'曰：'道得即是客中主。如何是主中主？'价良久曰：'不辞向汝道，相续也大难！'"

予观龙山老僧之意，如萧何之识韩信，岂有法哉！而价公之论如霍光之立朝，进止亦有律度。呜呼！后生之不见古人之大全也，必矣。价亦置主中主于胸中可疑也。予尝至临川与朱世英游相好，俄，上蓝长老者至上蓝，谓世英曰："觉范闻工诗耳，禅则其师犹错，矧弟子耶！"世英笑曰："师能勘验之乎？"上蓝曰："诺。"居一日，同游疏山，饭于逆旅。上蓝以手画案，谓余曰："经轴之上必题以字，是何义？"予亦画圆相，横一画曰："是此义也。"上蓝愕然。予为作偈曰："以字不成八不是，法身睡着无遮闭，衲僧对面不知名，百众人前呼不起。"上蓝归，举似世英，世英拊手曰："孰为诗僧亦能识字义乎！"

因同看汾阳作《犎牛偈》，曰："有头无角实堪嗟，百劫难逃这作家。凡圣不能明得尽，现前相貌有些些。"予谓世英曰："此偈又予字义之训诂也。"

世英问余:"《华严经》曰:毗目仙人执善财手,即时善财自见其身,住十佛刹微尘数世界中,到十佛刹微尘数诸佛所,见彼佛刹及其众会诸佛相好、种种庄严乃至,或经百千亿不可说佛刹微尘数劫乃至;时彼仙人放善财童子手,即时自见其身还在本处。此一段义何以明之?"

予曰:"皆象也。方执其手,即入观法之时,见自他不隔于毫端,始终不移于当念。及其放手,即是出定之时。永明于是,知不动本位,远近之刹历然一念,靡移延促之时宛尔。世尊盖以莲为譬,而世莫有知者,予特知之。夫莲方开花时,中已有子,子中已有蒂,因中有果,果中有因。三世一时也,其子分布又会属焉①,相续不断,十方不隔也。"

又问:"《法华经》曰:世尊于一切众前现大神力,出广长舌相,上至梵世。极难和会。而解者曰:'佛音深妙,触处皆闻,超越圣凡,则其舌广长高出梵世。'此说如何?"

予曰:"此殆所谓随语生解,非如来世尊之意。沩山曰:'凡圣情尽,体露真常,理事不二,即如如佛。'而学者不能深味此语,苟认意度而已,譬如众盲摸象,随其所得为是,故象偏为尾、为蹄、为腰、为牙,而全象隐矣。《般若经》曰'无二无二分,无别无断故'者,真常也,非凝然一物,卓然不变坏之真常也。舌相之至梵世,其可以情求哉?唐僧玄奘至西竺见戒贤论师,贤时已一百六岁,众所宗向,号正法藏。奘修敬讫,贤使

---

① "焉",常熟本作"也"。

座,问:'从何来?'对曰:'从支那国来,欲学《瑜珈》等论。'于是贤流涕呼弟子觉贤,指以谓曰:'我前所梦何如?'弟子谓奘曰:'和尚三年前得疾危甚,如人以刀划其腹,欲不食而死。夜梦男子身金色曰:汝勿自厌其身,汝昔作贵,近多害物命,当自悔责,自尽何益?有支那国僧来此学法,已在涂矣,三年当至。以法惠彼,彼复流通,汝罪自灭。我曼殊室利也,故来晓汝耳。和尚疾损已三年,而阇梨果至,前梦有征也。'"

予涉世多艰,盖其夙障,闻曼殊室利之言以法惠人,则罪自灭,故有撰述佛祖旨诀之意,欲以惠人而自灭夙障耳,非有他求也。

附录一

（一）惠洪《石门文字禅》选录

寂音自叙

本江西筠州新昌喻氏之子，年十四，父母并月而殁，乃依三峰靓禅师为童子，十九试经于东京天王寺得度，冒惠洪名。依宣秘大师深公，讲《成唯识论》，有声讲肆。服勤四年，辞之南归，依真净禅师于庐山归宗。及真净迁洪州石门，又随以至，前后七年。年二十九，乃游东吴，明年游衡岳。又三年而真净终于庵。自湘中归拜塔，将终藏于黄龙。而显谟朱彦世英请住临川北禅二年，退而游金陵。久之，运使学士吴开正重请住清凉入寺，为狂僧诬以为伪度牒，且旁连前狂僧法和等讪议事，入制狱一年，坐冒惠洪名，著缝掖入京师，大丞相张商英特奏，再得度。节使郭天信奏师名，坐交张、郭厚善。以政和元年十月二十六日配海外，以二年二月二十五日到琼州，五月七日到崖州，三年五月二十五日蒙恩释放。十一月十七日北渡海，以明年四月到筠，馆于荷塘寺。十月又证狱并门，五年夏于新昌之度门，往来九峰洞山者四年。将自西安入湘上，依法眷以老馆云岩。又为狂道士诬以为张怀素党人，官吏皆知其误认张丞相为怀素，然事须根治，坐南昌狱百余日。会两赦得释，遂归湘上南台，以宣和四年夏释。此论明年三月四日毕，停笔坐念涉世多艰，百念灰冷，时年五十三矣。

追绎达摩四种行，作四偈。《无求行》曰："形恃美好，今已毁坏。置之世路，自觉塞碍。始缘饥寒，致万憎爱。欲坏身衰，入此三昧。"《随缘行》曰："此生梦幻，缘业所转。随其所遭，敢择贵贱。眠食既足，余复何羡。缘尽则行，无可顾恋。"《报冤行》曰："僧婴王难，情观可丑。夙业纯熟，所以甘受。受尽还无，何丑之有。转重还轻，佛恩弥厚。"《称法行》曰："本无贪瞋，我持戒忍。食不过中，手不操楯。风必顿息，而浪渐尽。离微细念，方名见性。"既说是偈，并载于此时省观焉。呜呼！孙思邈著《大风恶疾论》曰："神仙传有数十人，皆因恶疾而得仙道。何者？割弃尘累，怀颖阳之风，所以因祸而取福也。"寂音之祸，奇祸也。因祸以得尽窥佛祖之意，不能文以达意以寿后世，则思邈之论可信也。

明白庵铭并序

余世缘深重，夙习羁縻，好论古今治乱是非成败。交游多讥诃之。独陈莹中曰："于道初不相妨，譬如山川之有飞云，草木之有华滋，所谓秀媚精进。"余心知其戏，然为之不已。大观元年春，结庵于临川，名曰明白。欲痛自治也。莹中闻之，以偈见寄曰："庵中不着毗耶坐，亦许灵山问法人。便谓世间憎爱尽，攒眉出社有谁瞋。"于是堤岸辄决。又复滚滚多言，然竟坐此得罪，出九死而仅生，恨识不知微，道不胜习，乃收招魂魄，料理初心，为之铭曰：

雷霆发声，万国春晓，闻者不言，心得意了。木落霜清，水归沙在，忽然震惊，闻者骇怪。合妙日用，如春雷霆，背觉合尘，如冬震惊。万机俱罢，随缘放旷，尚无了知，安有倒想。永惟此恩，研味其旨，一庵收身，以时卧起。语默不昧，丝毫弗差，蒙杂而着，随孚于嘉。

宜独岩铭并序

余性喜笑傲，不了人之爱憎，比坐哗众，人所鄙弃。饭余曳杖，山行路穷则反。会意植杖，莞然一笑，响应山谷之西。崦幽奇可爱，有岩西向，洞如侧磬，中有石砧，仅容坐卧，而附岩左右，偏生修竹。余每至此，终日忘归。既久，因名其岩曰"宜独"，乃为之铭。铭曰："幽岩如磬，侧立山腹，中有石床，砥平而绿。我来忘归，卧听风竹。夫物得宜，如眉映目。幽居情闲，乃名宜独。一顷之陂，清饮两鹄。得其所哉，此诗可录。"

座右铭

行与邪分途，居与正为邻，于中有取舍，此外无疏亲，此为朝市者言之。肥家以忍顺，全交以简恭，好学如不及，求名如傥来，此为山林者言之。大丈夫当期出生死，生死皆由心所造，心灭生死乃坏，心灭则髑髅是水，心生则爪皮是罪。渊乎妙哉！一念不生，即入无垢三昧。

题佛鉴《僧宝传》

禅者精于道，身世两忘，未尝从事于翰墨，故唐宋僧史，皆出于讲师之笔。道宣精于律而文词非其所长，作禅者传如户婚按检。赞宁博于学，然其识暗，以永明为兴福，岩头为施身，又聚众碣之文为传，故其书非一体。予甚悼惜之。顷尝经行诸方，见博大秀杰之衲，能袒肩以荷大法者，必编次而藏之，盖有志于为史。中以罪废逐，还自海外，则意绪衰落，魂魄遗失，其存者无几。

宣和改元夏，于湘西之谷山，发其藏畜，得七十余辈。因仿前史作赞，使学者概其为书之意。书既成，有佛鉴大师净因者曰："噫嘻！此先德之懿也。"愿首传以为毕生之玩。因以父事佛照，以大父事云庵，而视余为季父也。因生庐山之阳，游方饱丛林，参道有知见，恭谨孝友，盖其天性而酝藉雅尚，若出自然。与余游，余二十年，久而益敬，故余欣然授之。因以谓此书当得妙于笔札者传之。于是凭川道者敏传，愿施其能传。以伯父事佛照，以兄事佛鉴，其能书乃夙习。笔楮不择精粗，飞翰如蚕食叶，俄顷千字。其衡斜布列，譬窠棋画，非特字工而已，工诗善丹青，兼众妙而有。然未尝以自多。长坐不睡，一食终日者，十二年矣。人以为难而传以为易。久游灵源之门，得其旨要者也。六月二十五日，佛鉴携此书来，请记其本末，而以谓先觉之前言往行不闻于后世，学者之罪也，闻之而不能以广传，同志之罪也。今予既以传次之，而因又善传传，公又成之。呜呼！后世学者读之，当想见法席之盛也。

题谊叟《僧宝传》后

清凉大法眼禅师，出世行道，三十年。其所示徒，皆劝勉之语，未尝以法传人。非有法而秘，惜实无有法耳。譬如无病而饮药，病从药生。故曰一切文字语言学者，嗜着是名，壅蔽自心光明。然前圣指道之辙、入法之阶，后世不闻而学，则又如无田而望有秋成，无有是处。

予初成此书于谷山，时出尘庵师宜公谊叟在焉。命南州传道者录之，以众编参定，特为善本。明年春，予游岳还，复过谊叟，出以为示，其装写之精、雠较之完，非用意之专、信道之审，莫能臻是。予知其阅而仰思，当助发其光明，俾倡其智证，去先德亦何远哉！则清凉以文字语言为壅蔽者，盖治疾之药耳，览者其以是窥出尘可也。

题珣上人《僧宝传》

予初游吴，读赞宁《宋僧史》，怪不作云门传。有耆年曰，尝闻吴中老师自言尚及见宁，以云门非讲学，故删去之。又游曹山，拜澄源塔，得断碣曰耽章号本寂禅师，获五藏位图，尽具洞山旨诀。又游洞山，得《澄心堂录》书谷山崇禅师语，较《传灯》皆破碎不真。于是喟然而念云门不得立传，曹山名亦失真，崇之道不减，岩头丛林无知名，况下者乎？自是始有撰叙之意。凡经诸方，三十年得百余传，中间忘失其半。晚归谷山，遂成其志。时长汀璲珣二衲子来从予游，录此副本。《易》曰："多识前言往行，以大畜其德。"是录也，皆丛林之前言往行也。能不忘玩味以想其遗风余烈，则古人不难到也。二子勉之。

题宗上人《僧宝传》

予撰此《传》方定稿，上净三昔，而东瓯道人将还石门，自汭水过谷山，款予。见其书曰："噫嘻！此一代之博书，先德前言往行具焉。"愿手录以示江南道侣。即挂巾屦坐夏，四月二十三日录毕，以示予。予叹曰："夫弹冠必整衣，心敬必形肃。宗非至诚爱重法道，其谨楷精严，渠能至是哉？欧阳率更以书画名世，见锺太傅碑，爱其笔法，卧其下，三昔不忍去，率更嗜世间法且尔，况出世间法乎！宗为法坐夏，贤于率更远甚。"

题圆上人《僧宝传》

仰山初见耽源所传六祖圆相，即以焚之，及其授法也，则有默论。云门不许录语句，而远侍者以纸为衣，遂传于今。以是论之，非离文字语言，非即文字语言，可以求道也。临川圆道人少游方，有志学道，一钵经行诸方，其孤征绝俗，雪鸿戾天，仰不可及。而骨董中有此录，小字薄纸，画画精诚，可以见其志也。

题淳上人《僧宝传》

问："如何是火性？"答曰："热是火性。"问："如何是水性？"答曰："湿是水性。"问者欣然而有得，水火之义尽于此矣。又问："何以谓之恕？"答曰："如我之心以待人则恕矣。"又问："何以谓之慎？"答曰："心之一具德见于慎耳。"问者又欣然有得，盖恕慎之理极于此矣。此世间义理之论也。义理者，心之尘垢也，其去佛道不翅如百亿天渊然。昔者有问："竹林如何是法身？"答曰："法身无相。"又问："如何是法眼？"答曰："法眼无瑕。"为道吾众中所失笑者，宜矣。近世邪师相与传授，谓无有悟，但直问直答，谓之于法中不生异见，纷然棋布名山称嗣祖,沙门学者例无英气,往往甘心屈伏。每为之流涕。宣和四年九月二十七日夜,为众说《参同契》,至"本末须归宗,尊卑用其语"处,曲折引譬,以发明先圣之意,使忧信而虔敬者,一洗其矫诬宗旨之气。而福唐太淳上人适出此编示予,灯下为书以付之。淳能识宗,则知尊卑之语不出义理之域,而悟首山独坐无尊卑,从上无一法与人,为太老婆饶舌矣。

题其上人《僧宝传》

长沙益阳白鹿大禅师门弟子季芳,福唐人,纯静寡言笑,年二十余侍其师。宣和四年夏,于湘西南台写此书三十卷,写毕以示予。予曰:"汝师出云盖西堂之门,西堂为临济九世之嫡孙,而黄龙南公之真子也。禅家辩才,丛林畏仰之。汝能自勤自诵习此书,玩味其旨,踪迹其行事,继之以不休,则古人岂难到哉。如写而不读,读而不味其意,徒欲粉饰清兴,于道何有?"

题范上人《僧宝传》

蚍蜉细字欲阑斑,病眼临窗看亦难。八十一人闲鼻孔,那卢穿在一毫端。且道有鼻孔,从范上座穿。只如怀禅师无鼻孔,作么生下手?若也道得,西川漏篮子一钱买三个;若道不得,南台门外是湘江。

题端上人《僧宝传》

临川志端上人,宣和四年夏,于长沙之谷山。谷山有众而领袖者鲁暗,不通晓世事,丛林以是凋落。端律身益敬,日诵经行道,暇则写《僧宝传》。同学劝经行他山,要与之俱,端辞以山水未暇观,正以白业未办为忧。同学怒,弃去,端怡然勿恤也。明年正月上浣日,端袖此书来,求题其后。予告之曰:"一精想中,十法界种子皆具,随其所熏发而起。譬之田有稻种,藉时雨以芽蘖之。十法界者,六凡四圣谓也。今端屏绝诸缘,日唯录佛祖之语,味佛祖之意,则亦熏发佛乘之种。与夫游谈无根,疲精神于庄孟,为陈言腐说,以欺无知者异矣。然能穷究其所自,使所言所履,如传八十一人者,则可谓出家。知恩者子,视端精紧板而声圆,若可语此者,聊及之端,其勉之。

题隆道人《僧宝传》

古之学者,非有大过人者,惟能博观约取,知宗而用妙耳。唐沙门道人通兼三藏,而精于持律。持律,小乘之学也。而宣不许人呼以为大乘师。枣柏长者力弘佛乘,而未尝一语及单传心要。方是时,曹溪之说信于天下,非教乘之论所当杂。宣公甘以小乘自居,枣柏止以教乘自志,竟能为百世师者,知宗用妙而已。禅宗学者,自元丰以来,师法大坏。诸方以拨去文字为禅,以口耳受授为妙。耆年凋丧,晚辈狷毛而起,服纨绮,饭精妙,施施然以处华屋为荣,高尻磬折王臣为能,以狙诈羁縻学者之貌,而腹非之。上下交相欺诳,视其设心,虽侩牛履豨之徒所耻为,而其人以为得计。于是佛祖之微言,宗师之规范,扫地而尽也。予未尝不中夜而起,喟然而流涕。以谓列祖纲宗至于陵夷者,非学者之罪,乃师之罪也。以苟认意识为智证、为师者之门,望见以轻慢之心萌矣。非特然也。又执己是而去取诸方,贱目睹而尊信传说。故不见至道之大全、古人之大体。因编五宗之训言、诸老之行事，为之传。必书其悟法之由，必载其临终之异，以讥口耳授受之徒，谓之《禅林僧宝传》。书成，而九嶷道人道隆阅之，一月而岘岘上口，两月而娓娓成诵，三月而能为末学者举纽领。夏于云盖闭门，寝饭之外，口诵而录之。非诚着于学，志存于道，何能臻是哉！然其为人，不甘为哑羊苾刍，混处疾之，甚至于诟骂。喜与有识博闻者游，意所合则不问道俗，千里从之。呜呼！丛林博闻者，既不可人求之，而哑羊苾刍，动成阡陌。隆虽口受吾文，抱吾所集以游诸方，亦安能忘诟骂之喙乎。宣和二年秋，得得自山中来，出此编为示。予佳其好学，为书其本末，以告未知隆者。

题休上人《僧宝传》

泰山之鸟，巢于木末。九渊之鱼，托于沙罅。呜呼，鱼鸟之微亦知附托于高深，安有毁发学道之徒，而自弃于浅陋乎？季休福唐人也，而得业于湘上之南台。其师太公与予为兄弟行，其熏悉见闻有自来矣。初太遭横逆，坐圆扉中百许日，他法属皆畏酬酢之，而休服勤，不敢失礼。逮其释，余劝度之。宣和四年正月也。既受具，陪众遂写此传，除夕捧以来。予佳其能自脱浅陋而趋高深，为题其末。明年元日也。明白庵题。

题英大师《僧宝传》

老子曰"为学日益，为道日损"者，理之序也。博观而约取，厚积而薄施，多识前言往行者，日益之学也。如春夏之水方增川，浩然不可测其际。思之又思之，以至于无思，如卤之在顶，盖造形之极不可以数量情识得。孔子晚乃悟，曰："天下何思何虑，如秋冬之水缩，廓然见其涯涘。"呜呼！丛林法道之坏，无如今日之甚。非特学者之罪，实为师者之罪也。学者方蒙然无知，而反诫之曰："安用多知，但饱食默坐。"虽若甚要，然亦去愚俗何远？予所录《僧宝传》，先叙其悟道之缘，又书其死生之际，欲学者法前辈为道之精。而惠英大师年二十余，生海上，独挺然有志，不肯碌碌。而哑羊者，固已憎之如十世雠矣。手写此书，携以过予。予佳其勤，扶此心以。自此趋无上佛果，如顺风扬尘耳。宣和四年十一月题。

（以上选自《四库全书》集部·别集二）

（二）宋·祖琇《僧宝正续传·明白洪禅师》

禅师讳德洪，字觉范，筠州新昌喻氏子，年十四，父母并月而殁，去依三峰靓禅师为童子。十九试经东都，假天王寺旧籍惠洪名，为大僧。依宣秘律师受《唯识论》，臻其奥。博观子史，有异才，以诗鸣京华搢绅间。久之，南归，依归宗真净禅师研究心法。随迁泐潭，凡七年，得真净之道。辞之东吴，历沅、湘。一日，阅汾阳语，重有发药，于是胸次洗然，辨博无碍。

崇宁中，显谟朱世英请出世临川之北禅。先是寺有古画应真十六轴，久亡其一，师至，以诗嘲之。未淹辰，而应真见梦所匿之家,丐归寺中,因得之,世以谓尊者犹畏其嘲而归焉。

越明年,以事退游金陵,漕使吴正仲请居清凉。未阅月,为狂僧诬以度牒冒名,旁连讪谤事,入制狱锻炼。久之,坐冒名,着逢掖,上京师,见丞相张无尽,特奏得度,改今名。太尉郭天民奏锡椹服,号宝觉圆明,自称寂音尊者。

未几,坐交张郭厚善,张罢政事,时左司陈莹中撰《尊尧录》,将进御,当轴者嫉之,谓师颇助其笔削。政和元年十月,褫僧伽黎,配海外。三年春,遇赦,归于江西。是冬复证狱于并州,明年得还。往来九峰洞山,野服萧散,以文章自娱。

将自西安入衡湘,依法属以老,复为狂道士执以为张怀素党,下南昌狱,治百余日。非是会赦免。归湘西之南台,仍治所居,榜曰"明白庵",自为之铭,其叙曰:

予世缘深重,风习羁縻,好论古今治乱、是非成败,交游多讥诃之,独陈莹中曰:"于道初不相妨,譬如山川之有烟云,草木之有华滋,所谓秀媚精进。"予心知其戏,然为之不已。大观元年春,结茅于临川,名曰明白,欲痛自治也。莹中闻之,以偈见寄曰:"庵中不着毗耶座,亦许灵山闻法人。便谓世间憎爱尽,攒眉出社有谁嗔?"于有堤岸辄决,又复衮衮多言,然竟坐此得罪,出九死而仅生,恨识不知微,道不胜习,乃收召魂魄,料理初心,而为之铭曰:"雷霆发声,万国春晓,闻者不言,心得意了。木落霜清,水归汰在,忽然震惊,闻者骇怪。合妙日用,如春雷霆,背觉合尘,如冬震惊。万机休罢,随缘放旷,尚无了知,安有倒想?水惟此恩,研味其旨,一庵收身,以时卧起。语默不昧，丝毫弗差，蒙杂而着，随孚于嘉。"

于是覃思经论，著义疏，发挥圣贤之秘奥，及解《易》，作《僧宝传》成，抚而叹曰："冒障海极，并门间关，万死而不毙，天其或者迟以卒此乎！世有贤者，当知我矣。"将负之入京，抵襄阳，会难。渊圣登极，大逐宣和用事者，诏赠丞相商英司徒，赐师重削发，还旧师名。未几，国步多艰，退游庐阜。建炎二年夏五月，示寂于同安，阅世五十有八，门人建塔于凤栖山。

师之才章，盖天禀然。幼览书籍，一过目，毕世不忘，落笔万言，了无停思。其造端用意，大抵规模东坡，而借润山谷。至于出入禅教，议论精博，其才实高，圜悟禅师以为笔端具大辩才，不可及也。与士大夫游，议论衮衮，虽稠人广座，至必奋席。

初在湘西，见山谷，与语终日，不容去，因有诗赠之，略曰："下肯低头拾卿相，又能落笔生云烟。"其后，山谷过宜春，见其竹尊者诗，咨赏以为妙入作者之域，颇恨东坡不及见之。

著《林间录》二卷、《僧宝传》三十卷、《高僧传》十二卷、《智证传》十卷、《志林》十卷、《冷斋夜话》十卷、《天厨禁脔》一卷、《石门文字禅》三十卷、《语录偈颂》一编、《法华合论》七卷、《楞严尊顶义》十卷、《圆觉皆证义》二卷、《金刚法源论》一卷、《起信论解义》二卷，并行于世。

赞曰：丞相张无尽称觉范盖天下之英物，圣宋之异人。然古之高僧，以才学名世，殆与觉范并驱者多矣，必以清标懿范相资而后美也。觉范少归释氏，长而博极群书。观其发挥经论，光辅丛林，孜孜焉手不停缀，而言满天下。及陷于难，着逢掖，出九死而仅生，垂二十年，重削发，无一辞叛佛而改图，此其为贤者也。然工呵古人而拙于用己，不能全身远害、峻戒节以自高，数陷无辜之罪，抑其恃才暴耀太过而自取之邪？尝自谓"识不知微，道不胜习"者，不独为洪实录，亦以见其自欺焉。惜哉！

（选自《卍续藏经》第137册）

（三）宋·正受《嘉泰普灯录·筠州清凉寂音慧洪禅师》

筠州清凉寂音慧洪禅师，郡之新昌人，族彭氏《续僧宝传》误作喻。年十四，父母俱亡，乃依三峰靓禅师为童子。日记数千言，览群书殆尽，靓器之。十九试经于东京天王寺得度，从宣秘讲《成实》《唯识论》。逾四年，弃谒真净于归宗，净迁石门，师随至。净患其深闻之弊，每举玄沙未彻之语，发其疑。凡有所对，净曰："你又说道理耶？"

一日，顿脱所疑，述偈示同学曰："灵云一见不再见，红白枝枝不着华。叵耐钓鱼船上客，却来平地捉鱼虾。"净见，为助喜，命掌记室。未久，去谒诸老，皆蒙赏音，由是名振丛林。显谟朱公彦，请开法于北禅景德。后住清凉。

示众，举：《首楞严》："如来语阿难曰：汝应嗅此炉中旃檀，此香若复然于一铢，室罗筏城四十里内同时闻气。于意云何？此香为复生旃檀木？生于汝鼻？为生于空？阿难！若复此香生于汝鼻，称鼻所生，当从鼻出。鼻非旃檀，云何鼻中有旃檀气？称汝闻香，当于鼻入，鼻中出香，说闻非义。若生于空，空性常恒，香应常在，何藉炉中爇此枯木？若生于木，则此香质，因爇成烟。若鼻得闻，合蒙烟气。其烟腾空，未及遥远，四十里内，云何已闻？是故当知，香鼻与闻，俱无处所，即嗅与香，二处虚妄，本非因缘，非自然性。"师曰："入此鼻观，亲证无生。"

又《大智度论》："问曰：闻者云何闻？用耳根闻耶？用耳识闻耶？用意识闻耶？若耳根闻，耳根无觉识知，故不能闻。若耳识闻，耳识一念，故不能分别，不应闻。若意识闻，意识亦不能闻。何以故？先五识识五尘，然后意识识意识，不能识现在五尘，唯识过去未来五尘。若意识能识现在五尘者，盲聋人亦应识声色。何以故？意识不破故。"师曰："究此闻尘，则合本妙；既证无生，又合本妙，举竟是何境界？"良久，曰："白猿已叫千岩晚，碧缕初横万字炉。"

住景德日，僧问："南有南景德，北有北景德，德即不问，如何是景？"曰："颈在项上。"

崇宁二年，会无尽居士张公于峡之善溪。张尝自谓得龙安悦禅师末后句，丛林畏与语，因夜话及之，曰："可惜云庵不知此事！"师问所以，张曰："商英顷自金陵酒宫，移知豫章，过归宗见之，欲为点破。方叙悦末后句末卒，此老大怒骂曰：'此吐血秃下，脱空妄语，不得信！'既见其盛怒，更不欲叙之。"师笑曰："相公但识龙安口传末后句，而真药现前，不能辨也。"

张大惊，起执师手曰："老师真有此意耶？"曰："疑则别参。"乃取家藏云庵顶相，展拜赞之，书以授师。其词曰："云庵纲宗，能用能照。天鼓希声，不落凡调。冷面严眸，神光独耀。

孰传其真？觌面为肖。前悦后洪，如融如肇。"

大慧禅师处众日，尝亲依之，每欢其妙悟辨慧。

建炎二年五月，示寂于同安，寿五十有八，腊四十。太尉郭公天民奏赐椹服，号宝觉圆明。所著《僧宝传》三十卷、《僧史》十二卷、《智证》十卷、《志林》十卷、《楞严尊顶法论》十卷、《法华合论》七卷、《圆觉证义》二卷、《金刚法源论》一卷、《起信解义》一卷、《易注》三卷、《林间录》二卷、《冷斋》十卷、《禁脔》二卷、《文字禅》三十卷、《甘露集》三十卷。

（选自《卍续藏经》第137册）

（四）宋·《禅林宝训》卷二

灵源闻觉范贬窜岭海，叹曰：兰植中涂，必无经时之翠；桂生幽壑，终抱弥年之丹。古今才智，丧身逸谤罹祸者多，求其与世浮沈，能保其身者少。故圣人言，当世聪明深察而近于死者，好议人者也；博辩宏大而危其身者，好发人之恶也。在觉范有之矣。（章江集）

灵源谓觉范曰：闻在南中时，究《楞严》特加笺释，非不肖所望，盖文字之学不能洞当人之性源，徒与后学障先佛之智眼。病在依他作解，塞自悟门。资口舌则可胜浅闻，廓神机终难极妙证。故于行解多致参差，而日用见闻尤增隐昧也。（章江集）

（选自《大正新修大藏经》第48册）

（五）元·马端临《文献通考》

德洪觉范《筠溪集》十卷。晁氏曰：僧惠洪觉范，姓喻氏，高安人。少孤，能缉文。张天觉闻其名，请住峡州天宁寺，以为今世融、肇也。未几，坐累民之。及天觉当国，复度为僧，易名德洪。数延入府中，及天觉去位，制狱穷治。其传达言语于郭大信，窜海南岛上，后北归。建炎中卒，著书数万言，如《林间录》《僧宝传》《冷斋夜话》之类，皆行于世。然多夸诞，人莫之信云。

《石门文宗禅》三十卷。陈氏曰：德洪觉范撰。其在释门，得法于真净克文，而于士大夫则与党人皆厚，善诵习其文，得罪不悔，为张商英、陈瓘、邹浩尤尽力。其文俊伟，不类浮屠语。韩驹子苍为塔铭云。

（选自《四库全书》史部十三）

（六）元·念常《佛祖历代通载》

《禅林僧宝传》成，沙门德洪撰。字觉范，初名惠洪，姓俞氏，高安人。少孤受学，辨博能缉文。性简亮。年十三出家，依三峰禅师。十九试经东都，落发受具。听宣秘律师讲《华严经》。一旦不乐，归事真净克文禅师，七年尽得其道。始自放于湖湘之间。荆州张丞相闻其名，请传法于峡州天宁寺。以二诗辞焉。已而杖策谒公，公见之喜曰："今世融肇也。"给事中朱彦知抚州，以师住持北景德寺。久之谢去，住持江宁府清凉寺。坐为狂僧诬告抵罪。张丞相当国，复度为僧，易名德洪。数延入府中，与论佛法。有诏赐号宝觉圆明，一时机贵人，争致之门下，执弟子礼。且将住持黄龙山矣，会丞相去位，制狱穷治踪迹。尚书郎赵旸等皆坐贬官。师窜海南岛上，三年遇赦自便，名犹在刑部。虽毁形坏服，律身严甚。所至，长老避席，莫敢亢礼。其同门友居谷山，及其嗣法，在诸山者皆迎师居丈室，学者归之。是时法禁与党人游，而师多所厚善，诵习其文，重得罪不悔。惟张丞相及侍郎邹浩、右师陈埙尤尽其力。其在东都也，或讥道人当交通权贵耶？师笑谓人曰："是安知吾意？"大臣廉知之，故及于难。及靖康初大除党禁，谈者谓师前日违众趋义，娄濒于死。既还僧籍，宜有以宠异之语闻执政。欲上其事，属多故不果。明年师没，志讫不伸，世以为恨。寿五十八，腊三十九。著论万言，皆有以辅教云。

（选自《大正新修大藏经》第49册）

（七）元·觉岸《释氏稽古略》

宋高僧寂音尊者，江西瑞州清凉禅师，名惠洪_{亦名德洪}，郡之彭氏子。年十四父母俱丧，依三峰靓禅师居。日记数千言，览群书殆尽，靓器之。年十九试经于东京天王寺，得度。从宣秘讲《成实》《唯识论》。逾四年弃去，谒真净文禅师于庐山归宗。文迁石门，师随行，命掌记室，未久去之。显谟朱公彦守抚州，请开法州北景德。后住江宁府清凉。大慧杲禅师处众日，亲依于师，仰叹其妙悟辩慧。高宗建炎二年五月辛酉，入寂于同安，世寿五十八岁，僧腊三十九夏。太尉郭公天民奏赐宝觉圆明之号。师嗣真净文禅师。撰《禅林僧宝传》三十卷、《林间录》，又文集曰《石门文字禅》，流行于世。

（选自《大正新修大藏经》第49册）

（八）《四库全书》总目提要

《僧宝传》三十二卷（安徽巡抚采进本），宋释惠洪撰。惠洪有《冷斋夜话》，已著录。禅宗自六祖以后，分而为二。一曰青原,其下为曹洞、云门、法眼;一曰南岳,其下为临济、沩仰。是为五宗。嘉祐中,达观昙颖尝为之传,载其机缘语句,而略其终始行事。惠洪因缀辑旧闻,各为之传,而系以赞,凡八十一人。前有宝庆丁亥临川张宏敬序,称旧本藏在庐阜,后失于回禄。钱塘风篁山僧广遇虑其湮没,因校雠锓梓。然卷末题明州府大慈名山教忠报国禅寺住持比丘宝定刊版,又似刻于四明者,疑为重锓之本也。陈氏《书录解题》作三十卷,《文献通考》作三十二卷,盖原书本三十卷,后有《补禅林僧宝传》一卷,又有《临济宗旨》一卷,共为三十二卷。《临济宗旨》亦惠洪所撰,《补禅林僧宝传》题舟峰庵僧庆老,盖亦北宋人也。

(九)《四库全书》集部九《诗话总龟》

《僧宝传》觉范所撰也。但欲驰骋其文,往往多失事实。至于作赞,又杂以诗句,此岂史法示褒贬之意也哉。其诗云:"行尽湘西十里松,到门却立数诸峰。崇公事迹无寻处,庭下春泥见虎踪。"又云:"庐山殿阁如生成,食堂处处禅床折。我自三门如冷灰,尽日长廊卷风叶。"又为奇语云"如月照众水,波波顿见而月不分。如春行万国,处处同时而春无迹。"但其才性竞爽,见于言语文字间,若于禅门本分事,则无之也。

附录二[①]

《禅林僧宝传》	《祖堂集》	《宋高僧传》	《传灯录》	《广灯录》	《续灯录》	《联灯会要》	《普灯录》	《五灯会元》	《续传灯录》	《补续高僧传》	碑铭及其他
卷一											
曹山本寂(840—901)	卷八	卷十三	卷十七								
卷二											
云门文偃(864—949)	卷十一		卷十九								雷岳、陈守中碑
卷三											
风穴延沼(896—973)			卷十三	卷十五							虞希范碑铭、《祖庭事苑》卷六
首山省念(925—992)			卷十三	卷十六							
太子善昭(947—1023)			卷十三	卷十六							
卷四											
玄沙师备(834—908)	卷十一	卷十三	卷十八								
罗汉桂琛(866—928)		卷十三	卷二十一								林嶷碑
清凉文益(884—958)		卷十三	卷二十四								

[①] 此附录据日本柳田圣山编《禅林僧宝传译注》附录增补。

续表

《禅林僧宝传》	《祖堂集》	《宋高僧传》	《传灯录》	《广灯录》	《续灯录》	《联灯会要》	《普灯录》	《五灯会元》	《续传灯录》	《补续高僧传》	碑铭及其他
卷五											
石霜庆诸(806—888)	卷六	卷十二	卷十五								
龙湖普闻(不详)											
九峰道虔(?—922)	卷九		卷十六								
禾山无殷(884—960)	卷十二		卷十七								徐铉碑
卷六											
宏觉道膺(835—902)	卷八	卷十二	卷十七								《石门文字禅》卷二十五
洛浦元安(834—898)	卷九	卷十二	卷十六								
卷七											
天台德韶(889—971)		卷十三	卷十三、卷二十五					卷十三			《祖庭事苑》卷七
九峰通玄(833—896)			卷十六								

续表

《禅林僧宝传》	《祖堂集》	《宋高僧传》	《传灯录》	《广灯录》	《续灯录》	《联灯会要》	《普灯录》	《五灯会元》	《续传灯录》	《补续高僧传》	碑铭及其他
云居道齐(928—997)			卷二十六			卷二十八					
瑞龙希氲(941—1108)			卷二十六			卷二十八					
卷八											
圆通缘德(915—978)		卷十三	卷二十六					卷八			
南塔光涌(850—938)			卷十二								宋齐丘碑
洞山守初(909—990)			卷二十三			卷二十六		卷十五			
南安自严(934—1015)											《石门文字禅》卷十七
卷九											
龙牙居遁(835—923)	卷八	卷十三	卷十七								《禅门诸祖师偈颂》
永明延寿(904—975)		卷二十八	卷二十六								

续表

《禅林僧宝传》	《祖堂集》	《宋高僧传》	《传灯录》	《广灯录》	《续灯录》	《联灯会要》	《普灯录》	《五灯会元》	《续传灯录》	《补续高僧传》	碑铭及其他
云居道简(不详)			卷二十			卷二十五		卷十三			
卷十		卷二十八	卷二十								
重云智晖(873—956)											
瑞龙幼璋(831—927)			卷二十								
林阳志端(891—969)			卷二十二					卷八			
双峰竟钦(909—977)			卷二十二								
九峰道诠(929—985)			卷二十四								
龟洋慧忠(不详)		卷十五	卷二十三								
卷十一											
洞山晓聪(?—1031)			卷二十三			卷二十七		卷十五		卷七	《林间录》卷下
雪窦重显(980—1052)			卷二十三		卷三						吕夏卿塔铭

续表

《禅林僧宝传》	《祖堂集》	《宋高僧传》	《传灯录》	《广灯录》	《续灯录》	《联灯会要》	《普灯录》	《五灯会元》	《续传灯录》	《补续高僧传》	碑铭及其他
天衣义怀(993—1064)					卷五	卷二十八		卷十六			《祖庭事苑》卷五
卷十二											
荐福承古(?—1045)					卷二	卷二十六		卷十五			《林间录》卷上、《僧宝正续传》卷七
卷十三											
福昌惟善(不详)				卷二十一		卷二十七		卷十五			
大阳警玄(942—1027)						卷二十七		卷十四			《眦陵集》卷十
卷十四											
神鼎洪諲(不详)					卷一	卷二十三		卷十一			
谷山行崇(不详)	十三										
圆照宗本(1020—1099)					卷九	卷二十八		卷十六			
卷十五											
衡岳令含(不详)					卷七	卷十三		卷十二			《禅门宝训》卷四

续表

《禅林僧宝传》	《祖堂集》	《宋高僧传》	《传灯录》	《广灯录》	《续灯录》	《联灯会要》	《普灯录》	《五灯会元》	《续传灯录》	《补续高僧传》	碑铭及其他
法华全举（不详）					卷四	卷十三	卷二	卷十三			
卷十六											
广慧元琏（951—1036）				卷十七		卷十二		卷十一			《罗湖野录》卷下，《林间录》卷上
翠岩守芝（?—1056）				卷十七	卷四	卷十二	卷二	卷十二			
卷十七											
浮山法远（991—1067）					卷四	卷十三	卷二	卷十二			《卧云》卷上
投子义青（1032—1083）					卷二十六	卷二十八	卷二	卷十四			行状、塔铭
天宁道楷（1043—1118）					卷二十六	卷二十八	卷三	卷十四			《石门文禅》卷二十三
卷十八											
大觉怀琏（1009—1090）					卷六	卷二十八		卷十五			《东坡集》卷二十三
兴化绍铣（1008—1081）					卷六			卷十六			

续表

《禅林僧宝传》	《祖堂集》	《宋高僧传》	《传灯录》	《广灯录》	《续灯录》	《联灯会要》	《普灯录》	《五灯会元》	《续传灯录》	《补续高僧传》	碑铭及其他
卷十九 余杭政黄牛(985—1049)								卷十		卷七	《林间录》卷下,《卧云》卷下
西余端狮子(1030—1103)							卷三	卷十二			《行业记》,《安闲和尚墓志(语录)》,《罗湖野录》卷上
卷二十 言法华(?—1048)					卷三十		卷二十四	卷二		卷十九	《乐全集》卷三十六,《林间录》卷上
华严道隆(不详)				卷十八	卷四			卷十二			
卷二十一 慈明楚圆(986—1039)				卷十八	卷四	卷十二	卷二	卷十二			
卷二十二											

续表

《禅林僧宝传》	《祖堂集》	《宋高僧传》	《传灯录》	《广灯录》	《续灯录》	《联灯会要》	《普灯录》	《五灯会元》	《续传灯录》	《朴续高僧传》	碑铭及其他
黄龙惠南(1002—1069)					卷七	卷十三	卷三	卷十七			《尺牍集》、《林间录》
云峰文悦(997—1062) 卷二十三					卷八	卷十四		卷十二			
宝觉祖心(1025—1100)					卷十二	卷十四	卷四	卷十七			《豫章集》卷二十四
真净克文(1025—1102) 卷二十四					卷十三	卷十四	卷四	卷十七			《石门文字禅》卷三十
仰山行伟(1018—1080)					卷十二			卷十七			
照觉常总(1025—1091) 卷二十四					卷十二		卷二十三	卷十七			《演山集》卷三十四,《冷斋夜话》卷七
真如慕喆(?—1095) 卷二十五					卷十四	卷十五	卷四	卷十二			《豫章集》卷十六

续表

《禅林僧宝传》	《祖堂集》	《宋高僧传》	《传灯录》	《广灯录》	《续灯录》	《联灯会要》	《普灯录》	《五灯会元》	《续传灯录》	《补续高僧传》	碑铭及其他
云居元祐(1030—1095)					卷十三	卷十四		卷十七			黄庭坚序,《林间录》卷上
隆庆庆闲(1029—1081)					卷十三	卷十五		卷十七			《栾城集》卷二十五
云盖守智(1025—1115)					卷十二	卷十四	卷四	卷十七			《石门文字禅》卷十九,卷二十八
卷二十六											
圆通居讷(1010—1071)					卷五			卷十六			《佛祖通载》卷十九
净因道臻(1014—1093)					卷八	卷二十八		卷十二			《佛祖通载》卷十九
圆通法秀(1027—1090)					卷十			卷十六		卷八	
延恩法安(1024—1084)											《豫章集》卷二十四

续表

《禅林僧宝传》	《祖堂集》	《宋高僧传》	《传灯录》	《广灯录》	《续灯录》	《联灯会要》	《普灯录》	《五灯会元》	《续传灯录》	《补续高僧传》	碑铭及其他
卷二十七											
明教契嵩(1007—1072)					卷五			卷十五			《行业记》《湘山上》
蒋山赞元(?—1086)							卷二十三	卷十二			《临川集》卷八十六,《新续》卷十一
达观昙颖(985—1060)					卷四	卷十三	卷二十三	卷十二			《新续》卷六十
卷二十八											
法昌倚遇(1005—1081)					卷六	卷二十八		卷十六			
杨岐方会(992—1049)					卷七	卷十三	卷三	卷十九			
白云守端(1025—1072)					卷十四	卷十五	卷四	卷十九			
卷二十九											
大通善本(1034—1109)					卷十五	卷二十九	卷五	卷十六			
报本慧元(1036—1091)					卷十二		卷四	卷十七			《林间录》卷下,《卧云》卷下

续表

《禅林僧宝传》	《祖堂集》	《宋高僧传》	《传灯录》	《广灯录》	《续灯录》	《联灯会要》	《普灯录》	《五灯会元》	《续传灯录》	《补续高僧传》	碑铭及其他
禾山德普(1024—1091)											《石门文字禅》卷二十二
佛印了元(1032—1098)					卷六	卷二十		卷十六			
宝峰洪英(1011—1069)					卷十二	卷十四	卷四	卷十七			
保宁圆玑(1036—1118)					卷十二	卷十五		卷十七			《道卿集》卷二十八、《云卧》卷下
佛寿惟清(?—1117)					卷二十	卷十五	卷六	卷十七			《石门文字禅》卷二十三、《笔语》
补:											
五祖法眼(?—1104)							卷八	卷十九			
云岩新(1043—1114)					卷二十	卷十六	卷八	卷十七			《豫章集》卷十八
石头志(1040—1103)					卷二十	卷十五	卷七	卷十七			《石门文字禅》卷十九、《林间录》卷下

后 记

受杨曾文教授之约,《禅林僧宝传》点校纳入由杨曾文、黄夏年主编,中州古籍出版社的《中国禅宗典籍丛刊》出版计划已经多年了。杨教授和出版社曾多次催稿,但由于种种原因,一拖再拖,时至今日才交稿。在此向杨教授和出版社深表歉意和谢意!

在《禅林僧宝传》点校过程中,始终得到杨教授的细心指导,就标点中的疑难问题释疑解惑,提出修改建议。本书的点校参考了杨教授参与编写的日本著名禅学家柳田圣山主编的《禅林僧宝传译注》。本书的前言也从杨教授的《宋元禅宗史》中得到不少启示。杨教授为本书所赐序文,高屋建瓴、言简意赅地介绍了惠洪编著《禅林僧宝传》的缘由、特色与史料价值。这里对杨教授再次致以衷心感谢!

陈自力博士的著作《释惠洪研究》(中华书局,2005 年)对惠洪的生平经历、著述思想,作了全面详实的研究,笔者从中受益良多,在此表示衷心谢忱!

吕有祥
2013 年 9 月

图书在版编目（CIP）数据

禅林僧宝传/（宋）惠洪著；吕有祥点校. —郑州：
中州古籍出版社，2014.9
ISBN978-7-5348-4612-0

Ⅰ.①禅…Ⅱ.①惠…②吕…Ⅲ.①僧侣-生平事
迹-中国-古代Ⅳ.①B949.92

中国版本图书馆 CIP 数据核字（2014）第 001478 号

出版社：中州古籍出版社
　　　　（地址：郑州市经五路 66 号　　邮政编码：450002）
发行单位：新华书店
承印单位：河南大美印刷有限公司
开　本：850mm×1168mm　　1/32　　印张：9.625
字　数：190 千字
版　次：2014 年 9 月第 1 版　　印次：2014 年 9 月第 1 次印刷

定价：26.00 元
本书如有印装质量问题，由承印厂负责调换。